Johannes Steinfort

Entsendungsrechte in den Aufsichtsrat im europäischen Kontext

Schriften zum Europäischen und Internationalen Privat-, Bank- und Wirtschaftsrecht

EIW Band 54

Johannes Steinfort

Entsendungsrechte in den Aufsichtsrat im europäischen Kontext

Privatautonome aktienrechtliche Bestellungskompetenzen im Lichte des Übernahmerechts und der Kapitalverkehrsfreiheit

DE GRUYTER

Dr. iur. *Johannes Steinfort*, Rechtsanwalt, Berlin

ISBN 978-3-11-042553-6
e-ISBN (PDF) 978-3-11-042128-6
e-ISBN (EPUB) 978-3-11-042138-5

Library of Congress Cataloging-in-Publication Data
A CIP catalog record for this book has been applied for at the Library of Congress.

Bibliografische Information der Deutschen Nationalbibliothek
Die Deutsche Nationalbibliothek verzeichnet diese Publikation in der Deutschen Nationalbibliografie; detaillierte bibliografische Daten sind im Internet über http://dnb.dnb.de abrufbar.

Druck und Bindung: CPI books GmbH, Leck
♾ Gedruckt auf säurefreiem Papier
Printed in Germany

www.degruyter.com

Meiner Familie

Vorwort

Die vorliegende Arbeit wurde Ende des Sommersemesters 2013 von der Juristischen Fakultät der Humboldt-Universität zu Berlin als Dissertation angenommen. Später erschienene Rechtsprechung und Literatur sind bis Ende März 2015 berücksichtigt sowie das vom Deutschen Bundestag am 6. März 2015 verabschiedete Gesetz zur Einführung von Geschlechterquoten in Aktiengesellschaften (vgl. § 4 IV. 6.).

Mein herzlicher Dank gilt Frau Prof. Dr. Christine Windbichler LL.M. (Berkeley) für exzellente Betreuung vom Beginn der Themensuche bis zur Veröffentlichung der Arbeit. Ebenso danke ich postum Prof. Dr. Dr. Christian Kirchner LL.M. (Harvard), Prof. Dr. Kaspar Krolop und den Teilnehmern der „Werkstattrunden" für wertvollen Austausch sowie Simon Braun, Ingmar Dathe, Sebastian Kemmer und Julian Klagge für kritische Anregungen und aufmerksames Korrekturlesen. Prof. Dr. Gerhard Wagner LL.M. (University of Chicago) danke ich für die Erstellung des Zweitgutachtens.

Den Herausgebern der „Schriften zum Europäischen und Internationalen Privat-, Bank- und Wirtschaftsrecht" danke ich für die Aufnahme in die Schriftenreihe, der Konrad-Adenauer-Stiftung und ihrer Promotionsförderung für die finanzielle und ideelle Unterstützung.

Die Dankbarkeit gegenüber meinen Eltern und meiner Frau Anna Christina sowie überhaupt meiner Familie, denen ich diese Arbeit widme, lässt sich nicht in Worte fassen.

Berlin, im Juni 2015

Inhalt

4. Kapitel: **Entsendungsrechte und Kapitalverkehrsfreiheit**

Abkürzungsverzeichnis

AcP	Archiv für die civilistische Praxis
AEUV	Vertrag über die Arbeitsweise der Europäischen Union
AG	Aktiengesellschaft
AktG	Aktiengesetz
ArbVG	Österreichisches Arbeitsverfassungsgesetz
AR-VO	Österreichische Aufsichtsrats-Verordnung
BB	Betriebs-Berater
BGB	Bürgerliches Gesetzbuch
BGH	Bundesgerichtshof
BKR	Zeitschrift für Bank- und Kapitalmarktrecht
BVerfG	Bundesverfassungsgericht
CA	Companies Act 2006
CCom	Code de Commerce
CLJ	Cambridge Law Journal
CMLR	Common Market Law Review
DCGK	Deutscher Corporate Governance Kodex
DrittelbG	Gesetz über die Drittelbeteiligung der Arbeitnehmer im Aufsichtsrat
EBLR	European Business Law Review
ECFR	European Company and Financial Law Review
ECL	European Company Law
EGAktG	Einführungsgesetz zum Aktiengesetz
ELJ	European Law Journal
ELR	European Law Review
ERPL	European Review of Private Law
EuGH	Europäischer Gerichtshof
EuR	Zeitschrift Europarecht
EUV	Vertrag über die Europäische Union
EuZW	Europäische Zeitschrift für Wirtschaftsrecht
EWiR	Entscheidungen zum Wirtschaftsrecht
EWS	Europäisches Wirtschafts- und Steuerrecht
FS	Festschrift
GLJ	German Law Journal
GPR	Zeitschrift für Gemeinschaftsprivatrecht
HGB	Handelsgesetzbuch
JZ	Juristenzeitung
KGaA	Kommanditgesellschaft auf Aktien
LG	Landgericht
MitbestG	Gesetz über die Mitbestimmung der Arbeitnehmer
MLR	The Modern Law Review
NZG	Neue Zeitschrift für Gesellschaftsrecht
OLG	Oberlandesgericht
ÖAktG	Österreichisches Aktiengesetz
RabelsZ	Rabels Zeitschrift für ausländisches und internationales Privatrecht
RL	Richtlinie

SA	Société Anonyme
SAS	Société par actions simplifiée
SE	Societas Europaea
SpA	Società per Azioni
UGB	Österreichisches Unternehmensgesetzbuch
ÜbG	Österreichisches Übernahmegesetz
VO	Verordnung
WpÜG	Wertpapiererwerbs- und Übernahmegesetz
ZGR	Zeitschrift für Unternehmens- und Gesellschaftsrecht
ZHR	Zeitschrift für das gesamte Handels- und Wirtschaftsrecht
ZIP	Zeitschrift für Wirtschaftsrecht
ZPO	Zivilprozessordnung
ZVglRWiss	Zeitschrift für vergleichende Rechtswissenschaft

§ 1 Einleitung

I. Aktienrecht im europäischen Kontext

Der europäische Kontext des Gesellschaftsrechts ist heute in Forschung und Lehre fest verankert.[1] Das europäische Gesellschaftsrecht hat geradezu Hochkonjunktur.[2] Die Europäische Kommission hat im Dezember 2012 einen neuen Aktionsplan zum Thema Gesellschaftsrecht und Corporate Governance[3] vorgelegt – fast zehn Jahre nach Verabschiedung des ersten Aktionsplans.[4] Das Aktienrecht war damals wie heute in besonderem Maße von europäischen Entwicklungen betroffen. Wenn es um grenzüberschreitende und damit europäische Investitionen geht, steht die Aktiengesellschaft als börsenfähige Rechtsform im Fokus der Aufmerksamkeit. Im Hinblick auf das Außenverhältnis, das Verhältnis der Aktiengesellschaft zu Dritten, besteht insoweit bereits ein beachtlicher Grad an europäischer Harmonisierung.[5] Das Innenverhältnis, die Binnenstruktur der Aktiengesellschaft, ist von unionsgesetzgeberischen Entwicklungen im Ergebnis bisher weitestgehend unberührt geblieben.[6] Gleichwohl steht auch die Binnenstruktur der Aktiengesell-

---

1 *Fleischer*, in: Willoweit, Rechtswissenschaft und Rechtsliteratur im 20. Jahrhundert, 485, 498.

2 *Hopt*, EuZW 2012, 481.

3 Vgl. Aktionsplan Europäisches Gesellschaftsrecht und Corporate Governance – ein moderner Rechtsrahmen für engagierte Aktionäre und besser überlebensfähige Unternehmen, Mitteilung der Kommission v. 12.12.2012, COM(2012) 740 final; vgl. dazu *Müller-Graff*, ZHR 177 (2013), 563; vorausgegangen war eine Konsultation zur Zukunft des europäischen Gesellschaftsrechts, Pressemitteilung der Kommission v. 20.02.2012, EuZW 2012, 203; vgl. auch Grünbuch Europäischer Corporate Governance-Rahmen v. 05.04.2011, KOM(2011), 164 endg.

4 Vgl. Modernisierung des Gesellschaftsrechts und Verbesserung der Corporate Governance in der Europäischen Union – Aktionsplan, Mitteilung der Kommission an den Rat und das Europäische Parlament vom 21.05.2003, KOM(2003), 284 endg.

5 Vgl. insbesondere Richtlinie 2012/30/EU des Europäischen Parlaments und des Rates vom 25. Oktober 2012 zur Koordinierung der Schutzbestimmungen, die in den Mitgliedstaaten den Gesellschaften im Sinne des Artikels 54 Absatz 2 des Vertrages über die Arbeitsweise der Europäischen Union im Interesse der Gesellschafter sowie Dritter für die Gründung der Aktiengesellschaft sowie für die Erhaltung und Änderung ihres Kapitals vorgeschrieben sind, um diese Bestimmungen gleichwertig zu gestalten (*Kapitalrichtlinie* – Neufassung), Abl. L 315/74 v. 14.11. 2012.

6 Vgl. den letztlich gescheiterten Vorschlag einer fünften Richtlinie zur Koordinierung der Schutzbestimmungen, die in den Mitgliedstaaten den Gesellschaften im Sinne des Artikel 58 Absatz 2 des Vertrages im Interesse der Gesellschafter sowie Dritter hinsichtlich der Struktur der Aktiengesellschaft sowie der Befugnisse und Verpflichtungen ihrer Organe vorgeschrieben sind v. 09. Oktober 1972, ABl. 1972 C 131/49, zuletzt zurückgezogen durch Mitteilung der Kommission v. 21. 12. 2001, KOM(2001) 763 endgültig/2, 22; nur punktuelle Bedeutung hat insoweit die Richtlinie

schaft in einem europäischen Kontext, nämlich in Bezug auf die europäische Kapitalverkehrsfreiheit (Art. 63 Abs. 1 AEUV)[7]. Die EuGH-Rechtsprechung zu *Golden Shares*[8] hat diesen Umstand in das Blickfeld der wissenschaftlichen Diskussion gebracht. In den Golden Shares Fällen ging es um *staatliche Sonderaktien* zur Wahrung von staatlichem Einfluss in privatisierten Aktiengesellschaften. Der EuGH hat solche Sonderaktien für unvereinbar mit der Kapitalverkehrsfreiheit und teilweise auch der Niederlassungsfreiheit erklärt. Im Hinblick auf diese Rechtsprechung wird zunehmend die Frage diskutiert, ob und ggf. inwieweit die Kapitalverkehrsfreiheit auch Bedeutung für das *allgemeine Aktienrecht* hat.[9]

Der Bezug zum Kapitalverkehr macht deutlich, dass Aktienrecht im europäischen Kontext nicht nur die Frage nach verschiedenen Regelungsebenen betrifft. Es geht auch um unterschiedliche Regelungsinhalte. Angesprochen ist damit das Verhältnis von Aktienrecht und Kapitalmarktrecht. Aktionäre befinden sich in einer Doppelrolle als Verbandsmitglieder einerseits und Kapitalanleger andererseits.[10] Damit geht rechtlich die Herausforderung einher, Aktienrecht und Kapitalmarktrecht aufeinander abzustimmen.

II. Gegenstand der Untersuchung

Vor diesem Hintergrund sind Entsendungsrechte in den Aufsichtsrat Gegenstand der Untersuchung. Die Untersuchung von Entsendungsrechten bietet ein anschauliches Beispiel für den Abstimmungsbedarf hinsichtlich der Regelungsebenen und Regelungsinhalte. Sie verdeutlicht exemplarisch das ebenentechni-

---

2007/36/EG des Europäischen Parlaments und des Rates vom 11. Juli 2007 über die Ausübung bestimmter Rechte von Aktionären in börsennotierten Gesellschaften (*Aktionärsrechterichtlinie*), ABl. L 184/17 v. 14.07.2007; vgl. auch die Zusammenfassung der informellen Diskussionen betreffend die Initiative zur Einbeziehung von Aktionären v. 17. April 2013, abrufbar als englische Fassung unter http://ec.europa.eu/internal_market/company/docs/shareholders/120417_summary-initiative-shareholders-engagement_en.pdf (Stand: 31.03.2015).

7 Zur Bedeutung und zu jüngsten Entwicklungen des Kapitalverkehrs in Europa, vgl. Commission Staff Working Document on the movement of capital and the freedom of payments v. 05.03.2015, SWD(2015) 58 final.

8 Vgl. im Einzelnen § 3 Fn. 7.

9 Vgl. *Grundmann*, Europäisches Gesellschaftsrecht, Rn 653; *ders.*, European Company Law, 470; *Habersack/Verse*, Europäisches Gesellschaftsrecht, § 3 Rn 10, 36; *Lutter/Bayer/Schmidt*, Europäisches Unternehmens- und Kapitalmarktrecht, § 15 Rn 7f.; *Tröger*, in: Basedow/Hopt/Zimmermann, Handwörterbuch des Europäischen Privatrechts, 924, 927; monographisch jüngst *Demirakou*, Europäische Kapitalverkehrsfreiheit und deutsches Aktienrecht, 163ff.

10 Z.B. *Fleischer*, FS K. Schmidt 2009, 375, 381; *ders.*, ZGR 2007, 500, 508.

sche Zusammenspiel von nationalem Recht und Unionsrecht sowie das inhaltliche Zusammenspiel von Aktien- und Kapitalmarktrecht. Die Untersuchung bezieht sich damit auf eine Gemengelage von öffentlichem Recht und Privatrecht im europäischen Mehrebenensystem,[11] in der sich Gesellschaftsrechtswissenschaft heute typischerweise bewegt.[12]

Entsendungsrechte eignen sich in besonderer Weise für eine Veranschaulichung. Es handelt sich um aktienrechtliche Regelungen, die im kapitalmarktrechtlichen Übernahmerecht adressiert werden und Gegenstand der EuGH-Rechtsprechung zu Golden Shares gewesen sind. Sie betreffen das Verhältnis von Aktienrecht, Übernahmerecht und Kapitalverkehrsfreiheit und vermitteln einen Eindruck von den rechtlichen Herausforderungen, die sich aus der Doppelrolle des Aktionärs als Verbandsmitglied und Kapitalanleger ergeben können.

Auf die verschiedenen allgemeinen Gleichbehandlungsgrundsätze[13] wird nicht eingegangen, da sich insoweit keine konkreten Vorgaben für Entsendungsrechte ergeben.[14] Auch die umstrittene Abgrenzung von Kapitalverkehrsfreiheit und Niederlassungsfreiheit[15] soll hier dahinstehen. Der EuGH hat in der Golden-Shares-Rechtsprechung zu Entsendungsrechten prüfungstechnisch allein auf die Kapitalverkehrsfreiheit abgestellt und so wird auch hier verfahren. Die Untersuchung bezieht sich nur auf börsennotierte Aktiengesellschaften, denn

---

11 Vgl. zum Mehrebenensystem *Fleischer*, ZGR 2012, 160, 163.

12 Vgl. *Windbichler*, in: Grundmann/Riesenhuber, Deutschsprachige Zivilrechtslehrer, 433, 435 f.

13 Vgl. Art. 46 der Richtlinie 2012/30/EU des Europäischen Parlaments und des Rates vom 25. Oktober 2012 zur Koordinierung der Schutzbestimmungen, die in den Mitgliedstaaten den Gesellschaften im Sinne des Artikels 54 Absatz 2 des Vertrages über die Arbeitsweise der Europäischen Union im Interesse der Gesellschafter sowie Dritter für die Gründung der Aktiengesellschaft sowie für die Erhaltung und Änderung ihres Kapitals vorgeschrieben sind, um diese Bestimmungen gleichwertig zu gestalten (*Kapitalrichtlinie* – Neufassung), Abl. L 315/74 v. 14.11. 2012; Art. 17 Abs. 1 der Richtlinie 2004/109/EG des Europäischen Parlaments und des Rates vom 15. Dezember 2004 zur Harmonisierung der Transparenzanforderungen in Bezug auf Informationen über Emittenten, deren Wertpapiere zum Handel auf einem geregelten Markt gelassen sind, und zur Änderung der Richtlinie 2001/34/EG (*Transparenzrichtlinie*), ABl. L 390/38 v. 31.12.2004; Art. 4 der Richtlinie 2007/36/EG des Europäischen Parlaments und des Rates vom 11.7.2007 über die Ausübung bestimmter Rechte von Aktionären in börsennotierten Gesellschaften (*Aktionärsrechterichtlinie*), ABl. L 184/17 v. 14.07.2007; vgl. auch den restriktiven Umgang des EuGH mit dem allgemeinen Gleichbehandlungsgrundsatz im europäischen Gesellschaftsrecht, EuGH, Urt. v. 15.09.2009, C-101/08 (*Audiolux*), Sg. 2009, I-9823, Rn 57 ff.

14 Normadressat dieser Gleichbehandlungspflichten ist nur die Gesellschaft, vgl. *Habersack/Verse*, Europäisches Gesellschaftsrecht, § 6 Rn 88 f.

15 Vgl. *Grundmann*, Europäisches Gesellschaftsrecht, Rn 643; *Habersack/Verse*, Europäisches Gesellschaftsrecht, § 3 Rn 2, 32; *Lutter/Bayer/Schmidt*, Europäisches Unternehmens- und Kapitalmarktrecht, § 15 Rn 4.

Übernahmerecht und Kapitalverkehrsfreiheit betreffen nur diese Aktiengesellschaften. Fokussiert wird auf aktienrechtliche und damit körperschaftsrechtliche Entsendungsrechte. Gestaltungen außerhalb der Satzung, die auf schuldrechtlichen Vereinbarungen beruhen, werden ausgeblendet. Schließlich werden nur Entsendungsrechte in den Aufsichtsrat der Aktiengesellschaft untersucht und nicht der Kommanditgesellschaft auf Aktien. Die praktische Bedeutung der börsennotierten KGaA ist gegenüber der börsennotierten AG vergleichsweise gering. Zudem ist die KGaA Personengesellschaft und hat zwei Arten von Gesellschaftern, weshalb von einer gemeinsamen Betrachtung der in dieser Hinsicht sehr unterschiedlichen Gesellschaftsformen abgesehen wird.

Die Untersuchung hat einerseits Bedeutung für die praktische Rechtsanwendung. Wie funktioniert die übernahmerechtliche Durchbrechungsregel bezogen auf den aktienrechtlichen Sonderrechtsschutz des Entsendungsrechts? Ist mit Blick auf die Kapitalverkehrsfreiheit eine grundfreiheitenkonforme Auslegung der aktienrechtlichen Regelungen zum Entsendungsrecht geboten?

Andererseits geht es um eine wissenschaftliche Folgenbetrachtung für das Verhältnis von Aktienrecht und Kapitalverkehrsfreiheit. Welche Konsequenzen ergeben sich für die Corporate Governance der Aktiengesellschaft? Welche Bedeutung hat die Frage mit Blick auf den horizontalen Regulierungswettbewerb im Aktienrecht in Europa und schließlich das unionsverfassungsrechtliche Gefüge?

III. Gang der Untersuchung

Im ersten Kapitel der Untersuchung erfolgt ein Problemaufriss, der den Zusammenhang von Entsendungsrechten, Übernahmerecht und Kapitalverkehrsfreiheit skizziert. Dies dient der Verdeutlichung der Spannungsverhältnisse, die der Arbeit zugrunde liegen. Die anschließende Untersuchung von Entsendungsrechten erfolgt aufsteigend entlang der Reglungsebenen (Nationales Recht, Sekundärrecht, Primärrecht).

Im zweiten Kapitel werden die deutschen aktienrechtlichen Regelungen zu Entsendungsrechten betrachtet und insbesondere die gesetzlichen Vorgaben und statutarischen Gestaltungsmöglichkeiten ausgelotet. Ein rechtsvergleichender Blick nach Österreich, Großbritannien und Frankreich verdeutlicht die Bandbreite von Entsendungsrechten und Gestaltungen mit entsendungsrechtsähnlichen Effekten in Europa.

Im dritten Kapitel geht es um die Frage, ob und inwieweit Entsendungsrechte in der Societas Europaea vorgesehen werden können. Ein Blick auf die Durchbrechungsregel der Übernahmerichtlinie und die nationalen Umsetzungsakte verdeutlicht das Verhältnis von Entsendungsrechten und Übernahmerecht.

Im viertel Kapitel wird auf das Verhältnis von Entsendungsrechten und Kapitalverkehrsfreiheit fokussiert. Dabei werden zunächst Entsendungsrechte in der EuGH-Rechtsprechung zu Golden Shares identifiziert. Anknüpfend daran erfolgt die Untersuchung im Hinblick auf privatautonome Entsendungsrechte. Sodann wird nach der horizontalen Direktwirkung in Bezug auf privatautonome Satzungsgestaltung gefragt und schließlich die Bedeutung für privatautonome Entsendungsrechte herausgearbeitet.

Im fünften Kapitel schließt die Untersuchung mit einer Zusammenfassung und einer Folgenbetrachtung der Ergebnisse für das Verhältnis von Aktienrecht und Kapitalverkehrsfreiheit.

1. Kapitel: **Problemaufriss**

§ 2 Entsendungsrechte in der börsennotierten Aktiengesellschaft

I. Recht der börsennotierten Aktiengesellschaft

In börsennotierten Aktiengesellschaften sind die Aktionäre nicht nur Mitglieder der Gesellschaft. Sie sind aus der Perspektive des Kapitalmarkts zugleich Anleger. Die Aktionäre befinden sich als Verbandsmitglieder und Kapitalanleger in einer Doppelrolle.[1] Hierauf reagiert auch das Recht. Das auf die börsennotierte Aktiengesellschaft anwendbare Recht ist geprägt von einem Zusammenspiel von Aktien- und Kapitalmarktrecht.

Dieses Zusammenspiel ist nicht frei von Dissonanzen. Aktionäre gleichzeitig als Verbandsmitglieder und Kapitalanleger zu behandeln, gelingt nicht immer bruchlos.[2] Wie häufig bei angrenzenden bzw. sich überschneidenden Rechtsgebieten, besteht auch hier rechtlicher Abstimmungsbedarf.[3] Dabei handelt es sich auch angesichts regelmäßiger Änderungen im Aktien- und Kapitalmarktrecht strukturell um eine Dauerbaustelle. Die Abstimmung in Bezug auf einzelne Fragen ist zum Teil schwierig. Die vorliegende Untersuchung macht dies exemplarisch deutlich sichtbar.

II. Entsendungsrechte in den Aufsichtsrat

In der Aktiengesellschaft spielt der Aufsichtsrat eine zentrale Rolle. Deshalb ist es von besonderer Bedeutung, wer über die Bestellung der Mitglieder des Aufsichtsrats entscheidet und wie dies geschieht. Im deutschen Aktienrecht werden die Mitglieder des Aufsichtsrats von der Hauptversammlung gewählt, soweit sie nicht in den Aufsichtsrat zu entsenden oder von den Arbeitnehmern zu wählen sind (§ 101 Abs. 1 AktG). Einzelnen Aktionären kann in der Satzung das Recht eingeräumt werden, Mitglieder in den Aufsichtsrat zu entsenden (§ 101 Abs. 2 Satz 1 AktG).

Entsendungsrechte gehen strukturell zu Lasten der Bestellungskompetenz der Hauptversammlung. Die entsandten Aufsichtsratsmitglieder müssen sich keiner Wahl durch die Hauptversammlung stellen. Entsendungsrechte sind deshalb zum

---

1 Z. B. *Fleischer*, FS K. Schmidt 2009, 375, 381; *ders.*, ZGR 2007, 500, 508.

2 *Windbichler*, FS HU Berlin 2010, 1079, 1098.

3 Vgl. *Fleischer*, ZIP 2006, 451, 456 ff; *ders*, in: Engel/Schön, Das Proprium der Rechtswissenschaft, 58; *Windbichler*, FS HU Berlin 2010, 1079, 1080.

Teil Gegenstand kritischer Auseinandersetzungen.[4] Der Vorwurf lautet, einzelne Aktionäre würden durch die Einräumung von Entsendungsrechten gegenüber den übrigen Aktionären unangemessen privilegiert.[5] Die gegenwärtigen Aktionäre würden mittelbar an Einfluss verlieren und zwar ohne Vermögensausgleich. Die Problematik betreffe nicht nur die gegenwärtigen, sondern potenziell auch zukünftige Aktionäre. Eine spätere Hauptversammlung könne ein zuvor in der Satzung verankertes Entsendungsrecht nämlich nicht ohne weiteres wieder abschaffen, denn Entsendungsrechte könnten dem begünstigten Aktionär nicht ohne dessen Zustimmung entzogen werden (vgl. § 35 BGB, sog. Sonderrecht). In einer Aktiengesellschaft, die der unternehmerischen Arbeitnehmermitbestimmung unterliegt und somit ein Teil der Mitglieder des Aufsichtsrats von den Arbeitnehmern gewählt werden, könne dies dazu führen, dass selbst eine satzungsändernde Mehrheit in einer späteren Hauptversammlung im Ergebnis nicht einmal die Hälfte der Mitglieder des Aufsichtsrats bestimmen könne. Der Erwerb einer Mehrheitsbeteiligung werde insofern von vornherein unattraktiv. Ein Entsendungsrecht baue in solchen Konstellationen eine *Hürde gegen die Übernahme der Gesellschaft* auf.

---

4 Feststellend *Bayer/Hoffmann*, in: Bayer, Aktienrecht in Zahlen, 61; Spindler/Stilz/*Spindler*, AktG, § 101 Rn 53.

5 Hierzu und zum Folgenden ausführlich *Möslein*, ZIP 2007, 770, 772ff.; *ders.*, Der Aufsichtsrat 2008, 72, 73.

§ 3 Entsendungsrechte, Übernahmerecht und Kapitalverkehrsfreiheit

I. Übernahmerecht und Durchbrechungsregel

Der Wechsel der Kontrolle über eine Gesellschaft wird als Übernahme bezeichnet (vgl. § 29 Abs. 1 WpÜG). Die Übernahme börsennotierter Gesellschaften ist im Übernahmerecht geregelt (vgl. § 1 Abs. 1 WpÜG). Es ist Teil des Kapitalmarktrechts. Um dauerhaft die Kontrolle über eine Gesellschaft zu erlangen, ist der Erwerb von Anteilen der Gesellschaft erforderlich und zwar im Hinblick auf die damit verbundenen Stimmrechte.

Bei öffentlichen Unternehmensübernahmen wird üblicherweise ein Zuschlag auf den aktuellen Börsenkurs, sog. Übernahmeprämie, geboten bzw. verlangt. Von einem funktionierenden Markt für Unternehmenskontrolle verspricht man sich außerdem positive Effekte für die Corporate Governance im Sinne einer externen Kontrolle des Vorstands. Die Möglichkeit einer Übernahme wird deshalb aus der Perspektive des Kapitalmarkts für die Aktionäre des Übernahmeobjekts für positiv gehalten. Damit einher geht eine grundsätzliche *Skepsis* gegenüber Übernahmehindernissen und Instrumenten zur Abwehr von Übernahmen.

Das hat seinen Niederschlag im Übernahmerecht gefunden, unter anderem in der Durchbrechungsregel (§ 33b WpÜG). Demnach entfalten gewisse einflussverstärkende oder -sichernde Mechanismen unter bestimmten Voraussetzungen *im Umfeld einer Übernahme* keine Wirkung. Das betrifft Übertragungsbeschränkungen von Aktien, Stimmbindungsverträge, Mehrstimmrechtsaktien und *Entsendungsrechte* (vgl. § 33b Abs. 2 Satz 1 WpÜG). Damit soll dem „Kontrollerwerber" die tatsächliche Kontrolle über die Gesellschaft ermöglicht werden. In Bezug auf Entsendungsrechte geht es um die Gewährleistung des Einflusses auf die personelle Besetzung der Verwaltungsorgane.

Die Vorschriften der Durchbrechungsregel beruhen auf der europäischen Übernahmerichtlinie.[6] Insoweit sind die sekundärrechtlichen Vorgaben zu beachten. Die unionsrechtliche Einbettung ist typisch für kapitalmarktrechtliche Regelungen. Das Kapitalmarktrecht ist in weiten Teilen unionsrechtlich geprägt und konzeptionell ausgerichtet auf einen freien Kapitalverkehr im Binnenmarkt der Europäischen Union.

6 Richtlinie 2004/25/EG des Europäischen Parlaments und des Rates vom 21. April 2004 betreffend Übernahmeangebote (*Übernahmerichtlinie*), ABl. L 142/12 v. 30.04.2004.

II. Kapitalverkehrsfreiheit und Golden Shares

Die Grundfreiheiten bilden die primärrechtlichen Grundlagen des europäischen Binnenmarktes. Die Kapitalverkehrsfreiheit zielt dabei auf einen umfassenden europäischen Kapitalmarkt mit freiem Verkehr von Geld- und Sachkapital ab. Sie *verbietet Beschränkungen des Kapitalverkehrs* zwischen den Mitgliedstaaten sowie zwischen den Mitgliedstaaten und dritten Ländern (Art. 63 Abs. 1 AEUV). Vor allem im Steuerrecht hat sie eine große Bedeutung erlangt und so betrifft auch die EuGH-Rechtsprechung zur Kapitalverkehrsfreiheit überwiegend steuerrechtliche Fragen.

Mit der EuGH-Rechtsprechung zu *Golden Shares*[7] hat die Kapitalverkehrsfreiheit aber auch Bedeutung für nationales Aktienrecht erlangt. Dabei ging es nicht um steuerrechtliche Aspekte von Aktienbeteiligungen, sondern staatliche Sonderregelungen und -rechte zur Wahrung von staatlichem Einfluss in privatisierten Aktiengesellschaften. Viele europäische Mitgliedstaaten haben im Zuge von Privatisierungen in den achtziger und neunziger Jahren Vorkehrungen getroffen, um sich in ehemals staatlichen Gesellschaften trotz Privatisierung weiterhin einen staatlichen Einfluss zu bewahren. Die Sonderregeln und -rechte waren oftmals mit *Sonderaktien* verknüpft. Der Begriff Golden Shares hat sich aber zum allgemeinen Sammelbegriff für *staatliche Sonderregeln und -rechte* in Bezug auf privatisierte Aktiengesellschaften entwickelt. In solchen Konstellationen wurden verschiedene einflussverstärkende oder -sichernde Mechanismen eingesetzt und häufig auch miteinander kombiniert. Teilweise durften Aktien der privatisierten Gesellschaft nur in begrenztem Umfang erworben bzw. gehalten (Be-

---

7 Chronologie der EuGH-Rechtsprechung zu Golden Shares: Urt. v. 23.05.2000, C-58/99 (*Kommission/Italien – Golden Shares I*), Slg. 2000, I-3811; Urt. v. 04.06.2002, C-367/98 (*Kommission/Portugal – Golden Shares II*), Slg. 2002, I-4731; Urt. v. 04.06.2002, C-483/99 (*Kommission/Frankreich – Golden Shares III*), Slg. 2002, I-4781; Urt. v. 04.06.2002, C-503/99 (*Kommission/Belgien – Golden Shares IV*), Slg. 2002, I-4809; Urt. v. 13.05.2003, C-463/00 (*Kommission/Spanien – Golden Shares V*), Slg. 2003, I-4581; Urt. v. 13.05.2003, C-98/01 (*Kommission/Großbritannien – Golden Shares VI*), Slg. 2003, I-4641; Urt. v. 02.06.2005, C-174/04 (*Kommission/Italien – Golden Shares VII*), Slg. 2005, I-4933; Urt. v. 28.09.2006, C-282/04 und C-283/04 (*Kommission/Niederlande – Golden Shares VIII*), Slg. 2006, I-9141; Urt. v. 23.10.2007, C-112/05 (*Kommission/Deutschland – Golden Shares IX*), Slg. 2007, I-8995; Urt. v. 06.12.2007, C-463/04 und C-464/04 (*Federconsumatori u. a. – Golden Shares X*), Slg. 2007, I-10419; Urt. v. 14.02.2008, C-274/06 (*Kommission/Spanien – Golden Shares XI*), Slg. 2008, I-0026*; Urt. v. 17.07.2008, C-207/07 (*Kommission/Spanien – Golden Shares XII*), Slg 2008, I-0111*; Urt. v. 26.03.2009, C-326/07 (*Kommission/Italien – Golden Shares XIII*), Slg. 2009, I-2291; Urt. v. 08.07.2010, C-171/08 (*Kommission/Portugal – Golden Shares XIV*), Slg. 2010, I-6817; Urt. v. 11.11.2010, C-543/08 (*Kommission/Portugal – Golden Shares XV*), Slg. 2010, I-11241; Urt. v. 10.11.2011, C-212/09 (*Kommission/Portugal – Golden Shares XVI*), Slg. 2011, I-10889; Urt. v. 08.11.2012, C-244/11 (*Kommission/Griechenland – Golden Shares XVII*), Slg. 2012, I-0000; Urt. v. 22.10.2013, C-95/12 (*Kommission/Deutschland – Golden Shares XVIII*), Slg. 2013, I-0000.

teiligungshöchstgrenzen) oder übertragen werden (Übertragungsbeschränkungen). Manche Mitgliedstaaten setzten auf besondere Rechte staatlicher Stellen in Bezug auf den Aktienerwerb oder bei wichtigen Grundsatzentscheidungen der Gesellschaft (Zustimmungserfordernisse, Widerspruchs- oder Vetorechte). Zum Teil wurde das Stimmrecht in der Hauptversammlung begrenzt (Stimmrechtshöchstgrenzen) oder das Stimmrecht staatlicher Stellen oder Aktionäre hatte mehrfaches Gewicht (Mehrfachstimmrechte). In einigen Fällen behielt man sich auch das Recht vor, Mitglieder der Verwaltungsorgane zu ernennen, sog. *Entsendungsrechte*. Der EuGH stellte in allen Entscheidungen fest, dass die jeweiligen Golden Shares unvereinbar mit der Kapitalverkehrs- bzw. Niederlassungsfreiheit seien.[8] Zur Begründung führte er an, Golden Shares würden den freien Kapitalverkehr beschränken, indem sie bezogen auf die privatisierte Gesellschaft den Erwerb von Aktien verhindern oder weniger attraktiv machen und Anleger davon abhalten, in diese Gesellschaften zu investieren.

Diese Rechtsprechung hat zu einer Fülle von Literatur geführt, die sich der Katalogisierung und Systematisierung von Golden Shares widmet und eine Abstimmung mit der Dogmatik der Kapitalverkehrsfreiheit sucht.[9] Langsam verschiebt sich die wissenschaftliche Aufmerksamkeit hin zu der Frage, welche Konsequenzen die Rechtsprechung für das *allgemeine Aktienrecht* hat.[10] Welche Folgen hat die Rechtsprechung für Regeln und Rechte zur Wahrung oder Verstärkung des Einflusses von privaten Aktionären in börsennotierten Aktiengesellschaften? Damit sind *spezielle Fragen der Drittwirkung bzw. horizontalen Direktwirkung der Kapitalverkehrsfreiheit* aufgeworfen. Ist die Kapitalverkehrsfreiheit bei privatautonomer Satzungsgestaltung überhaupt zu beachten? Falls ja, wie ist

---

8 Einzige Ausnahme: EuGH, Urt. v. 04.06.2002, C-503/99 (*Kommission/Belgien – Golden Shares IV*), Slg. 2002, I-4809.

9 Vgl. monographisch: *Czigler*, Die Rechtsprechung zu Golden Shares; *Kleinschmit*, Deutsches Volkswagengesetz und europäische Kapitalverkehrsfreiheit; *Mockenhaupt*, VW-Gesetz und Goldene Aktien; *Oprişiu*, Goldene Aktien; *Pießkalla*, Goldene Aktien aus EG-rechtlicher Sicht; *Weiss*, Goldene Aktien im Lichte der Rechtsprechung des EuGH unter besonderer Berücksichtigung des harmonisierten Übernahmerechts; vgl. monographisch zu möglichen Konsequenzen für das Außenwirtschaftsrecht *Clostermeyer*, Staatliche Übernahmeabwehr und die Kapitalverkehrsfreiheit zu Drittstaaten; *Wolff*, Ausländische Staatsfonds und staatliche Sonderrechte.

10 Vgl. *Grundmann*, Europäisches Gesellschaftsrecht, Rn 653; *Habersack/Verse*, Europäisches Gesellschaftsrecht, § 3 Rn 10, 36; *Lutter/Bayer/Schmidt*, Europäisches Unternehmens- und Kapitalmarktrecht, § 15 Rn 7 f.; *Tröger*, in: Basedow/Hopt/Zimmermann, Handwörterbuch des Europäischen Privatrechts, 924, 927; *Demirakou*, Europäische Kapitalverkehrsfreiheit und deutsches Aktienrecht, 163 ff. und 243 ff.; *Armour/Ringe*, CMLR 48 (2011), 125, 146 ff.; *Möslein*, Grenzen unternehmerischer Leitungsmacht, 237 ff. und 261 ff.; *Sonder*, Übernahmehindernisse im europäischen Binnenmarkt, 138 ff.

das Beschränkungsverbot im Hinblick auf Entsendungsrechte zu verstehen, welche Maßstäbe sind dabei anzulegen? Und schließlich: Welche Folgen wären mit der Anwendung von ggf. verschiedenen in Betracht kommenden Maßstäben verbunden?

2. Kapitel: **Entsendungsrechte und nationales Recht**

§ 4 Entsendungsrechte nach § 101 Abs. 2 AktG

I. Entsendung von Aufsichtsratsmitgliedern

1. Der Aufsichtsrat in der Aktiengesellschaft

Eine Aktiengesellschaft hat stets die drei Organe Vorstand, Aufsichtsrat und Hauptversammlung.[1] Das kompetenzrechtliche Verhältnis der Organe zueinander ist weitgehend gesetzlich zwingend festgelegt.[2] Dem Vorstand obliegt als Leitungsorgan in eigener Verantwortung die Geschäftsführung und Vertretung nach außen (§§ 76 Abs. 1, 77 Abs. 1, 78 Abs. 1 Satz 1 AktG). Er kann grundsätzlich aus einer oder mehreren Personen bestehen (§ 76 Abs. 2 Satz 1 AktG). Der Aufsichtsrat überwacht als Beratungs- und Kontrollorgan die Geschäftsführung und bestellt den Vorstand (§§ 84 Abs. 1 Satz 1, 111 Abs. 1 AktG).[3] Er besteht aus mindestens drei Mitgliedern (§ 95 AktG). Wohl und Wehe der Aktiengesellschaft liegen in den Händen der Vorstands- und Aufsichtsratsmitglieder.[4] Entscheidungen über die Bestellung und Abberufung dieser Verantwortlichen gehören daher zu den wichtigsten Maßnahmen in der Aktiengesellschaft.[5] Letztlich beeinflusst die Bestellung des Aufsichtsrats mittelbar die Zusammensetzung des Vorstandes und die Geschäftspolitik der Aktiengesellschaft.

2. Formen der Bestellung von Aufsichtsratsmitgliedern

a. Wahl durch die Hauptversammlung

Die Mitglieder des Aufsichtsrats werden grundsätzlich von der Hauptversammlung gewählt und ggf. auch wieder abberufen (§§ 101 Abs. 1 Satz 1 Halbs. 1, 103 Abs. 1 AktG). Der Beschluss bedarf einer einfachen Stimmenmehrheit, soweit die Satzung keine größere Mehrheit bestimmt (§ 133 AktG). Es gilt der Grundsatz der Wahlfreiheit.[6] Die Hauptversammlung hat somit formal die Schlüsselrolle bei der Personalauswahl.[7] Allerdings hat der Aufsichtsrat selbst das Vorschlagsrecht für

---

1 *Hüffer*, AktG, § 76 Rn 1 ff.; MünchKomm-AktG/*Spindler*, Vorbem. zu §§ 76 ff. Rn 1.
2 Ebenda.
3 *Hüffer*, AktG, § 111 Rn 5; MünchKomm-AktG/*Habersack*, Vorbem. zu §§ 95 ff. Rn 2; *Schoppen*, Aufsichtsrat 2011, 38 f.; vgl. zu Groupthink im Aufsichtsrat *Watzka*, Aufsichtsrat 2009, 106.
4 So und zum Folgenden z. B. *Mahlert*, Aufsichtsrat 2011, 65.
5 Vgl. auch die Meldepflicht in § 27a Abs. 1 Nr. 3 WpHG.
6 Großkomm-AktG/*Hopt/Roth*, § 101 Rn 20; MünchKomm-AktG/*Habersack*, § 101 Rn 7.
7 *Mahlert*, Aufsichtsrat 2011, 65.

die Aufsichtsratskandidaten (§ 124 Abs. 3 Satz 1 AktG). Daneben können auch Aktionäre Wahlvorschläge machen (§ 127 AktG).

Die innergesellschaftliche Einflussverteilung hängt letztlich aber stark von den tatsächlichen Umständen ab.[8] Halten Aktionäre oder Aktionärsgruppen eine Mehrheit der Aktien, so können sie ihre Vorschläge in der Hauptversammlung durchsetzen.[9] Dann wird der Aufsichtsrat seine Wahlvorschläge vorher mit ihnen abstimmen.[10] Sind die Aktien hingegen im Streubesitz, kann die Hauptversammlung ihre Personalverantwortung nicht mehr aktiv wahrnehmen.[11] Die Hauptversammlung folgt dann typischerweise den Wahlvorschlägen des Aufsichtsrats, so dass faktisch eine Art Kooptation stattfindet.[12]

Börsennotierte Aktiengesellschaften müssen jährliche eine Erklärung zum Deutschen Corporate Governance Kodex (DCGK) abgeben (§ 161 AktG). Nach dem DCGK soll dem Aufsichtsrat eine nach seiner Einschätzung angemessene Anzahl unabhängiger Mitglieder angehören (5.4.2 DCGK).[13] Er sieht für die Bestellungsform der Wahl durch die Hauptversammlung vor, dass Wahlen zum Aufsichtsrat als Einzelwahl durchgeführt werden sollen (Ziff. 5.4.3 Satz 1 DCGK).

b. Unternehmerische Mitbestimmung

Das Grundmodell der Wahl durch die Hauptversammlung wird überlagert durch die unternehmerische Arbeitnehmermitbestimmung (§ 101 Abs. 1 Satz 1 Halbs. 3 AktG). Die Mitbestimmungsgesetze modifizieren die Zusammensetzung und teilweise auch die Größe des Aufsichtsrats.

Der Aufsichtsrat einer AG, die in der Regel mehr als 500 und nicht mehr als 2000 Arbeitnehmer beschäftigt, muss *zu einem Drittel* aus Arbeitnehmervertretern bestehen (§§ 1 Abs. 1 Nr. 1, 4 Abs. 1 DrittelbG). Bei der Berechnung der Arbeitnehmerzahl werden einem herrschenden Konzernunternehmen die Arbeitnehmer der abhängigen Konzernunternehmen nur im Vertrags- und Eingliederungskonzern zugerechnet (§ 2 Abs. 2 DrittelbG). Die Arbeitnehmervertreter werden von den Arbeitnehmern des Unternehmens und ggf. der abhängigen Konzernunternehmen

---

8 MünchKomm-AktG/*Spindler*, Vorbem. zu §§ 76 ff. Rn 73 ff.; *Windbichler*, Gesellschaftsrecht, § 27 Rn 1.

9 *Windbichler*, Gesellschaftsrecht, § 27 Rn 1.

10 *Mahlert*, Aufsichtsrat 2011, 65.

11 MünchKomm-AktG/*Spindler*, Vorbem. zu §§ 76 ff. Rn 76; *Mahlert*, Aufsichtsrat 2011, 65.

12 *Windbichler*, Gesellschaftsrecht, § 27 Rn 1; *dies.*, FS HU Berlin 2010, 1079, 1087; kritisch dazu *Roth/Wörle*, ZGR 2004, 565, 578 ff.

13 Vgl. auch die Überlegungen zur Zusammensetzung unter den Gesichtspunkten beruflicher, inter-nationaler und geschlechterspezifischer Diversität im Grünbuch Europäischer Corporate Governance-Rahmen v. 5. 4. 2011, KOM(2011), 164 endg., 6 ff.

nach den Grundsätzen der Mehrheitswahl gewählt (§§ 2 Abs. 1, 5 DrittelbG). Es besteht die Möglichkeit der vorzeitigen Abberufung von Arbeitnehmervertretern durch Beschluss der Arbeitnehmer mit qualifizierter Mehrheit (§ 12 Abs. 1 DrittelbG).

Der Aufsichtsrat einer AG, die in der Regel mehr als 2000 Arbeitnehmer beschäftigt, muss *zur Hälfte* aus Arbeitnehmervertretern bestehen (§§ 1 Abs. 1, 6 Abs. 2, 7 Abs. 1 MitbestG). Bei der Berechnung der Arbeitnehmerzahl werden einem herrschenden Konzernunternehmen die Arbeitnehmer der abhängigen Konzernunternehmen zugerechnet (§ 5 Abs. 1 MitbestG). Die Arbeitnehmervertreter werden von den Arbeitnehmern des Unternehmens und ggf. der abhängigen Konzernunternehmen oder von Delegierten, die ihrerseits von den Arbeitnehmern gewählt werden, nach den Grundsätzen der Verhältniswahl gewählt (§§ 5 Abs. 1, 9, 10, 15, 18 MitbestG). Es besteht die Möglichkeit der vorzeitigen Abberufung von Arbeitnehmervertretern durch Beschluss der Arbeitnehmer oder Delegierten mit qualifizierter Mehrheit (§ 23 MitbestG). Die Größe des Aufsichtsrats ist abhängig von der Gesamtzahl der im Unternehmen oder Konzern beschäftigten Arbeitnehmer (§§ 5 Abs. 1, 7 Abs. 1 MitbestG). Er besteht bei bis zu 10.000 Arbeitnehmern aus 12 Mitgliedern, bei bis zu 20.000 Arbeitnehmern aus 16 Mitgliedern und bei mehr als 20.000 Arbeitnehmern aus 20 Mitgliedern (§ 7 Abs. 1 Satz 1 MitbestG). Die Satzung kann lediglich eine Erhöhung der Mitgliederzahl von 12 auf 16 oder 20 bzw. von 16 auf 20 vorsehen (§ 7 Abs. 1 Satz 2 MitbestG).

c. Entsendungsrechte

Daneben können schließlich statutarische Entsendungsrechte bestehen (§ 101 Abs. 1 Satz 1 Halbs. 3 und Abs. 2 AktG). Sie ermöglichen es, Personen direkt in den Aufsichtsrats zu entsenden, ohne dass diese sich einer Wahl durch die Hauptversammlung oder die Arbeitnehmer stellen müssen. Entsendungsrechte finden im DCGK keine Erwähnung.

3. Praktische Konstellationen

a. Öffentliche und gemischtwirtschaftliche Unternehmen

Entsendungsrechte sind in Aktiengesellschaften mit Beteiligungen der öffentlichen Hand besonders verbreitet.[14] Erst das AktG 1937 ermöglichte statutarische

---

14 *Bayer/Hoffmann*, in: Bayer, Aktienrecht in Zahlen, 61; Spindler/Stilz/*Spindler*, AktG, § 101 Rn 49.

Entsendungsrechte.[15] Ausweislich der Begründung des Reichsjustizministeriums zum Entwurf von 1931 sollte damit „insbesondere für öffentliche Körperschaften, die an Aktiengesellschaften kapitalmäßig beteiligt sind, eine Handhabe geschaffen werden, durch die sie ohne besondere Wahlabmachungen ihren Einfluss verstärkt geltend machen können".[16] Gleichwohl wurde die Möglichkeit der Einführung eines Entsendungsrechts nicht auf diese Fälle beschränkt, sondern allgemein geregelt.[17] Laut der Begründung des Regierungsentwurfs zum AktG 1965 wurde das Entsendungsrecht beibehalten, weil es „namentlich bei gemischtwirtschaftlichen Unternehmen einem praktischen Bedürfnis entspricht."[18] Damit sind Aktiengesellschaften gemeint, an denen neben privaten Anteilseignern auch die öffentliche Hand beteiligt ist.[19]

Entsendungsrechte bestehen vor allem in Aktiengesellschaften mit kommunalen Beteiligungen, insbesondere *kommunalen Versorgungsunternehmen*.[20] Nach den Gemeindeordnungen der Bundesländer dürfen Kommunen regelmäßig nur dann Aktiengesellschaften gründen oder sich daran beteiligen, wenn ein angemessener Einfluss im Aufsichtsrat sichergestellt ist.[21] Manche Gemeindeordnungen sehen sogar ausdrücklich vor, dass Kommunen auf die Begründung von Entsendungsrechten hinzuwirken haben.[22] So finden sich Entsendungsrechte et-

---

15 § 88 AktG 1937 abgedruckt bei *Kropff*, Aktiengesetz, 597; vgl. auch Geßler/Hefermehl/Kropff/*Geßler*, § 101 Rn 57.

16 Abgedruckt bei *Schubert/Hommelhoff*, Aktienrechtsreform am Ende der Weimarer Republik, 907, 913.

17 Baumbach/*Hueck*, AktG, § 101 Rn 8; *Kübler/Assmann*, Gesellschaftsrecht, § 15 IV 2 a.

18 Abgedruckt bei *Kropff*, Aktiengesetz, 138.

19 Vgl. Dreier/*Dreier*, GG, Art. 19 III Rn 72f.

20 Vgl. *Bayer/Hoffmann*, in: Bayer, Aktienrecht in Zahlen, 61; vgl. dazu *Faber*, Gesellschaftsrechtliche Bindungen, 78ff., 172.

21 Vgl. § 108 Abs. 1 Satz 1 Nr. 6 der Gemeindeordnung für das Land Nordrhein-Westfalen (GO NRW) und § 109 Abs. 1 Nr. 6 der Niedersächsischen Gemeindeordnung (NGO), wonach eine Gemeinde Unternehmen und Einrichtungen in einer Rechtsform des privaten Rechts nur gründen oder sich daran beteiligen darf, „wenn die Gemeinde einen angemessenen Einfluss, insbesondere in einem Überwachungsorgan, erhält und dieser durch Gesellschaftsvertrag, Satzung oder in anderer Weise gesichert wird"; vgl. Art. 92 Abs. 1 Satz 1 Nr. 2 der Gemeindeordnung für den Freistaat BayeRn (BayGO), wonach gemeindliche Unternehmen in Privatrechtsform und gemeindliche Beteiligungen an Unternehmen in Privatrechtsform nur zulässig sind, „wenn die Gemeinde angemessenen Einfluss im Aufsichtsrat oder in einem entsprechenden Gremium erhält".

22 Vgl. § 113 Abs. 3 Satz 1 GO NRW und § 111 Abs. 3 Satz 1 NGO, wonach die Gemeinde verpflichtet ist, „bei der Ausgestaltung des Gesellschaftsvertrages einer Kapitalgesellschaft darauf hinzuwirken, dass ihr das Recht eingeräumt wird, Mitglieder in den Aufsichtsrat zu entsenden"; vgl. Art. 93 Abs. 2 Satz 1 BayGO, wonach die Gemeinde „bei der Ausgestaltung des Gesellschaftsvertrages oder der Satzung darauf hinwirken [soll], dass ihr das Recht eingeräumt wird, Mitglieder in

wa in den Satzungen der Stadtwerke Hildesheim AG, der HEAG Holding AG – Beteiligungsmanagement der Wissenschaftsstadt Darmstadt, der Stadtwerke Saarbrücken AG, der ENSO Energie Sachsen Ost AG, der MVV Energie AG und der Stadtwerke Gera AG.[23]

Auch in der Satzung der *Deutschen Bahn AG*, deren sämtliche Anteile von der Bundesrepublik Deutschland gehalten werden, sind zur Sicherung des Einflusses nach einer eventuellen Teilprivatisierung bereits heute Entsendungsrechte vorgesehen.[24]

Die bekannteste deutsche Aktiengesellschaft mit öffentlichen Anteilseignern und Entsendungsrechten ist die *Volkswagen AG* (VW AG). Die wechselvolle Geschichte des Unternehmens führte im Jahr 1960 zum VW-Gesetz.[25] Nach dessen Art. 4 Abs. 1 waren die Bundesrepublik Deutschland und das Land Niedersachen berechtigt, „je zwei Aufsichtsratsmitglieder in den Aufsichtsrat zu entsenden, solange ihnen Aktien der Gesellschaft gehören". Der EuGH erklärte die Regelung im Oktober 2007 für unvereinbar mit der Kapitalverkehrsfreiheit.[26] In Reaktion auf das Urteil wurde Art. 4 Abs. 1 VW-Gesetz im Dezember 2008 ersatzlos gestrichen.[27] Eine außerordentliche Hauptversammlung der Volkswagen AG beschloss im Dezember 2009 die Aufnahme eines Entsendungsrechts des Landes Niedersachsen

einen Aufsichtsrat [...] zu entsenden, soweit das zur Sicherung eines angemessenen Einflusses notwendig ist".

23 *Bayer/Hoffmann*, in: Bayer, Aktienrecht in Zahlen, 61, 62; vgl. etwa § 9 Abs. 2 Satz 1 der Satzung der Stadtwerke Hildesheim AG, wonach der Stadt Hildesheim, „solange sie Aktionärin der Stadtwerke Hildesheim Aktiengesellschaft ist, das Entsendungsrecht für zwei Mitglieder des Aufsichtsrates zu[steht]"; vgl. auch § 9 Abs. 1 Satz 1 der Satzung der MVV Energie AG, wonach die Stadt Mannheim „unter Anrechnung auf die von der Hauptversammlung zu wählenden Aufsichtsratsmitglieder den Oberbürgermeister und den zuständigen Fachdezernenten in den Aufsichtsrat [entsendet], sofeRn die Stadt Mannheim Aktionärin der Gesellschaft ist und unmittelbar oder mittelbar Aktien in Höhe von mehr als der Hälfte des Grundkapitals hält".

24 Vgl. § 10 Abs. 2 der Satzung, wonach die Bundesrepublik Deutschland, „solange sie mehrheitlich Aktionär ist, das Recht [hat], drei Mitglieder in den Aufsichtsrat zu entsenden".

25 Gesetz über die Überführung der Anteilsrechte an der Volkswagengesellschaft mit beschränkter Haftung in private Hand v. 21.06.1960 (*VW-Gesetz*), BGBl. I, 585.

26 EuGH, Urt. v. 23.10.2007, C-112/05 (*Kommission/Deutschland – Golden Shares IX*), Slg. 2007, I-8995.

27 Gesetz zur Änderung des Gesetzes über die Überführung der Anteilsrechte an der Volkswagen Gesellschaft mit beschränkter Haftung in private Hand v. 8.12.2008, BGBl. I, 2369; § 4 Abs. 3 VW-Gesetz, wonach Beschlüsse der Hauptversammlung, für die nach dem AktG eine Mehrheit erforderlich ist, die mindestens drei Viertel des bei der Beschlussfassung vertretenen Grundkapitals umfasst, einer Mehrheit von mehr als vier Fünftel des bei der Beschlussfassung vertretenen Grundkapitals der Gesellschaft bedürfen, wurde hingegen beibehalten.

in die Satzung der Volkswagen AG.[28] Eine erneute Klage der Kommission gemäß Art. 260 Abs. 2 AEUV mit der Begründung, durch die Beibehaltung von § 4 Abs. 3 VW-Gesetz sei dem EuGH-Urteil zum VW-Gesetz nicht vollständig entsprochen worden, wurde vom EuGH Ende 2013 abgewiesen.[29]

b. Privatwirtschaftliche Unternehmen

Entsendungsrechte finden darüber hinaus aber auch Anwendung in Aktiengesellschaften, an denen keine staatlichen Anteilseigner beteiligt sind. Für privatwirtschaftliche Unternehmen sind Entsendungsrechte vor allem in bestimmten Konstellationen interessant.

Entsendungsrechte können insbesondere in *Familienunternehmen* zum Einsatz kommen.[30] Damit sind Unternehmen gemeint, bei denen die maßgeblichen Gesellschafter untereinander verwandtschaftlich verbunden sind. Entsendungsrechte werden dann vor allem zur Sicherung des Einflusses bestimmter Familienstämme verwendet.[31] Auch die Sicherung des Familieneinflusses im Vorfeld oder nach einem Börsengang ist denkbar.[32] Entsendungsrechte können zudem für *Gemeinschaftsunternehmen* interessant sein. Wenn verschiedene Unternehmen einen Teil ihrer wirtschaftlichen Aktivitäten in einer neuen Gesellschaft bündeln, können Entsendungsrechte dazu dienen, einen dauerhaften Einfluss des kleineren Partners auf die Besetzung der Organe zu sichern.[33] Entsendungsrechte können schließlich auch zugunsten von Aktionären eingeräumt werden, die als *Kreditgeber* fungieren.[34] Ihnen kann so ein entsprechender Einfluss gesichert werden.

---

28 Vgl. § 11 Abs. 1 Satz 2 der Satzung der Volkswagen AG, wonach das Land Niedersachen berechtigt ist, „zwei Mitglieder in den Aufsichtsrat zu entsenden, solange dem Land Niedersachen unmittelbar oder mittelbar mindestens 15 Prozent der Stammaktien der Gesellschaft gehören".

29 EuGH, Urt. v. 22.10.2013, C-95/12 (*Kommission/Deutschland – Golden Shares XVIII*), Slg. 2013, I-0000; vgl. dazu *Bayer/Schmidt*, BB 2014, 1219, 1227 f.; *Kalss*, EuZW 2013, 948; *Verse/Wiersch*, EuZW 2014, 375.

30 Großkomm-AktG/*Hopt/Roth*, § 101 Rn 102; *Raiser/Veil*, Recht der Kapitalgesellschaften, § 15 Rn 42; *Wilhelm*, Kapitalgesellschaftsrecht, Rn 1111.

31 *Bayer/Hoffmann*, in: Bayer, Aktienrecht in Zahlen, 61, 62; Henssler/Strohn/*Henssler*, GesR, § 101 Rn 7.

32 Großkomm-AktG/*Hopt/Roth*, § 101 Rn 103; *Pühler*, in: Happ, AktR Hdb., 1.04 Rn 10.1.

33 Vgl. KölnerKomm-AktG/*Siems*, Art. 47 SE-VO Rn 33; Manz/Mayer/Schröder/*Manz*, SE, Art. 47 SE-VO Rn 10.

34 *Bayer/Hoffmann*, in: Bayer, Aktienrecht in Zahlen, 61, 62.

II. Begründung von Entsendungsrechten

Gesetzlich ermöglicht werden Entsendungsrechte durch § 101 Abs. 2 AktG (vgl. § 23 Abs. 5 AktG). Aus § 53a AktG ergeben sich insoweit keine allgemeinen Vorgaben.[35] Punktuelle Vorgaben für die Zusammensetzung des Aufsichtsrats, etwa § 100 Abs. 5 AktG, berühren die Bestellungsform der Entsendung nicht unmittelbar.

1. Satzungsgrundlage

Entsendungsrechte können nur unmittelbar *durch die Satzung* begründet werden (§ 101 Abs. 2 Satz 1 AktG). Auch in der Satzung einer mitbestimmten und börsennotierten AG können Entsendungsrechte vorgesehen werden.[36] Die Befugnis zur Gewährung eines Entsendungsrechts kann nicht durch die Satzung auf einen Dritten übertragen werden.[37] Entsendungsrechte können bereits in der Ursprungssatzung vorgesehen sein oder durch nachträgliche Satzungsänderung geschaffen werden.[38] Die Ursprungssatzung wird durch notarielle Beurkundung festgestellt (§ 23 Abs. 1 AktG) und beruht auf der Einigung aller Gründer über den Satzungsinhalt.[39] Dort vorgesehene Entsendungsrechte haben folglich die Zustimmung aller Gründer erfahren. Nachträgliche Satzungsänderungen bedürfen eines Beschlusses der Hauptversammlung mit einer Mehrheit von mindestens drei Viertel des bei der Beschlussfassung vertretenen Grundkapitals (§ 179 Abs. 1 und 2 Satz 1 AktG), soweit nicht die Satzung eine größere Mehrheit verlangt oder weitere Erfordernisse aufstellt (§ 179 Abs. 2 Satz 3 AktG). Die Ursprungssatzung (§§ 36 Abs. 1, 37 Abs. 4 Nr. 1 AktG) und jede Satzungsänderung (§ 181 AktG) werden in das

35 OLG Hamm, Urt. v. 31.03.2008 – 8 U 222/07 (*ThyssenKrupp*), ZIP 2008, 1530, 1532; *Nikoleyczik*, EWiR 2010, 103, 104; *Ogorek/von der Linden*, BB 2008, 1139, 1140; Schmidt/Lutter/*Drygala*, AktG, § 101 Rn 13; *Seeling/Zwickel*, BB 2008, 622, 623; *Verse*, ZIP 2008, 1754, 1758; es ist davon auszugehen, dass § 101 Abs. 2 AktG verfassungskonform ist, vgl. BVerfG, Beschl. v. 30.10.2009 – Az. 1 BvR 1892/09 (*ThyssenKrupp*), ZIP 2010, 36; OLG Hamm, Urt. v. 31.03.2008 – 8 U 222/07 (*ThyssenKrupp*), ZIP 2008, 1530, 1533; *Ogorek*, EWiR 2008, 449, 450; *ders./von der Linden*, BB 2008, 1139, 1140; Schmidt/Lutter/*Drygala*, AktG, § 101 Rn 14.

36 GroßKomm-AktG/*Hopt/Roth*, § 101 Rn 104; *Hüffer, AktG*, § 101 Rn 9; KölnerKomm-AktG/*Mertens/Cahn*, § 101 Rn 49; Schmidt/Lutter/ *Drygala*, AktG, § 101 Rn 20; vgl. auch MünchKomm-AktG/*Habersack*, § 101 Rn 31.

37 Baumbach/*Hueck*, § 101 Rn 9; Großkomm-AktG/*Hopt/Roth*, § 101 Rn 108.

38 Großkomm-AktG/*Hopt/Roth*, § 101 Rn 108; MünchKomm-AktG/*Habersack*, § 101 Rn 31; Schmidt/ Lutter/*Drygala*, AktG, § 101 Rn 13; Spindler/Stilz/*Spindler*, AktG, § 101 Rn 50.

39 Großkomm-AktG/*Röhricht*, § 23 Rn 6; KölnerKomm-AktG/*Dauner-Lieb*, § 2 Rn 15; MünchKomm-AktG/*Pentz*, § 23 Rn 10.

Handelsregister eingetragen, so dass sich jedermann über Bestand und Umfang von Entsendungsrechten informieren kann (§ 9 Abs. 1 HGB). In börsennotierten Aktiengesellschaften sind Entsendungsrechte außerdem im jährlichen (Konzern-) Lagebericht anzugeben und zu beschreiben (vgl. §§ 289 Abs. 4 Satz 1 Nr. 4, 315 Abs. 4 Satz 1 Nr. 4 HGB).

2. Aktionärseigenschaft des Entsendungsberechtigten

Entsendungsrechte können nur für bestimmte Aktionäre oder für die jeweiligen Inhaber bestimmter Aktien begründet werden (§ 101 Abs. 2 Satz 1 AktG). Es können demnach zwei Arten von Entsendungsrechten begründet werden, die, entsprechend dem allgemeinen Verbandsrecht, jeweils die *Aktionärseigenschaft des Entsendungsberechtigten* voraussetzen. Die Begründung von Entsendungsrechten zugunsten von Nichtaktionären ist nicht möglich.[40] Der Entsendungsberechtigte muss von der Satzung der Person nach (persönliches, aktionärgebundenes Entsendungsrecht) oder den Aktien nach (inhaber-, aktiengebundenes Entsendungsrecht) bestimmt bezeichnet werden.[41]

a. Aktionärgebundene Entsendungsrechte

Aktionärgebundene Entsendungsrechte sind an die Person des begünstigten Aktionärs geknüpft.[42] Der Aktionär ist in der Satzung namentlich zu bezeichnen.[43] Diese Entsendungsrechte setzen keine bestimmte Form oder Zahl von Aktien beim Begünstigten voraus.[44] Die Satzung kann aber verlangen, dass der Aktionär zugleich Inhaber bestimmter, beispielsweise vinkulierter Aktien sein muss.[45]

Sie sind nicht rechtsgeschäftlich übertragbar und auch die Satzung kann sie nicht übertragbar stellen.[46] Die Satzung kann die grundsätzlich nicht vererblichen

---

40 Großkomm-AktG/*Hopt/Roth*, § 101 Rn 109, 113; MünchKomm-AktG/*Habersack*, § 101 Rn 30; vgl. *Beuthien/Gätsch*, ZHR 156 (1992), 459 ff.

41 Großkomm-AktG/*Hopt/Roth*, § 101 Rn 109; *Hüffer*, AktG, § 101 Rn 10; KölnerKomm-AktG/*Mertens/Cahn*, § 101 Rn 52; MünchKomm-AktG/*Habersack*, § 101 Rn 33.

42 Großkomm-AktG/*Hopt/Roth*, § 101 Rn 110; *Hüffer*, AktG, § 101 Rn 10; MünchKomm-AktG/*Habersack*, § 101 Rn 33.

43 *Hüffer*, AktG, § 101 Rn 10; MünchKomm-AktG/*Habersack*, § 101 Rn 34.

44 Großkomm-AktG/*Hopt/Roth*, § 101 Rn 114; KölnerKomm-AktG/*Mertens/Cahn*, § 101 Rn 52; MünchKomm-AktG/*Habersack*, § 101 Rn 34.

45 Großkomm-AktG/*Hopt/Roth*, § 102 Rn 114; KölnerKomm-AktG/*Mertens/Cahn*, § 101 Rn 52; MünchKomm-AktG/*Habersack*, § 101 Rn 34, 42; Spindler/Stilz/*Spindler*, AktG, § 101 Rn 52, 55.

46 Großkomm-AktG/*Hopt/Roth*, § 101 Rn 110; a.A. Spindler/Stilz/*Spindler*, AktG, § 101 Rn 58.

aktionärgebundenen Entsendungsrechte hingegen vererblich stellen.[47] Der Rechtsübergang findet dann auf den oder die jeweiligen Erben statt, auch wenn die Satzung den oder die Erben nicht namentlich bezeichnet.[48] Es kann auch vorgesehen werden, dass das Recht nach dem Tod des Entsendungsberechtigten auf einen anderen Anteilseigner übergehen soll,[49] allerdings muss die Satzung den Erwerber dann namentlich bezeichnen.[50]

Ein aktionärgebundenes Entsendungsrecht kann auch einer Gruppe von Aktionären eingeräumt werden, auf welche dann grundsätzlich die Vorschriften über die Bruchteilsgemeinschaft (§§ 741 ff. BGB) Anwendung finden.[51] Die §§ 741 ff. BGB gelten nur, wenn die Satzung nichts anderes vorsieht, beispielsweise ein Einstimmigkeitserfordernis.[52] Sie kann auch festlegen, ob und welche der in der Satzung an das Entsendungsrecht geknüpften Voraussetzungen bei allen Mitgliedern der Gruppe vorliegen müssen und ob das Nichtvorliegen lediglich zu einem Ausschluss des entsprechenden Mitglieds von der Ausübung des Entsendungsrechts führt oder das Entsendungsrecht dann insgesamt nicht ausgeübt werden kann.[53] Die Satzung kann regeln, ob der vorübergehende Verlust der Aktionärsstellung dazu führt, dass das aktionärgebundene Entsendungsrecht erlischt oder nur ruht.[54]

b. Aktiengebundene Entsendungsrechte

Aktiengebundene Entsendungsrechte bilden mit der jeweiligen Aktie eine Einheit und berechtigten den jeweiligen Inhaber der Aktie zur Entsendung.[55] In der Satzung sind die Aktien, mit denen das Entsendungsrecht verknüpft ist, genau zu

47 GroßKomm-AktG/*Hopt/Roth*, § 102 Rn 111; KölnerKomm-AktG/*Mertens/Cahn*, § 101 Rn 53; MünchKomm-AktG/*Habersack*, § 101 Rn 34, 37; Schmidt/Lutter/*Drygala*, AktG, § 101 Rn 16; Spindler/ Stilz/*Spindler*, AktG, § 101 Rn 58.

48 MünchKomm-AktG/*Habersack*, § 101 Rn 37; a.A. Spindler/Stilz/*Spindler*, AktG, § 101 Rn 58.

49 KölnerKomm-AktG/*Mertens/Cahn*, § 101 Rn 53; MünchKomm-AktG/*Habersack*, § 101 Rn 37.

50 MünchKomm-AktG/*Habersack*, § 101 Rn 37.

51 GroßKomm-AktG/*Hopt/Roth*, § 101 Rn 118 ff.; KölnerKomm-AktG/*Mertens/Cahn*, § 101 Rn 57; MünchKomm-AktG/*Habersack*, § 101 Rn 35; Schmidt/Lutter/*Drygala*, AktG, § 101 Rn 18; Spindler/ Stilz/*Spindler*, AktG, § 101 Rn 56.

52 GroßKomm-AktG/*Hopt/Roth*, § 102 Rn 119.

53 GroßKomm-AktG/*Hopt/Roth*, § 102 Rn 118; MünchKomm-AktG/*Habersack*, § 101 Rn 35; Spindler/Stilz/*Spindler*, AktG, § 101 Rn 56.

54 MünchKomm-AktG/*Habersack*, § 101 Rn 36; Spindler/Stilz/*Spindler*, AktG, § 101 Rn 57.

55 GroßKomm-AktG/*Hopt/Roth*, § 101 Rn 115; *Hüffer*, AktG, § 101 Rn 10; MünchKomm-AktG/ *Habersack*, § 101 Rn 33; Schmidt/Lutter/*Drygala*, AktG, § 101 Rn 17.

bestimmen.[56] Es muss sich dabei um vinkulierte Namensaktien handeln, also Aktien, die auf den Namen lauten und deren Übertragung an die Zustimmung der Gesellschaft gebunden ist (§ 101 Abs. 2 Satz 2 AktG).[57] Die Zustimmung erteilt grundsätzlich der Vorstand (§ 68 Abs. 2 Satz 2 AktG).[58] Die Satzung kann festlegen, dass anstelle der Zustimmung des Vorstands die Zustimmung von Aufsichtsrat oder Hauptversammlung tritt (§ 68 Abs. 2 Satz 3 AktG). Die Satzung kann das Zustimmungserfordernis der Gesellschaft näher ausgestalten und insbesondere vorsehen, dass die Zustimmung nur aus bestimmten Gründen verweigert werden darf.[59]

Werden die entsprechenden Aktien mit Zustimmung der Gesellschaft an einen neuen Inhaber rechtsgeschäftlich übertragen, so erwirbt dieser zugleich das mit ihnen verbundene Entsendungsrecht, ohne dass es einer besonderen Übertragung bedarf.[60] Im Fall der Gesamtrechtsnachfolge gehen die Aktien und die mit ihr verknüpften Entsendungsrechte auf den oder die Gesamtrechtsnachfolger über, ohne dass es der Zustimmung der Gesellschaft bedarf.[61] Die Aktie, mit der das aktiengebundene Entsendungsrecht verknüpft ist, kann auch einer Gruppe von Berechtigten gehören, die das Entsendungsrecht dann nur durch einen gemeinschaftlichen Vertreter ausüben können (§ 69 Abs. 1 AktG). Die Satzung kann festlegen, ob für die Ausübung des Entsendungsrechts ein entsprechender Mehrheitsbeschluss oder Einstimmigkeit erforderlich ist.[62]

---

56 Großkomm-AktG/*Hopt*/*Roth*, § 101 Rn 115; *Hüffer*, AktG, § 101 Rn 10; Schmidt/Lutter/*Drygala*, AktG, § 101 Rn 17; Spindler/Stilz/*Spindler*, AktG, § 101 Rn 60.

57 Schmidt/Lutter/*Drygala*, AktG, § 101 Rn 17; Spindler/Stilz/*Spindler*, AktG, § 101 Rn 60; vgl. allerdings auch § 5 Abs. 1, Abs. 2 Nr. 2 BörsZulV.

58 MünchKomm-AktG/*Habersack*, § 101 Rn 39; Spindler/Stilz/*Spindler*, AktG, § 101 Rn 60; tendenziell a.A. Großkomm-AktG/*Hopt*/*Roth*, § 101 Rn 115, wonach dies mit der aktienrechtlichen Neutralitätspflicht des Vorstands unvereinbar und eine Gestaltung entsprechend § 68 Abs. 2 Satz 3 AktG „vorzugswürdig" sei.

59 Großkomm-AktG/*Hopt*/*Roth*, § 102 Rn 116.

60 Großkomm-AktG/*Hopt*/*Roth*, § 101 Rn 115; MünchKomm-AktG/*Habersack*, § 101 Rn 39; Spindler/ Stilz/*Spindler*, AktG, § 101 Rn 60.

61 KölnerKomm-AktG/*Mertens*/*Cahn*, § 101 Rn 57; MünchKomm-AktG/*Habersack*, § 101 Rn 41; Spindler/Stilz/*Spindler*, AktG, § 101 Rn 60; differenziert *Hüffer*, AktG, § 68 Rn 11, wonach in Fällen der Gesamtrechtsnachfolge zwar die Namensaktie ohne Zustimmung übergehen kann, aber der Erhalt der ggf. zugrunde liegenden besonderen Satzungsrechte eine Frage der Satzungsauslegung ist.

62 MünchKomm-AktG/*Habersack*, § 101 Rn 40; Spindler/Stilz/*Spindler*, AktG, § 101 Rn 61.

3. Höchstzahl von Entsendungsrechten

Es können parallel mehrere und ggf. unterschiedliche Arten von Entsendungsrechten für verschiedene einzelne Aktionäre oder Gruppen von Aktionären bestehen. Entsendungsrechte können allerdings insgesamt höchstens für *ein Drittel* der sich aus dem Gesetz oder der Satzung ergebenden *Zahl der Aufsichtsratsmitglieder der Aktionäre* eingeräumt werden (§ 101 Abs. 2 Satz 4 AktG). Bezugspunkt ist mit Blick auf Gesellschaften, die der unternehmerischen Mitbestimmung unterliegen, nicht die Gesamtzahl aller Aufsichtsratsmitglieder, sondern die Zahl der Aufsichtsratsmitglieder der Anteilseignerseite.[63] Maßgeblich ist die sich aus dem Gesetz oder der Satzung ergebende Zahl dieser Aufsichtsratsmitglieder (Sollzahl) und nicht die Zahl der aktuell amtierenden Mitglieder (Istzahl).[64] Eine Satzungsbestimmung, welche bereits bei erstmaliger Begründung eines Entsendungsrechts zur Überschreitung der zulässigen Höchstzahl führen würde, ist nichtig.[65] Eine geltungserhaltende Reduktion auf das gesetzlich zulässige Maß ist nur möglich, wenn das Entsendungsrecht allein einem einzigen Inhaber zusteht.[66] Wird durch die nachträgliche Begründung zusätzlicher oder die Ausweitung bestehender Entsendungsrechte die zulässige Höchstzahl von entsandten Aufsichtsratsmitgliedern überschritten, so ist die entsprechende Satzungsänderung unwirksam, während die ursprüngliche Satzungsbestimmung bestehen bleibt.[67]

Aufgrund der relativen Höchstzahl ist es nicht möglich, die Zusammensetzung des Aufsichtsrats allein mittels Entsendungsrechten zu dominieren.[68] Da für Beschlüsse des Aufsichtsrats grundsätzlich eine einfache Mehrheit erforderlich ist,[69] können allein durch Entsendungsrechte auch keine Vetopositionen innerhalb des

63 GroßKomm-AktG/*Hopt/Roth*, § 101 Rn 130; *Hüffer*, AktG, § 101 Rn 11; MünchKomm-AktG/*Habersack*, § 101 Rn 54; Spindler/Stilz/*Spindler*, AktG, § 101 Rn 65.

64 GroßKomm-AktG/*Hopt/Roth*, § 101 Rn 131; MünchKomm-AktG/*Habersack*, § 101 Rn 54; Schmidt/ Lutter/*Drygala*, AktG, § 101 Rn 20; Spindler/Stilz/*Spindler*, AktG, § 101 Rn 65.

65 GroßKomm-AktG/*Hopt/Roth*, § 101 Rn 131; *Hüffer*, AktG, § 101 Rn 11; KölnerKomm-AktG/*Mertens/Cahn*, § 101 Rn 60; MünchKomm-AktG/*Habersack*, § 101 Rn 55; Schmidt/Lutter/*Drygala*, AktG, § 101 Rn 20; Spindler/Stilz/*Spindler*, AktG, § 101 Rn 66.

66 GroßKomm-AktG/*Hopt/Roth*, § 101 Rn 131; KölnerKomm-AktG/*Mertens/Cahn*, § 101 Rn 60; MünchKomm-AktG/*Habersack*, § 101 Rn 55; Schmidt/Lutter/*Drygala*, AktG, § 101 Rn 20; Spindler/Stilz/*Spindler*, AktG, § 101 Rn 66.

67 Ebenda.

68 GroßKomm-AktG/*Hopt/Roth*, § 101 Rn 130; *Hüffer*, AktG, § 101 Rn 11; MünchKomm-AktG/*Habersack*, § 101 Rn 53; Schmidt/Lutter/*Drygala*, AktG, § 101 Rn 20; Spindler/Stilz/*Spindler*, AktG, § 101 Rn 65.

69 *Hüffer*, AktG, § 108 Rn 6; MünchKomm-AktG/*Habersack*, § 108 Rn 20.

Aufsichtsrats aufgebaut werden.[70] Bestehen aber Entsendungsrechte zugunsten von Minderheitsaktionären, entfällt in der mitbestimmten Aktiengesellschaft die sonst durch die Hauptversammlung vermittelte gesicherte Herrschaft eines Mehrheitsaktionärs, da die Hauptversammlung weniger als die Hälfte aller Aufsichtsratsmitglieder bestellen kann.[71] In der lediglich dem DrittelbG unterliegenden Gesellschaft gilt dies allerdings nur, wenn Entsendungsrechte zugunsten von Minderheitsaktionären im Umfang der zulässigen Höchstzahl bestehen, in Gesellschaften, die der paritätischen Mitbestimmung oder Montanmitbestimmung unterliegen, hingegen immer.[72]

III. Bestandsschutz und Erlöschen

1. Sonderrechtlicher Bestandsschutz

Entsendungsrechte sind Mitgliedschaftsrechte, da sie den Aktionären in ihrer Eigenschaft als Mitglied der AG zustehen und auf Erwerb und Fortbestand der Mitgliedschaft beruhen.[73] Sie sind aber weder allgemeine Mitgliedschaftsrechte, noch gelten die Aktien von Entsendungsberechtigten als besondere Gattung iSd § 11 AktG (§ 101 Abs. 2 Satz 3 AktG). Aktionärgebundene Entsendungsrechte würden ohnehin nicht unter § 11 AktG fallen, da sie zwar die Aktionäreigenschaft voraussetzen, aber gerade nicht an bestimmte Aktien gebunden sind.[74] Entsendungsrechte sind mitgliedschaftliche Sonderrechte.[75] Auf sie findet § 35 BGB Anwendung.[76] Demzufolge stehen einmal begründete Entsendungsrechte da-

---

70 *Reichert*, FS K. Schmidt 2009, 1341, 1350.

71 GroßKomm-AktG/*Hopt/Roth*, § 101 Rn 130.; MünchKomm-AktG/*Habersack*, § 101 Rn 53.

72 Henssler/Strohn/*Henssler*, GesR, § 101 AktG Rn 10; Münchener Hdb. GesR/*Hoffmann-Becking*, § 30 Rn 24.

73 Zum Begriff der Mitgliedschaftsrechte in der AG, vgl. Großkomm-AktG/*Brändel* § 11 Rn 6 f., 12; *K.Schmidt*, GesR, §§ 19 III 3 a, 28 I 1 a; MünchKomm-AkG/*Heider*, § 11 Rn 6 ff.; *Windbichler*, Gesellschaftsrecht, § 30 Rn 13; zur grundsätzlichen Einteilung der Mitgliedschaftsrechte, vgl. *Beuthien*, ZGR 2014, 24, 25.

74 Großkomm-AktG/*Hopt/Roth*, § 101 Rn 121.; MünchKomm-AktG/*Habersack*, § 101 Rn 43.

75 Großkomm-AktG/*Hopt/Roth*, § 101 Rn 108; *Hüffer*, AktG, § 101 Rn 10; KölnerKomm-AktG/*Mertens/Cahn*, § 101 Rn 52; MünchKomm-AktG/*Habersack*, § 101 Rn 31; Schmidt/Lutter/*Drygala*, AktG, § 101 Rn 13; Spindler/Stilz/*Spindler*, AktG, § 101 Rn 50.

76 *Hüffer*, AktG, § 101 Rn 10; KölnerKomm-AktG/*Mertens/Cahn*, § 101 Rn 52; MünchKomm-AktG/*Habersack*, § 101 Rn 31; Spindler/Stilz/*Spindler*, AktG, § 101 Rn 50; *Beuthien*, ZGR 2014, 24, 26; nach Großkomm-AktG/*Hopt/Roth*, § 101 Rn 108, 169 analoge Anwendung; siehe auch die Bejahung der generellen Anwendbarkeit von § 35 BGB im Aktienrecht bei Bamberger/Roth/*Schöpflin*, BGB, § 35 Rn 2; Palandt/*Ellenberger*, BGB, § 35 Rn 4; Soergel/*Hadding*, BGB, § 35 Rn 2; differenziert

hingehend unter Bestandsschutz, als sie von der Hauptversammlung nur durch Satzungsänderung und *nicht ohne Zustimmung des Entsendungsberechtigten* eingeschränkt oder aufgehoben werden können.[77] Eines Sonderbeschlusses iSd § 179 Abs. 3 AktG bedarf es wegen § 101 Abs. 2 Satz 3 AktG nicht.[78] Aufgrund des Zustimmungserfordernisses stehen Entsendungsrechte nicht zur Disposition einer entsprechenden satzungsändernden Mehrheit.

2. Erlöschen durch Wegfall von Voraussetzungen

a. Artenspezifische Erlöschensgründe

Veräußert beim aktionärgebundenen Entsendungsrecht der entsendungsberechtigte Aktionär alle Aktien, so erlischt sein Entsendungsrecht und lebt auch dann nicht wieder auf, wenn er später wieder Aktien erwirbt.[79] Die Satzung kann aber auch so auszulegen sein, dass das Entsendungsrecht der genannten Person zustehen soll, sobald und solange sie Aktionär ist und daher das Entsendungsrecht bei Veräußerung aller Aktien lediglich ruht und mit dem Erwerb von Aktien wieder auflebt.[80] Solange die Person aber nicht Aktionär ist, hat sie auch kein Entsendungsrecht, so dass durch Änderung der Satzung das Entsendungsrecht ohne Zustimmung dieser Person aufgehoben werden kann.[81] Mit dem Tod des Entsendungsberechtigten geht das Entsendungsrecht, solange die Satzung nichts anderes regelt, nicht auf den Erben über, sondern erlischt.[82] Steht das Entsen-

---

MünchKomm-BGB/*Reuter*, § 35 Rn 3, wonach Sonderrechte im Aktien- und Aktienkonzernrecht auf Barrieren stoßen, „die insbesondere der Abwehr risikoinadäquater Herrschaft dienen".

77 GroßKomm-AktG/*Hopt/Roth*, § 101 Rn 108, 169; *Hüffer*, AktG, § 101 Rn 10; KölnerKomm-AktG/*Mertens/Cahn*, § 101 Rn 52; MünchKomm-AktG/*Habersack*, § 101 Rn 31; Schmidt/Lutter/*Drygala*, AktG, § 101 Rn 13; Spindler/Stilz/*Spindler*, AktG, § 101 Rn 50; nach *Wiedemann*, GesR, § 7 III 1 a, ist Vertrauensschutz der Grund für derartigen Bestandsschutz, denn die Rechtfertigung für letzteren liegt nicht in der Sonderrolle des Mitglieds, sondeRn im schutzwürdigen Vertrauenstatbestand, der durch die Zusicherung des Rechts entsteht.

78 Großkomm-AktG/Hopt/*Roth*, § 101 Rn 121, 169; *Hüffer*, AktG, § 101 Rn 10; KölnerKomm-AktG/*Mertens/Cahn*, § 101 Rn 76; MünchKomm-AktG/*Habersack*, § 101 Rn 43.

79 Großkomm-AktG/*Hopt/Roth*, § 101 Rn 113; KölnerKomm-AktG/*Mertens/Cahn*, § 101 Rn 56; MünchKomm-AktG/*Habersack*, § 101 Rn 36; Schmidt/Lutter/*Drygala*, AktG, § 101 Rn 16.

80 Großkomm-AktG/*Hopt/Roth*, § 101 Rn 113; KölnerKomm-AktG/*Mertens/Cahn*, § 101 Rn 56; MünchKomm-AktG/*Habersack*, § 101 Rn 36; Schmidt/Lutter/*Drygala*, AktG, § 101 Rn 16; Spindler/Stilz/*Spindler*, AktG, § 101 Rn 57.

81 Großkomm-AktG/*Hopt/Roth*, § 101 Rn 113; KölnerKomm-AktG/*Mertens/Cahn*, § 101 Rn 56; MünchKomm-AktG/ *Habersack*, § 101 Rn 36; Spindler/Stilz/*Spindler*, AktG, § 101 Rn 57.

82 Großkomm-AktG/*Hopt/Roth*, § 101 Rn 111; KölnerKomm-AktG/*Mertens/Cahn*, § 101 Rn 53; MünchKomm-AktG/*Habersack*, § 101 Rn 37; Spindler/Stilz/*Spindler*, AktG, § 101 Rn 58.

dungsrecht einer juristischen Person oder einer Personengesellschaft zu, so wird es durch eine Änderung der Rechtsform des Entsendungsberechtigten nicht berührt.[83] Dies gilt für Umwandlung,[84] Verschmelzung,[85] Vermögensübertragung[86] und Spaltung,[87] wobei es bei letzterer auf die Zuweisung des Rechts im Spaltungs- und Übernahmevertrag ankommt.[88]

Das aktiengebundene Entsendungsrecht erlischt, wenn es nicht mehr an eine vinkulierte Namensaktie gebunden ist, also wenn die Namensaktien eingezogen oder in Inhaberaktien umgewandelt werden oder die Vinkulierung aufgehoben wird.[89] Entsprechende satzungsändernde Beschlüsse der Hauptversammlung bedürfen allerdings wegen § 35 BGB der Zustimmung des Entsendungsberechtigten.[90]

b. Verkleinerung des Aufsichtsrats

Die Begründung und Ausweitung von Entsendungsrechten über die zulässige Höchstzahl hinaus ist nicht möglich. Allerdings kann sich auch die Sollzahl der Aufsichtsratsmitglieder der Anteilseignerseite durch Gesetz oder Satzungsänderung verringern und ggf. infolgedessen die zulässige Höchstzahl von entsandten Aufsichtsratsmitgliedern. Nicht jede Verringerung der Sollzahl führt aber automatisch zu einer Verringerung der zulässigen Höchstzahl an entsandten Mitgliedern. Verringert sich z. B. in der drittelmitbestimmten AG die Gesamtzahl der Aufsichtsratsmitglieder von 12 auf 9 und damit die Zahl der Mitglieder der Anteilseignerseite von 8 auf 6, so können weiterhin bis zu 2 Mitglieder entsandt werden. Problematisch ist, wenn Entsendungsrechte in einem Umfang bestehen, der nach Verringerung der Sollzahl die neue zulässige Höchstzahl überschreitet. Geschieht die Verringerung aufgrund gesetzlicher Vorschriften, insbesondere ei-

---

83 Großkomm-AktG/*Hopt/Roth*, § 101 Rn 112; KölnerKomm-AktG/*Mertens/Cahn*, § 101 Rn 55; MünchKomm-AktG/*Habersack*, § 101 Rn 38; Schmidt/Lutter/*Drygala*, AktG, § 101 Rn 16; Spindler/Stilz/*Spindler*, AktG, § 101 Rn 59.

84 Großkomm-AktG/*Hopt/Roth*, § 101 Rn 112; KölnerKomm-AktG/*Mertens/Cahn*, § 101 Rn 55; MünchKomm-AktG/*Habersack*, § 101 Rn 38; Spindler/Stilz/*Spindler*, AktG, § 101 Rn 59.

85 Großkomm-AktG/*Hopt/Roth*, § 101 Rn 112; KölnerKomm-AktG/*Mertens/Cahn*, § 101 Rn 55; a.A. MünchKomm-AktG/*Habersack*, § 101 Rn 38; Spindler/Stilz/*Spindler*, AktG, § 101 Rn 59.

86 Großkomm-AktG/*Hopt/Roth*, § 101 Rn 112; a.A. MünchKomm-AktG/*Habersack*, § 101 Rn 38.

87 Großkomm-AktG/*Hopt/Roth*, § 101 Rn 112; a.A. MünchKomm-AktG/*Habersack*, § 101 Rn 38.

88 Großkomm-AktG/*Hopt/Roth*, § 101 Rn 112.

89 Großkomm-AktG/*Hopt/Roth*, § 101 Rn 117; MünchKomm-AktG/*Habersack*, § 101 Rn 41; Schmidt/Lutter/*Drygala*, AktG, § 101 Rn 17; Spindler/Stilz/*Spindler*, AktG, § 101 Rn 62.

90 Großkomm-AktG/*Hopt/Roth*, § 101 Rn 117; MünchKomm-AktG/*Habersack*, § 101 Rn 41; Schmidt/Lutter/*Drygala*, AktG, § 101 Rn 17; Spindler/Stilz/*Spindler*, AktG, § 101 Rn 62.

nes Wechsels des Mitbestimmungsstatuts, gehen diese dem Sonderrecht vor.[91] Stehen Entsendungsrechte verschiedenen Personen zu, so erlöschen sie alle, falls nicht die Satzung eine Rangfolge festgelegt hat.[92] In letzterem Fall oder wenn das Entsendungsrecht allein einem einzigen Inhaber zusteht, erlöschen sie nur insoweit, als sie das nunmehr zulässige Höchstmaß überschreiten.[93] Geschieht die Verringerung aufgrund einer Satzungsänderung, gilt in Bezug auf den Umfang des Erlöschens grundsätzlich das Gleiche.[94] Zusätzlich ist wegen § 35 BGB die Zustimmung des Entsendungsberechtigten erforderlich.[95] Lediglich bei einer Kapitalherabsetzung und einer damit ggf. einhergehenden Verkleinerung des Aufsichtsrats (vgl. § 95 Satz 4 AktG) soll für das Zustimmungserfordernis im Ergebnis kein Raum sein.[96] Dafür ist dann in entsprechender Anwendung von § 5 Abs. 3 EGAktG ein angemessener Ausgleich zu gewähren.[97]

c. Umwandlung der Aktiengesellschaft

Im Falle der Umwandlung der Aktiengesellschaft, in der das Entsendungsrecht besteht, hängt dessen Fortbestehen allein von der nach der Umwandlung gültigen Satzung ab.[98] Entsendungsrechte können einer Umwandlung der Gesellschaft nicht entgegenstehen.[99]

---

91 Großkomm-AktG/*Hopt/Roth*, § 101 Rn 133; MünchKomm-AktG/*Habersack*, § 101 Rn 56.

92 Großkomm-AktG/*Hopt/Roth*, § 101 Rn 133; MünchKomm-AktG/*Habersack*, § 101 Rn 56; Spindler/ Stilz/*Spindler*, AktG, § 101 Rn 67.

93 Großkomm-AktG/*Hopt/Roth*, § 101 Rn 133; MünchKomm-AktG/*Habersack*, § 101 Rn 56; Spindler/ Stilz/*Spindler*, AktG, § 101 Rn 67.

94 KölnerKomm-AktG/*Mertens/Cahn*, § 101 Rn 63; MünchKomm-AktG/*Habersack*, § 101 Rn 57; Spindler/Stilz/*Spindler*, AktG, § 101 Rn 67; a.A. Großkomm-AktG/*Hopt/Roth*, § 101 Rn 134, wonach für den Fall, dass die Entsendungsrechte nicht in einer Hand liegen und die Satzung keine Rangfolge festgelegt hat, die Entsendungsberechtigten sich untereinander einigen müssen.

95 Großkomm-AktG/*Hopt/Roth*, § 101 Rn 134; KölnerKomm-AktG/*Mertens/Cahn*, § 101 Rn 61; MünchKomm-AktG/*Habersack*, § 101 Rn 57; Schmidt/Lutter/*Drygala*, AktG, § 101 Rn 21; Spindler/ Stilz/*Spindler*, AktG, § 101 Rn 67.

96 KölnerKomm-AktG/*Mertens/Cahn*, § 101 Rn 61; MünchKomm-AktG/*Habersack*, § 101 Rn 57; vgl. auch Großkomm-AktG/*Hopt/Roth*, § 101 Rn 135, Schmidt/Lutter/*Drygala*, AktG, § 101 Rn 21 und Spindler/Stilz/*Spindler*, AktG, § 101 Rn 68, wonach die Ablehnung der Zustimmung in diesen Fällen häufig nicht mit der mitgliedschaftlichen Treuepflicht vereinbar ist.

97 Großkomm-AktG/*Hopt/Roth*, § 101 Rn 135; MünchKomm-AktG/*Habersack*, § 101 Rn 57.

98 Großkomm-AktG/*Hopt/Roth*, § 101 Rn 112.

99 Großkomm-AktG/*Hopt/Roth*, § 101 Rn 135, wonach dem Entsendungsberechtigten in Anlehnung an § 5 Abs. 3 EGAktG wohl ein angemessener Ausgleich zu gewähren ist und nur im Fall der formwechselnden Umwandlung in eine Rechtsform mit Aufsichtsrat § 35 BGB uneingeschränkt zugunsten des Entsendungsberechtigten gilt (Rn 112).

d. Rechtsfolgen

Eine Entsendung, die nach Erlöschen des Entsendungsrechts erfolgt, ist unwirksam.[100] Die Nichtigkeit kann im Wege der Feststellungsklage (§ 256 Abs. 1 ZPO) geltend gemacht werden.[101] Das Erlöschen von Entsendungsrechten hat aber keine unmittelbare Auswirkung auf das Mandat eines bereits entsandten Aufsichtsratsmitglieds.[102] An die Stelle des Abberufungsrechts des Entsendungsberechtigten (§ 103 Abs. 2 Satz 1 AktG) tritt dann das Recht der Hauptversammlung, das entsandte Mitglied mit einfacher Stimmenmehrheit abzuberufen (§ 103 Abs. 2 Satz 2 AktG).[103]

IV. Ausübung

Das Entsendungsrecht wird ausgeübt, indem der Entsendungsberechtigte durch einseitige Erklärung gegenüber der AG, vertreten durch den Vorstand, die in den Aufsichtsrat zu entsendende Person benennt.[104] Die Bestellung kommt zustande, wenn der Entsandte sie durch Erklärung gegenüber dem Vorstand annimmt.[105]

1. Entsendungsfreiheit

Der Entsendungsberechtigte hat hinsichtlich der Bestellung von Mitgliedern des Aufsichtsrats eine der Hauptversammlung vergleichbare Organfunktion.[106] Er kann sich hinsichtlich der Auswahl der zu entsendenden Person nicht wirksam den Weisungen eines Dritten unterwerfen, da er sich seiner Entsendungsfreiheit

---

100 Großkomm-AktG/*Hopt/Roth*, § 102 Rn 127; MünchKomm-AktG/*Habersack*, § 101 Rn 58.

101 Großkomm-AktG/*Hopt/Roth*, § 102 Rn 127, 129; MünchKomm-AktG/*Habersack*, § 101 Rn 58.

102 *Hüffer*, AktG, § 103 Rn 8; MünchKomm-AktG/*Habersack*, § 103 Rn 29, 31.

103 Großkomm-AktG/*Hopt/Roth*, § 103 Rn 40, 42; MünchKomm-AktG/*Habersack*, § 103 Rn 29.

104 Großkomm-AktG/*Hopt/Roth*, § 101 Rn 136; *Hüffer*, AktG, § 101 Rn 8; KölnerKomm-AktG/*Mertens/Cahn*, § 101 Rn 66; MünchKomm-AktG/*Habersack*, § 101 Rn 44; Schmidt/Lutter/*Drygala*, AktG, § 101 Rn 22; Spindler/Stilz/*Spindler*, AktG, § 101 Rn 69.

105 Großkomm-AktG/*Hopt/Roth*, § 101 Rn 138; *Hüffer*, AktG, § 101 Rn 8; KölnerKomm-AktG/*Mertens/Cahn*, § 101 Rn 66; Schmidt/Lutter/*Drygala*, AktG, § 101 Rn 22; Spindler/Stilz/*Spindler*, AktG, § 101 Rn 74.

106 Großkomm-AktG/*Hopt/Roth*, § 101 Rn 162; KölnerKomm-AktG/*Mertens/Cahn*, § 101 Rn 82; MünchKomm-AktG/ *Habersack*, § 101 Rn 45.

ebenso wenig begeben kann, wie die Hauptversammlung ihrer Wahlfreiheit.[107] Gleiches gilt hinsichtlich einer Bindung gegenüber dem zu Entsendenden oder Entsandten.[108] Allerdings ist eine *schuldrechtliche Verpflichtung* gegenüber anderen Aktionären in den Grenzen möglich, in denen auch Stimmrechtsbindungen hinsichtlich des Wahlbeschlusses der Hauptversammlung möglich sind.[109]

Eine Pflicht zur Ausübung des Entsendungsrechts besteht nicht.[110] Erfolgt keine Ausübung, bleibt der Sitz im Aufsichtsrat grundsätzlich unbesetzt.[111] Die Hauptversammlung kann das fehlende Aufsichtsratsmitglied nicht selbst bestellen.[112] Möglich ist aber unter Umständen eine gerichtliche Bestellung (§ 104 AktG).[113]

2. Weisungsfreiheit

Auch entsandte Aufsichtsratsmitglieder sind auf Grundlage eines zwischen ihnen und der Gesellschaft bestehenden korporationsrechtlichen Verhältnisses tätig.[114] Entsandte Aufsichtsratsmitglieder haben die gleichen Rechte und Pflichten wie die gewählten Aufsichtsratsmitglieder.[115] Sie sind gleichermaßen dem Unternehmensinteresse verpflichtet (§§ 116 Satz 1, 93 AktG) und müssen die Interessen

107 KölnerKomm-AktG/*Mertens/Cahn*, § 101 Rn 82; MünchKomm-AktG/*Habersack*, § 101 Rn 45; a.A. Großkomm-AktG/*Hopt/Roth*, § 101 Rn 170, wonach eine Bindung gegenüber Dritten für den Einzelfall und mit festem Vertragsinhalt möglich sein soll.

108 Großkomm-AktG/*Hopt/Roth*, § 101 Rn 170; MünchKomm-AktG/*Habersack*, § 101 Rn 45.

109 Großkomm-AktG/*Hopt/Roth*, § 101 Rn 170; KölnerKomm-AktG/*Mertens/Cahn*, § 101 Rn 82; MünchKomm-AktG/*Habersack*, § 101 Rn 45; Spindler/Stilz/*Spindler*, AktG, § 101 Rn 70.

110 Großkomm-AktG/*Hopt/Roth*, § 101 Rn 167; *Hüffer*, AktG, § 101 Rn 12; KölnerKomm-AktG/*Mertens/Cahn*, § 101 Rn 80; MünchKomm-AktG/*Habersack*, § 101 Rn 44; Schmidt/Lutter/*Drygala*, AktG, § 101 Rn 27; Spindler/Stilz/*Spindler*, AktG, § 101 Rn 71.

111 Großkomm-AktG/*Hopt/Roth*, § 101 Rn 106; Spindler/Stilz/*Spindler*, AktG, § 101 Rn 71.

112 Großkomm-AktG/*Hopt/Roth*, § 101 Rn 106, 168; KölnerKomm-AktG/*Mertens/Cahn*, § 101 Rn 80; MünchKomm-AktG/*Habersack*, § 101 Rn 44; Spindler/Stilz/*Spindler*, AktG, § 101 Rn 71.

113 Großkomm-AktG/*Hopt/Roth*, § 101 Rn 106, 168; MünchKomm-AktG/*Habersack*, § 101 Rn 44; Spindler/Stilz/*Spindler*, AktG, § 101 Rn 71.

114 Großkomm-AktG/*Hopt/Roth*, § 101 Rn 141; MünchKomm-AktG/*Habersack*, § 101 Rn 50; Schmidt/ Lutter/*Drygala*, AktG, § 101 Rn 23.

115 BGH, Urt. v. 29.01.1962, II ZR 1/61, BGHZ 36, 296, 306; Großkomm-AktG/*Hopt/Roth*, § 101 Rn 141, 145; *Hüffer*, AktG, § 101 Rn 12; KölnerKomm-AktG/*Mertens/Cahn*, § 101 Rn 67; MünchKomm-AktG/*Habersack*, § 101 Rn 50; Schmidt/Lutter/*Drygala*, AktG, § 101 Rn 23; Spindler/Stilz/*Spindler*, AktG, § 101 Rn 75.

des Entsendungsberechtigten bei Interessenskonflikten hintanstellen.[116] Es gilt der Grundsatz der höchstpersönlichen und *weisungsfreien Amtsführung.*[117] Eine rechtliche Bindung an Weisungen des Entsendungsberechtigten ist deshalb nicht möglich.[118] Außerdem gilt die gesetzliche Verschwiegenheitspflicht (§ 116 Satz 2 AktG), insbesondere auch gegenüber dem Entsendungsberechtigten.[119] Sie ist lediglich gegenüber Gebietskörperschaften unter engen Voraussetzungen gelockert (§ 394 AktG).[120] Bei Verstößen droht eine Schadensersatzpflicht (§§ 116 Satz 1, 93 Abs. 2 AktG).[121]

3. Abberufung

Ein Unterschied in der Rechtsstellung der entsandten Mitglieder gegenüber den gewählten Mitgliedern besteht dahingehend, dass der Entsendungsberechtigte das entsandte Aufsichtsratsmitglied jederzeit abberufen kann (§ 103 Abs. 2 Satz 1 AktG). Die Abberufung ist insbesondere auch dann wirksam, wenn sie aufgrund der Weigerung des Entsandten zur Ausführung einer den Interessen der Gesellschaft widersprechenden Weisung erfolgt.[122] Insgesamt kann für das entsandte Aufsichtsratsmitglied dadurch ein Spannungsverhältnis zwischen seinen gesetzlichen Pflichten einerseits und der persönlichen Erwartungshaltung des Entsendenden andererseits entstehen.[123]

---

116 BGH, Urt. v. 29.1.1962, II ZR 1/61, BGHZ 36, 296, 306; Großkomm-AktG/*Hopt/Roth*, § 101 Rn 146; KölnerKomm-AktG/*Mertens/Cahn*, § 101 Rn 69; MünchKomm-AktG/*Habersack*, § 101 Rn 51; Schmidt/Lutter/*Drygala*, AktG, § 101 Rn 23; Spindler/Stilz/*Spindler*, AktG, § 101 Rn 77.

117 MünchKomm-AktG/*Habersack*, § 101 Rn 51.

118 *Hüffer*, AktG, § 101 Rn 12; MünchKomm-AktG/*Habersack*, § 101 Rn 51; Spindler/Stilz/*Spindler*, AktG, § 101 Rn 79; a.A. Großkomm-AktG/*Hopt/Roth*, § 101 Rn 148 und Schmidt/Lutter/*Drygala*, AktG, § 101 Rn 23, wonach nur solche Weisungen unverbindlich sind, die mit den Interessen der Gesellschaft kollidieren; a.A. KölnerKomm-AktG/*Mertens/Cahn*, § 101 Rn 69, wonach der Entsandte nur solche Weisungen ausführen darf, die dem Gesellschaftsinteresse entsprechen.

119 Großkomm-AktG/*Hopt/Roth*, § 101 Rn 158; MünchKomm-AktG/*Habersack*, § 101 Rn 47; *Mutter*, Aufsichtsrat 2012, 58; Schmidt/Lutter/*Drygala*, AktG, § 101 Rn 25; Spindler/Stilz/*Spindler*, AktG, § 101 Rn 78.

120 Großkomm-AktG/*Hopt/Roth*, § 101 Rn 158; MünchKomm-AktG/*Habersack*, § 101 Rn 47; *Mutter*, Aufsichtsrat 2012, 58; Schmidt/Lutter/*Drygala*, AktG, § 101 Rn 25; Spindler/Stilz/*Spindler*, AktG, § 101 Rn 78.

121 BGH, Urt. v. 29.1.1962, II ZR 1/61, BGHZ 36, 296, 308; Großkomm-AktG/*Hopt/Roth*, § 101 Rn 146; Spindler/Stilz/*Spindler*, AktG, § 101 Rn 79.

122 Großkomm-AktG/*Hopt/Roth*, § 101 Rn 151; KölnerKomm-AktG/*Mertens/Cahn*, § 101 Rn 69; MünchKomm-AktG/*Habersack*, § 101 Rn 51.

123 Vgl. *Mutter*, Aufsichtsrat 2012, 58 („spaßfrei").

4. Mitgliedschaftliche Treuepflicht

Aus § 101 Abs. 2 AktG ergibt sich keine vertragliche oder vertragsähnliche Beziehung zwischen dem Entsendungsberechtigten und der Gesellschaft.[124] Der Entsendungsberechtigte ist aber notwendig auch Aktionär und unterliegt daher bei der Ausübung des Entsendungsrechts der mitgliedschaftlichen Treuepflicht.[125] Die Ausübung ist nur unter Berücksichtigung der Belange der Gesellschaft möglich.[126] Eine Ausübung in missbräuchlicher Weise oder sonst entgegen Treu und Glauben ist unzulässig.[127] Die Ausübung ist demnach unvereinbar mit der Treuepflicht, wenn Gründe vorliegen, die eine Bestellung der vorgesehenen Person zum Aufsichtsratsmitglied als für die Gesellschaft untragbar erscheinen lassen oder die Gesellschaft der Gefahr ausgesetzt würde, untragbare Nachteile zu erleiden.[128] Eine treuwidrige Ausübung steht der Wirksamkeit der Entsendung aus Gründen der Rechtssicherheit aber nicht entgegen.[129] Dafür besteht die Möglichkeit der gerichtlichen Abberufung aus wichtigem Grund auf Antrag des Aufsichtsrats oder bestimmter Aktionäre (§ 103 Abs. 3 AktG).[130] Möglich ist auch eine Haftung des Entsendungsberechtigten nach § 117 Abs. 1 AktG und § 826 BGB.[131] Eine darüber hinausgehende gesetzliche Haftung des Entsendungsberechtigten für Fehlverhalten des Entsandten besteht nicht.[132] Auch die Satzung kann nicht vorsehen, dass der Entsendungsberechtigte für das Fehlverhalten des Entsandten haftet.[133] Eine solche Regelung liefe der gesetzgeberischen Entscheidung für die eigenverantwortliche Amtsführung von Aufsichtsratsmitgliedern zuwider.[134] Al-

124 Großkomm-AktG/*Hopt/Roth*, § 101 Rn 162; KölnerKomm-AktG/*Mertens/Cahn*, § 101 Rn 77; MünchKomm-AktG/*Habersack*, § 101 Rn 48; Schmidt/Lutter/*Drygala*, AktG, § 101 Rn 26.

125 Großkomm-AktG/*Hopt/Roth*, § 101 Rn 162; MünchKomm-AktG/*Habersack*, § 101 Rn 48; Schmidt/Lutter/*Drygala*, AktG, § 101 Rn 26; Spindler/Stilz/*Spindler*, AktG, § 101 Rn 70; zu Entsendungsrechten in der GmbH, vgl. RG, Urt. v. 12.10.1940, II 33/40, RGZ 165, 68, 79.

126 Großkomm-AktG/*Hopt/Roth*, § 101 Rn 107; MünchKomm-AktG/*Habersack*, § 101 Rn 45.

127 Großkomm-AktG/*Hopt/Roth*, § 101 Rn 107.

128 Großkomm-AktG/*Hopt/Roth*, § 101 Rn 107.

129 Großkomm-AktG/*Hopt/Roth*, § 101 Rn 107; MünchKomm-AktG/*Habersack*, § 101 Rn 45.

130 Großkomm-AktG/*Hopt/Roth*, § 101 Rn 107; MünchKomm-AktG/*Habersack*, § 101 Rn 45.

131 Großkomm-AktG/*Hopt/Roth*, § 101 Rn 164; KölnerKomm-AktG/*Mertens/Cahn*, § 101 Rn 78; MünchKomm-AktG/*Habersack*, § 101 Rn 48; Spindler/Stilz/*Spindler*, AktG, § 101 Rn 73.

132 BGH, Urt. v. 26.03.1984, II ZR 171/83, BGHZ 90, 381, 398; Urt. v. 29.01.1962, II ZR 1/61, BGHZ 36, 296, 309 ff.; Großkomm-AktG/*Hopt/Roth*, § 101 Rn 164; KölnerKomm-AktG/*Mertens/Cahn*, § 101 Rn 78; MünchKomm-AktG/*Habersack*, § 101 Rn 49; Schmidt/Lutter/*Drygala*, AktG, § 101 Rn 26; Spindler/Stilz/*Spindler*, AktG, § 101 Rn 73.

133 KölnerKomm-AktG/*Mertens/Cahn*, § 101 Rn 78 f.; MünchKomm-AktG/*Habersack*, § 101 Rn 49; a.A. Großkomm-AktG/*Hopt/Roth*, § 101 Rn 163; Schmidt/Lutter/*Drygala*, AktG, § 101 Rn 26.

134 KölnerKomm-AktG/*Mertens/Cahn*, § 101 Rn 79; MünchKomm-AktG/*Habersack*, § 101 Rn 49.

lerdings ist im Innenverhältnis zwischen Entsendungsberechtigtem und Entsandten eine vertragliche Haftungsübernahme möglich.[135] Im Übrigen besteht die Möglichkeit des Abschlusses von Organ- bzw. Manager-Haftpflichtversicherungen (D&O-Versicherungen).

5. Persönliche Voraussetzungen des Entsandten

Die Entsendung einer Person, die nicht die gesetzlichen Voraussetzungen erfüllt (§§ 100, 105 AktG), ist unwirksam.[136] Dies kann im Wege der allgemeinen Feststellungsklage (§ 256 Abs. 1 ZPO) geltend gemacht werden.[137]

6. Einhaltung der Geschlechterquote

Am 6. März 2015 hat der Deutsche Bundestag ein Gesetz zur Einführung von Geschlechterquoten verabschiedet,[138] das Auswirkungen auf die Ausübung von Entsendungsrechten haben kann.

§ 96 Abs. 2 Satz 1 AktG n.F. sieht vor, dass sich der Aufsichtsrat in börsennotierten Gesellschaften, die der paritätischen Mitbestimmung unterliegen, zu mindestens 30 Prozent aus Frauen und zu mindestens 30 Prozent aus Männern zusammensetzt. Der Mindestanteil ist vom Aufsichtsrat insgesamt zu erfüllen (§ 96 Abs. 2 Satz 2 AktG n.F.), es sei denn, die von den Aktionären oder Arbeitnehmern bestellten Aufsichtsratsmitglieder widersprechen dem, dann ist der Mindestanteil von beiden Seiten getrennt zu erfüllen (§ 96 Abs. 2 Satz 3 AktG n.F.). Es ist auf volle Personenzahlen auf- bzw. abzurunden (§ 96 Abs. 2 Satz 4 AktG n.F.). Verringert sich bei Gesamterfüllung der höhere Frauenanteil einer Seite nachträglich und widerspricht sie nun der Gesamterfüllung, so wird dadurch die Besetzung auf der anderen Seite nicht unwirksam (§ 96 Abs. 2 Satz 5 AktG n.F.). Eine Entsendung in

---

135 GroßKomm-AktG/*Hopt/Roth*, § 101 Rn 161; KölnerKomm-AktG/*Mertens/Cahn*, § 101 Rn 75; Spindler/Stilz/*Spindler*, AktG, § 101 Rn 79.

136 GroßKomm-AktG/*Hopt/Roth*, § 101 Rn 128; KölnerKomm-AktG/*Mertens/Cahn*, § 101 Rn 65; MünchKomm-AktG/*Habersack*, § 101 Rn 45.

137 GroßKomm-AktG/*Hopt/Roth*, § 101 Rn 128; MünchKomm-AktG/*Habersack*, § 101 Rn 45.

138 Gesetz für die gleichberechtigte Teilhabe von Frauen und MänneRn an Führungspositionen in der Privatwirtschaft und im öffentlichen Dienst (Gesetzesentwurf der Bundesregierung, Bundestagsdrucksache 18/3784 vom 20.01.2015) in der vom Familienausschuss geänderten Fassung, Bundestagsdrucksache 18/4227 vom 04.03.2015; vgl. auch *Teichmann/Rüb*, BB 2015, 259; *Wasmann/Rothenburg*, Der Betrieb 2015, 291.

den Aufsichtsrat unter Verstoß gegen das Mindestanteilsgebot ist nichtig (§ 96 Abs. 2 Satz 6 AktG n.F.).

Nach § 25 Abs. 2 Satz 1 AktGEG n.F. ist die Geschlechterquote bei erforderlich werdenden Neuwahlen und Entsendungen ab dem 1. Januar 2016 zu beachten. Reicht die Anzahl der neu zu besetzenden Aufsichtsratssitze nicht aus, um den Mindestanteil zu erreichen, sind die Sitze mit Personen des unterrepräsentierten Geschlechts zu besetzen, um dessen Anteil sukzessive zu steigern (§ 25 Abs. 2 Satz 2 AktGEG n.F.). Bestehende Mandate können bis zu ihrem regulären Ende wahrgenommen werden (§ 25 Abs. 2 Satz 3 AktGEG n.F.).

V. Statutarische Ausgestaltung

Entsendungsrechte können durch die Satzung auch im Übrigen nahezu beliebig eingeschränkt, von weiteren Voraussetzungen abhängig gemacht oder in sonstiger Weise ausgestaltet werden.[139]

1. Festlegung persönlicher Voraussetzungen

Die Satzung kann zusätzliche Voraussetzungen hinsichtlich der *Person des Entsendungsberechtigten* aufstellen.[140] Sie kann etwa einen bestimmten Mindestbesitz an Aktien[141] oder eine bestimmte Familien- oder Berufsgruppenzugehörigkeit[142] verlangen. Die Satzung kann allerdings nicht verlangen, dass der Entsendungsberechtigte Vorstands- oder Aufsichtsratsmitglied ist.[143] Denn sonst wäre das Recht tatsächlich einem Vorstands- oder Aufsichtsratsmitglied als solchem eingeräumt.[144] Andererseits darf der Entsendungsberechtigte selbst

---

139 Großkomm-AktG/*Hopt/Roth*, § 102 Rn 122; KölnerKomm-AktG/*Mertens/Cahn*, § 101 Rn 58; MünchKomm-AktG/*Habersack*, § 101 Rn 58.

140 Großkomm-AktG/*Hopt/Roth*, § 101 Rn 123; MünchKomm-AktG/*Habersack*, § 101 Rn 59.

141 Großkomm-AktG/*Hopt/Roth*, § 101 Rn 113, 123; KölnerKomm-AktG/*Mertens/Cahn*, § 101 Rn 58; MünchKomm-AktG/*Habersack*, § 101 Rn 59; Schmidt/Lutter/*Drygala*, AktG, § 101 Rn 13; Spindler/Stilz/*Spindler*, AktG, § 101 Rn 52.

142 Großkomm-AktG/*Hopt/Roth*, § 101 Rn 123; KölnerKomm-AktG/*Mertens/Cahn*, § 101 Rn 58.

143 Großkomm-AktG/*Hopt/Roth*, § 101 Rn 125; KölnerKomm-AktG/*Mertens/Cahn*, § 101 Rn 58; MünchKomm-AktG/*Habersack*, § 101 Rn 59; Schmidt/Lutter/*Drygala*, AktG, § 101 Rn 13.

144 Großkomm-AktG/*Hopt/Roth*, § 101 Rn 125; MünchKomm-AktG/*Habersack*, § 101 Rn 32.

durchaus Mitglied im Aufsichtsrat sein, ohne dass dies dem Entsendungsrecht schadet.[145] Gleiches gilt für die Mitgliedschaft im Vorstand.[146]

Die Satzung kann für *entsandte Aufsichtsratsmitglieder* über die gesetzlichen Bestellungsvoraussetzungen hinaus (§§ 100, 105 AktG) weitere persönliche Voraussetzungen festlegen (§ 100 Abs. 4 AktG).[147] Sie kann etwa eine bestimmte Familienangehörigkeit, Zugehörigkeit zu einer bestimmten Berufsgruppe oder Aktionärseigenschaft verlangen.[148] Sie kann auch vorsehen, dass das entsandte Aufsichtsratsmitglied selbst nicht Entsendungsberechtigter oder ein naher Angehöriger desselben sein darf.[149]

2. Zustimmungserfordernisse

Die Satzung kann die Auswahl des zu entsendenden Mitglieds an die *Zustimmung der Hauptversammlung* oder *des Aufsichtsrats* binden.[150] Eine Bindung an die Zustimmung des Vorstands ist nicht möglich, da ihm kein derartiger Einfluss auf die Zusammensetzung des zu seiner Überwachung bestimmten Aufsichtsrats verschafft werden darf.[151] Auch eine Bindung an die Zustimmung eines Dritten ist nicht möglich.[152]

Beeinträchtigungen des Entsendungsrechts durch die Hauptversammlung bedürfen neben einer Satzungsänderung auch der Zustimmung des Entsen-

145 Großkomm-AktG/*Hopt/Roth*, § 101 Rn 125; KölnerKomm-AktG/*Mertens/Cahn*, § 101 Rn 58; MünchKomm-AktG/*Habersack*, § 101 Rn 32, 59.

146 KölnerKomm-AktG/*Mertens/Cahn*, § 101 Rn 58; MünchKomm-AktG/*Habersack*, § 101 Rn 32, 59; Schmidt/Lutter/*Drygala*, AktG, § 101 Rn 13; Spindler/Stilz/*Spindler*, AktG, § 101 Rn 52; a.A. Großkomm-AktG/*Hopt/Roth*, § 101 Rn 125.

147 Großkomm-AktG/*Hopt/Roth*, § 101 Rn 123, 128 f.; KölnerKomm-AktG/*Mertens/Cahn*, § 101 Rn 65; MünchKomm-AktG/*Habersack*, § 101 Rn 58; Spindler/Stilz/*Spindler*, AktG, § 101 Rn 51.

148 Großkomm-AktG/*Hopt/Roth*, § 101 Rn 129; MünchKomm-AktG/*Habersack*, § 101 Rn 58; Spindler/Stilz/*Spindler*, AktG, § 101 Rn 51.

149 Großkomm-AktG/*Hopt/Roth*, § 101 Rn 129; MünchKomm-AktG/*Habersack*, § 101 Rn 58.

150 Großkomm-AktG/*Hopt/Roth*, § 101 Rn 126; KölnerKomm-AktG/*Mertens/Cahn*, § 101 Rn 58; MünchKomm-AktG/*Habersack*, § 101 Rn 60; Schmidt/Lutter/*Drygala*, AktG, § 101 Rn 13; a.A. Spindler/Stilz/*Spindler*, AktG, § 101 Rn 52.

151 Großkomm-AktG/*Hopt/Roth*, § 101 Rn 126; KölnerKomm-AktG/*Mertens/Cahn*, § 101 Rn 58; MünchKomm-AktG/*Habersack*, § 101 Rn 60; Schmidt/Lutter/*Drygala*, AktG, § 101 Rn 13; Spindler/Stilz/*Spindler*, AktG, § 101 Rn 52.

152 Großkomm-AktG/*Hopt/Roth*, § 101 Rn 126; MünchKomm-AktG/*Habersack*, § 101 Rn 60; Schmidt/Lutter/*Drygala*, AktG, § 101 Rn 13.

dungsberechtigten gemäß § 35 BGB. Die Vorschrift ist zwingendes Recht.[153] Allerdings soll die Satzung vorsehen können, dass eine Satzungsänderung zur unmittelbaren Verkleinerung des Aufsichtsrats *ohne Zustimmung des Entsendungsberechtigten* getroffen werden kann, auch wenn dadurch bestehende Entsendungsrechte beeinträchtigt werden.[154] Die Satzung schränke dann das Sonderrecht von Anfang an entsprechend ein.[155] Geht man davon aus, dass der Bestandsschutz von Sonderrechten auf Vertrauensschutz beruht,[156] spricht nichts dagegen, das Entstehen eines Vertrauensschutztatbestandes und infolgedessen eines Bestandsschutzes zu verhindern, indem die Satzung das Zustimmungserfordernis von Anfang an einschränkt.[157]

3. Sonstige Ausgestaltung

Die Satzung kann auch eine *Entsendungspflicht* statuieren.[158] Sie kann Entsendungsrechte *bedingt* einräumen und etwa vorsehen, dass sie unter bestimmten Umständen erlöschen oder ruhen.[159] Sie kann das Entsendungsrecht auch *befristen*.[160] Die Satzung kann für Entsendungsrechte eine *Rangfolge* festlegen, was insbesondere im Fall der Verkleinerung des Aufsichtsrats relevant werden kann.[161] Die gesetzliche Höchstfrist für die Amtszeit von Aufsichtsratsmitgliedern (§ 102 Abs. 1 AktG) gilt auch für die entsandten Mitglieder, es sei denn, die Satzung *verkürzt diese Höchstfrist* oder bestimmt, dass das Amt *nach Ablauf einer bestimmten Zeit endet*.[162] Die Satzung kann das *Rechtsverhältnis zwischen Entsendungsberechtigten und Entsandten* jedenfalls punktuell näher ausgestalten, um

---

153 Bamberger/*Roth/Schöpflin*, BGB, § 35 Rn 1; Palandt/*Ellenberger*, BGB, § 40 Rn 1; Soergel/*Hadding*, BGB, § 35 Rn 1; Staudinger/*Weick*, BGB, § 35 Rn 22 b.

154 Großkomm-AktG/*Hopt/Roth*, § 101 Rn 134; KölnerKomm-AktG/*Mertens/Cahn*, § 101 Rn 61; MünchKomm-AktG/*Habersack*, § 101 Rn 57; Spindler/Stilz/*Spindler*, AktG, § 101 Rn 51.

155 Großkomm-AktG/*Hopt/Roth*, § 101 Rn 134; MünchKomm-AktG/*Habersack*, § 101 Rn 57.

156 So *Wiedemann*, GesR, § 7 III 1 a.

157 Vgl. auch *Beuthien*, ZGR 2014, 24, 35 (§ 35 BGB ist „teleologisch einzuschränken"), 43.

158 Großkomm-AktG/*Hopt/Roth*, § 101 Rn 124, 167; *Hüffer*, AktG, § 101 Rn 12; KölnerKomm-AktG/*Mertens/Cahn*, § 101 Rn 58, 81; MünchKomm-AktG/*Habersack*, § 101 Rn 44, 60; Schmidt/Lutter/*Drygala*, AktG, § 101 Rn 27; Spindler/Stilz/*Spindler*, AktG, § 101 Rn 71.

159 Großkomm-AktG/*Hopt/Roth*, § 101 Rn 124; MünchKomm-AktG/*Habersack*, § 101 Rn 60.

160 Großkomm-AktG/*Hopt/Roth*, § 101 Rn 124; KölnerKomm-AktG/*Mertens/Cahn*, § 101 Rn 58; MünchKomm-AktG/*Habersack*, § 101 Rn 60; Spindler/Stilz/*Spindler*, AktG, § 101 Rn 52.

161 Großkomm-AktG/*Hopt/Roth*, § 101 Rn 133; MünchKomm-AktG/*Habersack*, § 101 Rn 56.

162 Großkomm-AktG/*Hopt/Roth*, § 101 Rn 154 f.; Spindler/Stilz/*Spindler*, AktG, § 101 Rn 72.

dadurch die Unabhängigkeit des Entsandten abzusichern.[163] Sie kann klarstellen, dass kein Weisungsrecht besteht oder etwa festlegen, dass der Entsandte keine Vergütung vom Entsendungsberechtigten erhalten darf.[164]

VI. Rechtsschutz

Eine Entsendung, welche gegen Voraussetzungen und Einschränkungen des Entsendungsrechts verstößt, ist unwirksam.[165] Die Nichtigkeit kann im Wege der *Feststellungsklage* (§ 256 Abs. 1 ZPO) geltend gemacht werden.[166] Etwas anderes gilt nur in Bezug auf von der Satzung aufgestellte persönliche Voraussetzungen für entsandte Aufsichtsratsmitglieder. Sind diese Voraussetzungen von Anfang an nicht oder nachträglich nicht mehr erfüllt, ist nur eine gerichtliche Abberufung möglich (§ 103 Abs. 3 AktG), eine Abberufung durch die Hauptversammlung (§ 103 Abs. 2 Satz 2 AktG) hingegen nicht.[167]

Hinsichtlich der Begründung und inhaltlichen Änderung von Entsendungsrechten ist eine *Anfechtungsklage* gemäß § 243 Abs. 1 AktG gestützt auf den Anfechtungsgrund des § 243 Abs. 2 Satz 1 AktG zwar denkbar. Das Aktiengesetz lässt mit § 101 Abs. 2 AktG Entsendungsrechte aber ausdrücklich zu und macht damit zugleich deutlich, dass die Begründung eines Entsendungsrechts allein keinen schadenstiftenden Sondervorteil im Sinne von § 243 Abs. 2 Satz 1 AktG darstellt.[168]

163 GroßKomm-AktG/*Hopt/Roth*, § 101 Rn 157; KölnerKomm-AktG/*Mertens/Cahn*, § 101 Rn 73; MünchKomm-AktG/*Habersack*, § 101 Rn 46; Schmidt/Lutter/*Drygala*, AktG, § 101 Rn 25.
164 KölnerKomm-AktG/*Mertens/Cahn*, § 101 Rn 73; MünchKomm-AktG/*Habersack*, § 101 Rn 46.
165 GroßKomm-AktG/*Hopt/Roth*, § 102 Rn 127; KölnerKomm-AktG/*Mertens/Cahn*, § 101 Rn 65; MünchKomm-AktG/ *Habersack*, § 101 Rn 58.
166 GroßKomm-AktG/*Hopt/Roth*, § 102 Rn 127, 129; MünchKomm-AktG/*Habersack*, § 101 Rn 58.
167 GroßKomm-AktG/*Hopt/Roth*, § 101 Rn 127, 129; KölnerKomm-AktG/*Mertens/Cahn*, § 101 Rn 65; teilweise a.A. MünchKomm-AktG/*Habersack*, § 101 Rn 58, wonach die Entsendung nichtig und im Wege der Feststellungsklage (§ 256 Abs. 1 ZPO) geltend zu machen ist, wenn die persönlichen Voraussetzungen von Anfang an nicht erfüllt sind.
168 OLG Hamm, Urt. v. 31.03.2008 – 8 U 222/07 (*ThyssenKrupp*), ZIP 2008, 1530, 1533.

§ 5 Entsendungsrechte in der österreichischen, britischen und französischen Aktiengesellschaft

I. Entsendungsrechte in der österreichischen Aktiengesellschaft

1. Der Aufsichtsrat in der österreichischen Aktiengesellschaft

Das im österreichischen Aktiengesetz[169] geregelte Verwaltungssystem der österreichischen Aktiengesellschaft ist mit Vorstand, Aufsichtsrat und Hauptversammlung weitgehend vergleichbar dem der deutschen AG (§§ 1 ff., 70 ff., 86 ff., 102 ff. ÖAktG).[170] Der Aufsichtsrat besteht aus mindestens drei Mitgliedern und kann durch die Satzung auf maximal 20 Mitglieder erweitert werden (§ 86 Abs. 1 ÖAktG). Die Vorschrift bezieht sich aber nur auf die Anteilseignervertreter.[171] Im Unterschied zur Rechtslage in der deutschen AG ergibt sich die Gesamtgröße des Aufsichtsrats erst durch Hinzurechnung von bis zu zehn Arbeitnehmervertretern (§ 110 Abs. 1 ArbVG).

2. Formen der Bestellung von Mitgliedern des Aufsichtsrats

Auch in der österreichischen AG bestehen drei Formen der Bestellung von Mitgliedern des Aufsichtsrats, nämlich Wahl durch die Hauptversammlung (§ 87 ÖAktG), Entsendung durch Arbeitnehmervertreter (§ 110 ArbVG und AR-VO) und Entsendung durch Aktionäre (§ 88 ÖAktG).

Bei der *Wahl durch die Hauptversammlung* ist eine einfache Stimmenmehrheit erforderlich, soweit nicht die Satzung eine größere Mehrheit oder andere Erfordernisse verlangt (§ 121 Abs. 2 ÖAktG). Dabei ist über jede zu besetzende Stelle gesondert abzustimmen (§ 87 Abs. 3 Satz 1 ÖAktG), wovon nur in nicht börsennotierten Gesellschaften abgewichen werden kann und nur dann, wenn sich kein

169 Abrufbar unter http://www.jusline.at/Aktiengesetz_(AktG).html (Stand: 31.03.2015).

170 Vgl. Doralt/Nowotny/Kalss/*Gall*, ÖAktG, § 1 Rn 1ff.; *Heidinger/Schneider*, ÖAktG, § 1 E 1ff; Jabornegg/Strasser/*Jabornegg*, ÖAktG, § 1 Rn 1ff.; Kalss/Nowotny/Schauer/*Kalss*, ÖGesellschaftsrecht, vor Rn 3/239 ff.

171 Doralt/Nowotny/Kalss/*Kalss*, ÖAktG, § 86 Rn 5; Kalss/Nowotny/Schauer/*Kalss*, ÖGesellschaftsrecht, Rn 3/459; MünchKomm-AktG/*Kalss*, § 95 Rn 28f.

Aktionär dagegen ausspricht (§ 87 Abs. 3 Satz 3 ÖAktG). Außerdem sieht das Gesetz vor, dass für die letzte zu besetzende Stelle im Aufsichtsrat ein Minderheitsvertreter für gewählt zu erklären ist, wenn in der Hauptversammlung insgesamt wenigstens drei Aufsichtsratsmitglieder gewählt werden und bei allen vorangegangenen Wahlen wenigstens ein Drittel aller abgegebenen Stimmen zugunsten dieser Person ohne Erfolg abgegeben worden sind (§ 87 Abs. 4 ÖAktG).[172] Dieser Regelung kann allerdings leicht ausgewichen werden, indem in der jeweiligen Hauptversammlung weniger als drei Aufsichtsratsmitglieder gewählt werden (Staffelungsregelung).[173]

Die *unternehmerische Mitbestimmung* knüpft allein an den Bestand des Gremiums des Aufsichtsrats an.[174] Die Zahl der Arbeitnehmer spielt im Unterschied zur deutschen Rechtslage keine Rolle. Die Mitbestimmung folgt dem *Prinzip der Drittelparität*, wonach der Betriebsrat für je zwei Anteilseignervertreter einen Arbeitnehmervertreter in den Aufsichtsrat entsendet und, falls die Zahl der Anteilseignervertreter ungerade ist, einen weiteren Arbeitnehmervertreter (§ 110 Abs. 1 ArbVG).[175] Bezugspunkt ist die Zahl der tatsächlich bestellten Anteilseignervertreter (Istzahl).[176] Die maximal zulässige Gesamtgröße des Aufsichtsrats liegt bei 30 Mitgliedern (20 Anteilseignervertreter und 10 Arbeitnehmervertreter).[177]

Schließlich kennt das österreichische Aktienrecht ebenfalls *Entsenderechte* (§ 88 ÖAktG), die es ermöglichen, Personen direkt in den Aufsichtsrat zu entsenden, ohne dass diese sich der Wahl durch die Hauptversammlung oder die Arbeitnehmervertreter stellen müssen.[178]

Zwar haben börsennotierte österreichische Aktiengesellschaften jährlich einen Corporate Governance-Bericht zu erstellen (§ 243b UGB) und für die im

---

172 Doralt/Nowotny/Kalss/*Kalss*, ÖAktG, § 87 Rn 26 ff.; Großkomm-AktG/*Hopt*/*Roth*, § 101 Rn 245; Kalss/Nowotny/Schauer/*Kalss*, ÖGesellschaftsrecht, Rn 3/483; MünchKomm-AktG/*Kalss*, § 101 Rn 105 ff.

173 Doralt/Nowotny/Kalss/*Kalss*, ÖAktG, § 87 Rn 28; Kalss/Nowotny/Schauer/*Kalss*, ÖGesellschaftsrecht, Rn 3/483.

174 Doralt/Nowotny/Kalss/*Kalss*, ÖAktG, § 86 Rn 28.

175 Doralt/Nowotny/Kalss/*Kalss*, ÖAktG, § 86 Rn 30; Kalss/Nowotny/Schauer/*Kalss*, ÖGesellschaftsrecht, Rn 3/457, 3/507 f.; MünchKomm-AktG/*Doralt*/*Diregger*, Einl. Rn 201; MünchKomm-AktG/*Kalss*, § 95 Rn 37 ff.

176 Doralt/Nowotny/Kalss/*Kalss*, ÖAktG, § 86 Rn 30; Kalss/Nowotny/Schauer/*Kalss*, ÖGesellschaftsrecht, Rn 3/507; MünchKomm-AktG/*Kalss*, § 95 Rn 37.

177 *Hoffmann*/*Kalss*/*Klampfl*/*Maidorfer*, Stand der Unternehmensaufsicht in Österreich, Aufsichtsrat aktuell 2/2011, 5, 6.

178 Kalss/Nowotny/Schauer/*Kalss*, ÖGesellschaftsrecht, Rn 3/484; *Heidinger*/*Schneider*, ÖAktG, § 88 E 1; MünchKomm-AktG/*Kalss*, § 101 Rn 127 ff.

Marktsegment „Prime Market“ notierten Gesellschaften ist die Einhaltung des *Österreichischen Corporate Governance Kodex* samt Abweichungen jährlich zu erläutern,[179] allerdings werden im letzteren Entsendungsrechte nicht erwähnt.

3. Entsendungsrechte nach § 88 ÖAktG

Die aktiengesetzlichen Vorgaben und statutarischen Gestaltungsmöglichkeiten für Entsendungsrechte sind weitgehend vergleichbar mit denen in der deutschen AG.

Erforderlich ist eine *Satzungsgrundlage*, für deren Schaffung (§§ 16 Abs. 1, 145 Abs. 1 Satz 1, 146 Abs. 1 ÖAktG) und Transparenz (§§ 148 Abs. 1 ÖAktG, 9 Abs. 1 UGB) vergleichbare Vorschriften wie im deutschen Recht gelten. Ebenfalls Voraussetzung ist die *Aktionärseigenschaft* des Entsendungsberechtigten.[180] Entsendungsrechte können individuell bestimmten Aktionären eingeräumt werden oder abstrakt den Inhabern bestimmter Aktien, bei denen es sich um vinkulierte Namensaktien handeln muss (§ 88 Abs. 2 ÖAktG). Es besteht eine *Höchstgrenze*, die sich ebenfalls auf die aus dem Gesetz oder der Satzung ergebende Gesamtzahl der Anteilseignervertreter (Sollzahl) bezieht (§ 88 Abs. 1 Satz 2, 3 ÖAktG).[181]

Das Gesetz unterscheidet hinsichtlich der Höchstgrenze allerdings seit dem Jahr 2004 zwischen *börsennotierten* und *nicht börsennotierten* Gesellschaften (vgl. § 262 Abs. 9 ÖAktG). Zuvor galt, ähnlich § 101 Abs. 2 AktG, eine einheitliche Drittelhöchstgrenze.[182] Infolge der Änderung dürfen Entsendungsrechte in börsennotierten Aktiengesellschaften für *maximal ein Drittel* und in der nicht börsennotierten AG für *maximal die Hälfte* der Sollzahl der Anteilseignervertreter bestehen (§ 88 Abs. 1 Satz 2 und 3 AktG). Der Gesetzgeber wollte den Aktionären mehr Satzungsautonomie einräumen, wobei diese Möglichkeit der Stärkung des Einflusses einzelner Gesellschafter nur bei nicht börsennotierten Aktiengesellschaften gerechtfertigt sei.[183] Für nicht börsennotierte Gesellschaften besteht somit ein größerer Spielraum. In beiden Varianten kann jedoch auch eine öster-

179 Vgl. Regelwerk Prime Market, S. 11, abrufbar unter http://www.wienerborse.at/listing/aktien (Stand: 31.03.2015).

180 MünchKomm-AktG/*Kalss*, § 101 Rn 127 f.

181 Vgl. Doralt/Nowotny/Kalss/*Kalss*, ÖAktG, § 88 Rn 17; Jabornegg/Strasser/*Strasser*, ÖAktG, §§ 87–89 Rn 15; MünchKomm-AktG/*Kalss*, § 101 Rn 135.

182 Vgl. Doralt/Nowotny/Kalss/*Kalss*, ÖAktG, § 88 Rn 16.

183 Vgl. Gesetzesmaterialien zum Gesellschaftsrechtsänderungsgesetz 2004, S. 35, abrufbar unter http://www.parlament.gv.at/PAKT/VHG/XXII/I/I_00466/fname_020130.pdf (Stand: 31.03.2015).

reichische AG nicht mittels Entsendungsrechten beherrscht werden.[184] Auch in der mitbestimmten börsennotierten AG kommt es aber ebenfalls zum Verlust der gesicherten Herrschaft des Mehrheitsaktionärs, wenn Entsendungsrechte zugunsten eines Minderheitsaktionärs im zulässigen Höchstumfang bestehen.

Hinsichtlich des Bestandsschutzes von Entsendungsrechten bestehen funktional keine Unterschiede, da in diesem Zusammenhang ebenfalls keine Aktiengattung gebildet wird (§ 88 Abs. 3 ÖAktG), sondern Entsendungsrechte als *unentziehbare Sonderrechte* angesehen werden.[185]

Die Rechtslage hinsichtlich des Wegfalls von Voraussetzungen,[186] der Ausübung des Entsendungsrechts[187] und den statutarischen Gestaltungsmöglichkeiten[188] ist weitestgehend vergleichbar mit den Regelungen im Rahmen des § 101 Abs. 2 AktG.

II. Board Appointment Rights in der britischen Public Limited Company

1. Der Verwaltungsrat in der britischen Public Limited Company

Das Verwaltungssystem einer britischen Public Limited Company (PLC) wird nur punktuell durch den Companies Act 2006[189] (CA 2006) vorgegeben und maßgeblich durch ihre Satzung bestimmt (vgl. s 18 (1) CA 2006).[190]

---

184 Doralt/Nowotny/Kalss/*Kalss*, ÖAktG, § 88 Rn 1.

185 Doralt/Nowotny/Kalss/*Kalss*, ÖAktG, § 88 Rn 8; Jabornegg/Strasser/*Strasser*, ÖAktG, §§ 87–89 Rn 19; MünchKomm-AktG/*Kalss*, § 101 Rn 129.

186 Doralt/Nowotny/Kalss/*Kalss*, ÖAktG, § 88 Rn 18 ff. (Verkleinerung des Aufsichtsrats), 21 und 40 (sonstige Gründe und allgemeine Rechtsfolgen); Jabornegg/Strasser/*Strasser*, ÖAktG, §§ 87–89 Rn 16 (Verkleinerung des Aufsichtsrats), 21 (sonstige Gründe); MünchKomm-AktG/*Kalss*, § 101 Rn 136 f. (Verkleinerung des Aufsichtsrats), 145 f. (sonstige Gründe und allgemeine Rechtsfolgen).

187 Doralt/Nowotny/Kalss/*Kalss*, ÖAktG, § 88 Rn 1 (Allgemeines), 20 (Treuepflicht), 29 (Weisungsrecht), 32 ff. (Abberufung); Jabornegg/Strasser/*Strasser*, ÖAktG, §§ 87–89 Rn 14 (Allgemeines), 22 (Weisungsrechts), 63 f. (Abberufung); MünchKomm-AktG/*Kalss*, § 101 Rn 137 (Treuepflicht), 139 f. (Weisungsrecht), 143 f. (Abberufung).

188 Doralt/Nowotny/Kalss/*Kalss*, ÖAktG, § 88 Rn 5 (Bedingung, Befristung, persönliche Voraussetzungen – letzteres auch Rn 39), 10 f. (Übertragbarkeit, Rangfolge), 23 (Entsendungspflicht), 27 (Rechtsverhältnis zwischen Entsendungsberechtigten und Entsandten); Jabornegg/Strasser/*Strasser*, ÖAktG, §§ 87–89 Rn 18 (Bedingung, Befristung, persönliche Voraussetzungen); MünchKomm-AktG/*Kalss*, § 101 Rn 127 (Bedingung, Befristung, persönliche Voraussetzungen – letzteres auch Rn 145), 128 (Übertragbarkeit), 132 (Bindung an Zustimmung), 138 (Entsendungspflicht).

189 Abrufbar unter http://www.legislation.gov.uk/ukpga/2006/46/contents (Stand: 31.03.2015).

Wesentliche Vorgaben sind, dass eine PLC mindestens zwei Direktoren (*directors*) und einen Gesellschaftssekretär (*secretary*) hat (s 154 (2) bzw. s 271 CA 2006), eine jährliche Hauptversammlung abhält (s 336 (1) CA 2006), Beschlüsse der Anteilseigner nur in der Hauptversammlung gefasst werden können (s 281 (2) CA 2006) und nachträgliche Satzungsänderungen eines Beschlusses der Hauptversammlung mit einer Mehrheit von mindestens 75 Prozent der abgegebenen Stimmen bedürfen (vgl. ss 21 (1), 283 (1) (4) CA 2006). Aufgrund dieser Vorgaben wird jede Satzung wenigstens die Organe Hauptversammlung und Verwaltungsrat (*board of directors*) vorsehen.[191] Die Aufgabenverteilung zwischen diesen Organen ist nur hinsichtlich bestimmter Einzelfragen zwingend vorgegeben und wird überwiegend durch die Satzung festgelegt.[192] Die PLC bedarf also generell entsprechender Satzungsbestimmungen hinsichtlich der Aufgabenverteilung. Um dies zu gewährleisten, werden im Rahmen der Gründung Musterbestimmungen Teil der Satzung, soweit sie nicht durch die Gründer ausgeschlossen oder abgeändert werden (s 20 CA 2006). Die entsprechenden Mustersatzungsbestimmungen für die PLC finden sich in Anhang 3 der Companies Model Articles Regulations 2008 (SI 2008/3229) (vgl. s 19 CA 2006).

2. Formen der Bestellung von Mitgliedern des Verwaltungsrats

Der CA 2006 enthält nur wenige zwingende Vorgaben hinsichtlich der Bestellung von Verwaltungsratsmitgliedern.[193] Falls die Hauptversammlung über die Bestellung von Verwaltungsratsmitgliedern entscheidet, muss dies im Wege der Einzelwahl geschehen, falls nicht zuvor durch Beschluss ohne Gegenstimmen ein anderes Verfahren festgelegt wurde (s 160 (1) CA 2006). Abgesehen davon ist es der Satzung überlassen, Regeln für die Bestellung von Verwaltungsratsmitgliedern festzulegen.[194]

Die Mustersatzungsbestimmungen sehen zwei Bestellungsformen vor, nämlich einfachen *Beschluss der Hauptversammlung* (art 20 (a)) und *Beschluss der*

---

190 Vgl. *Birds/Boyle/et al.*, Company Law, Rn 5.2 ff.; *P. Davies*, Company Law, 14; *Dignam/Lowry*, Company Law, Rn 1.12; *Mayson/French/Ryan*, Company Law, Rn 3.3.1, 3.3.3, 3.5.1.
191 Vgl. *Dignam/Lowry*, Company Law, Rn 1.12.
192 *Davies*, Company Law, 106, 108; *Dignam/Lowry*, Company Law, Rn 1.12, 8.18; *Mayson/French/Ryan*, Company Law, Rn 15.1; *Sealy/Worthington*, Company Law, 181 ff.
193 *Davies*, Company Law, 124; *Dignam/Lowry*, Company Law, Rn 13.12; *Mayson/French/Ryan*, Company Law, Rn 15.5.1; *Sealy/Worthington*, Company Law, 280 f.
194 *Davies*, Company Law, 124; *Dignam/Lowry*, Company Law, Rn 13.12; *Mayson/French/Ryan*, Company Law, Rn 15.5.1; *Sealy/Worthington*, Company Law, 280 f.

Verwatungsratsmitglieder (art 20 (b)). Die Beschlüsse bedürfen jeweils der einfachen Mehrheit der abgegebenen Stimmen (art 1 bzw. art 13 (1) und s 282 (1) (3) CA 2006). Nur wenn entsprechende Satzungsbestimmungen gänzlich fehlen, erfolgt die Bestellung durch einfachen Beschluss der Hauptversammlung.[195] Das Gesetz schreibt im Ergebnis nicht vor, dass Verwaltungsratsmitglieder von der Hauptversammlung zu bestellen sind.[196]

Nach dem *UK Corporate Governance Code*, über dessen Befolgung börsennotierte PLCs im Marktsegment „Premium Listing" jährlich zu berichten haben,[197] soll ein formelles und transparentes Verfahren für die Bestellung von Verwaltungsratsmitgliedern bestehen (B.2 Code) und insbesondere ein Nominierungsausschuss des Verwaltungsrats den Prozess federführend begleiten und dem Verwaltungsrat Vorschläge unterbreiten (B.2.1 Code).

3. Board Appointment Rights

Die Satzung kann Bestellungsrechte (*board appointment rights*) zugunsten einzelner *Aktionäre* oder auch zugunsten *Dritter*, die keine Anteilseigner sind, einräumen.[198] Die Praxis scheint von letzterer Möglichkeit allerdings, soweit ersichtlich, keinen Gebrauch zu machen. Bestellungsrechte können durch die *Satzung* eingeräumt werden, müssen aber *nicht zwingend* dort verankert sein.[199] Auch der Verwaltungsrat kann Bestellungsrechte zugunsten Dritter einräumen, falls die Satzung ihn hierzu ausdrücklich ermächtigt.[200]

Ein in der Satzung verankertes Bestellungsrecht kann grundsätzlich mit entsprechender Mehrheit durch satzungsändernden Beschluss der Hauptversammlung geändert oder abgeschafft werden. Die Satzung kann für eine Änderung oder Abschaffung eines Bestellungsrechts aber auch weitere Voraussetzungen aufstellen (*provisions for entrenchment*) (vgl. s 22 (1) CA 2006), etwa die Zustimmung des Begünstigten verlangen und dadurch das Entsendungsrecht absichern. Zwar sieht s 22 (2) CA 2006 vor, dass solche sichernden Bestimmungen nur in der *Gründungssatzung* oder durch nachträgliche Satzungsänderung mit

---

195 *Mayson/French/Ryan*, Company Law, Rn 15.5.1; *Sealy/Worthington*, Company Law, 280 f.

196 *Davies*, Company Law, 124.

197 Vgl. UK Listing Authority Listing Rules LR 9.8.6 R (5) (6), abrufbar unter https://fshandbook.info/FS/html/handbook/LR (Stand: 31.03.2015).

198 *Davies*, Company Law, 124; *Sealy/Worthington*, Company Law, 280.

199 *Davies*, Company Law, 124 („usually through [...] articles"); *Sealy/Worthington*, Company Law, 281, („by contract may be difficult").

200 *Birds/Boyle/et. al.*, Company Law, Rn 15.3.

Zustimmung *aller* Anteilseigner geschaffen werden können. S 22 (2) CA 2006 ist jedoch bisher ausdrücklich *nicht in Kraft* getreten wegen der Befürchtung, dass dies dann auch die Schaffung oder Änderung von Bestimmungen über Aktiengattungen (*classes of shares*) erschweren würde.[201] Im Hinblick auf die Schaffung von sichernden Bestimmungen bleibt es demnach bei den allgemeinen Anforderungen für Satzungsänderungen.

Hinsichtlich der *Abberufung* von Verwaltungsratsmitgliedern enthält der CA 2006 allerdings eine *zwingende Vorgabe*. Verwaltungsratsmitglieder können jederzeit und ohne Angabe von Gründen durch einfachen Beschluss der Hauptversammlung abberufen werden (s 168 (1) CA 2006). Die Absicht zu einer solchen Beschlussfassung muss mindestens 28 Tage vor der entsprechenden Hauptversammlung der Gesellschaft gegenüber gesondert mitgeteilt werden, die ihrerseits die Anteilseigner und die entsprechenden Verwaltungsratsmitglieder davon in Kenntnis setzt (ss 168 (2), 169 (1), 312 (1) (2) (3) CA 2006). Die betroffenen Verwaltungsratsmitglieder haben ein Anhörungsrecht auf der Hauptversammlung und die Möglichkeit zur schriftlichen Stellungnahme (s 169 (2) (3) CA 2006). Dieses Abberufungsrecht kann weder durch Vertrag mit dem Verwaltungsratsmitglied, noch durch die Satzung beeinträchtigt werden.[202] Es gilt auch in Bezug auf solche Verwaltungsratsmitglieder, die nicht von den Aktionären bestellt wurden.[203] Daneben können durch die Satzung weitere Rechte zur Abberufung von Verwaltungsratsmitgliedern geschaffen werden (vgl. Umkehrschluss zu s 168 (5) (b) CA 2006).[204]

III. Rechtslage in der französischen Société Anonyme

1. Französische Société Anonyme und Société par actions simplifiée

Im Folgenden wird die Rechtslage in der börsenfähigen französischen Société Anonyme (SA) dargestellt. Auf die Société par actions simplifiée (SAS), die fran-

---

201 Vgl. s 1300(2) CA 2006 i.V.m. The Companies Act 2006 and Limited Liability Partnerships (Transitional Provisions and Savings) (Amendment) Regulations 2009 (SI 2009/2476), reg 2(2)); zur Begründung, vgl. Explanatory Memorandum to the Companies Act 2006 and Limited Liability Partnerships (Transitional Provisions and Savings) (Amendment) Regulations 2009 (SI 2009/2476), reg. 7.6.

202 *Davies*, Company Law, 125; vgl. *Dignam/Lowry*, Company Law, Rn 13.44; *Mayson/French/Ryan*, Company Law, Rn 15.6.3.

203 *Davies*, Company Law, 125.

204 *Birds/Boyle/et. al.* Company Law, Rn 15.9; *Mayson/French/Ryan*, Company Law, Rn 15.6.3; *Sealy/Worthington*, Company Law, 284 f.

zösische Aktiengesellschaft in vereinfachter Form, wird nicht eingegangen. Zwar gibt es erhebliche Unterschiede zwischen der SA und der SAS, insbesondere sind bei der SAS weit weniger zwingende gesetzliche Vorgaben für die Organisationsverfassung einzuhalten, so dass dort spiegelbildlich erheblich größere Gestaltungsmöglichkeiten bestehen (vgl. Art. L- 227–1–3, L-227–5 Code de Commerce[205] (CCom)). Die SAS ist aber nicht börsenfähig (Art. L 227–2 CCom).

2. Verwaltungs- oder Aufsichtsrat in der französischen Société Anonyme

Die Organisationsverfassung der französischen SA sieht eine Hauptversammlung vor und, abhängig von der Wahl der Gründer, entweder das französisch-traditionelle monistische System mit einem Verwaltungsrat (*conseil d'administration*) oder ein dualistisches System von Vorstand (*directoire*) und Aufsichtsrat (*conseil de surveillance*) (vgl. Art. L 225–57 à L 225–93 CCom).[206]

Das monistische System sieht einen Verwaltungsrat vor mit mindestens drei und höchstens 18 Mitgliedern (Art. L 225–17, al. 1 CCom). Er legt die grundsätzliche Ausrichtung der Aktivitäten der Gesellschaft fest und trifft alle dazu notwendigen Kontroll- und Überwachungsmaßnahmen (Art. L 225–35 CCom).[207] Er wählt aus seiner Mitte einen Präsidenten (Art. L 225–47 CCom) und bestellt den Generaldirektor (*directeur général*), indem er den Präsidenten des Verwaltungsrats oder eine andere Person dazu ernennt (Art. L 225–51–1 CCom). Allein dem Generaldirektor obliegt die allgemeine Geschäftsführung und die Vertretung der Gesellschaft nach außen (Art. L 225–56 I CCom). Der Verwaltungsrat kann den Generaldirektor jederzeit abberufen (Art. L 225–55, al. 1 CCom).

Im dualistischen System besteht ein Aufsichtsrat mit mindestens drei und höchstens 18 Mitgliedern (Art. L 225–69, al. 1 CCom). Seine Aufgabe besteht in der Bestellung des Vorstands (Art. L 225–59, al. 1 CCom) und dessen Kontrolle (Art. L 225–68, al. 1 CCom).[208] Dem Vorstand, der in der börsennotierten SA aus maximal sieben Personen besteht, obliegt die Geschäftsführung (Art. L 225–58, al. 1 CCom). Die Hauptversammlung und, falls es die Satzung vorsieht, auch der Aufsichtsrat können Vorstandsmitglieder jederzeit abberufen (Art. L 225–61, al. 1 CCom).

---

205 Abrufbar unter http://www.legifrance.gouv.fr/initRechCodeArticle.do (Stand: 31.03.2015).

206 *Petit*, Droit de sociétés, Rn 318; *Sonnenberger/Dammann*, Französisches Handels- und Wirtschaftsrecht, III 167.

207 *Sonnenberger/Dammann*, Französisches Handels- und Wirtschaftsrecht, III 206.

208 *Petit*, Droit de sociétés, Rn 346; *Sonnenberger/Dammann*, Französisches Handels- und Wirtschaftsrecht, III 213.

Die unternehmerische Mitbestimmung (*cogestion*) ist in der SA statutarisch optional und kann für höchstens ein Drittel der Anzahl der anderen Mitglieder des Verwaltungs- oder Aufsichtsrats vorgesehen werden (Art. L 225–27 et 225–79 CCom).[209] Daneben besteht eine zwingende, aber strukturell anders gelagerte Beteiligung von Arbeitnehmern als Anteilseigner, sofern sie zusammen mehr als 3 Prozent der Gesellschaftsanteile halten (Art. L 225–23 et L 225–71 CCom).[210]

3. Zwingende Bestellungskompetenz der Hauptversammlung

Die Verwaltungsrats- bzw. Aufsichtsratsmitglieder werden für eine Dauer von höchstens sechs Jahren von der Hauptversammlung gewählt (Art. L 225–18, al. 1 et L 225–75, al. 1 CCom). Diese Vorgaben sind *zwingend* und jede andere Form der Bestellung ist nichtig (Art. L 225–18, al. 3 et L 225–75, al. 3 CCom). Abgesehen von Arbeitnehmervertretern und den ersten Mitgliedern von Verwaltungsrat und Aufsichtsrat, besteht eine Ausnahme nur in Form eines Kooptationsrechts des Verwaltungs- bzw. Aufsichtsrats in Bezug auf ausgefallene Mitglieder, wobei die Bestellung nur übergangsweise erfolgt und der Bestätigung durch die nächste Hauptversammlung bedarf (Art. L 225–24 et L 225–78 CCom).[211] Entsendungsrechte können somit nicht vorgesehen werden. Eine Möglichkeit zur Begründung von Sonderrechten mit entsendungsrechtsähnlichen Effekten ist nicht ersichtlich.

IV. Rechtsvergleichende Betrachtung

Der rechtsvergleichende Blick auf die drei ausgewählten Rechtsordnungen macht die Bandbreite von Entsendungsrechten und Gestaltungen mit entsendungsrechtsähnlichen Effekten deutlich. Sie reicht aus deutscher Perspektive von nahezu identischen Regeln in Österreich, über solche in Großbritannien, die nahezu unbegrenzt Gestaltungsmöglichkeiten bieten, zu jenen in Frankreich, die Entsendungsrechte überhaupt nicht zulassen. Entsendungsrechte sind demnach *kein nationaler gemeineuropäischer Bestand.*

---

209 Vgl. *Henssler*, Unternehmerische Mitbestimmung in der Societas Europaea, FS Ulmer 2003, 193, 205; *Sonnenberger/Dammann*, Französisches Handels- und Wirtschaftsrecht, III 67.

210 Vgl. *Henssler*, Unternehmerische Mitbestimmung in der Societas Europaea, FS Ulmer 2003, 193, 205; *Sonnenberger/Dammann*, Französisches Handels- und Wirtschaftsrecht, III 67.

211 *Petit*, Droit de sociétés, Rn 323; *Sonnenberger/Dammann*, Französisches Handels- und Wirtschaftsrecht, III 203.

Zugleich wird deutlich, dass jedenfalls in börsennotierten Aktiengesellschaften der *Hauptversammlung potenziell ein wesentlicher Einfluss auf die Verwaltung* erhalten bleiben und nicht durch Entsendungsrechte marginalisiert werden soll. In der österreichischen Aktiengesellschaft kommt dies darin zum Ausdruck, dass Österreich bei der zulässigen Höchstzahl von Entsendungsrechten innerhalb der Rechtsform der AG zwischen börsennotierten und nicht börsennotierten Gesellschaften unterscheidet. In der börsennotierten Aktiengesellschaft soll die Hauptversammlung einen wesentlichen Einfluss auf die Bestellung der Anteilseignervertreter behalten. Bei der britischen Public Limited Company bestehen zwar nur wenige zwingende Vorgaben für die Bestellung von Verwaltungsratsmitgliedern, so dass es für Board Appointment Rights erhebliche Gestaltungsmöglichkeiten gibt. Gleichwohl besteht ein zwingendes Abberufungsrecht der Hauptversammlung, das sich auch auf solche Verwaltungsratsmitglieder bezieht, die nicht von der Hauptversammlung bestellt wurden. Die Hauptversammlung behält dadurch eine wesentliche Rolle im Organgefüge. Das Damoklesschwert der jederzeitigen Abberufungsmöglichkeit dürfte nicht unerheblich auf den Bestellungsvorgang vorwirken. Obgleich Bestellungsrechte von der Hauptversammlung wegverlagert werden können, behält sie jedenfalls über die Abberufungsmöglichkeit indirekt wesentlichen Einfluss auf die Organbesetzung. In der französischen Société Anonyme sind keine Entsendungsrechte oder Gestaltungen mit entsendungsrechtsähnlichen Effekten möglich. Die Bestellung und Abberufung von Verwaltungsrats- und Aufsichtsratsmitgliedern erfolgt zwingend durch die Hauptversammlung. Die Bestellungskompetenz ist somit allein auf die Hauptversammlung konzentriert.

3. Kapitel: **Entsendungsrechte und Sekundärrecht**

§ 6 Entsendungsrechte in der Societas Europaea

Der Blick auf die Societas Europaea (SE), die europäische Aktiengesellschaft, leitet über auf die unionsrechtliche Ebene. Die SE hat sich als feste Größe in der deutschen und europäischen Unternehmenslandschaft etabliert.[1]

I. Regelungsebenen und Verwaltungssysteme

1. Verordnungsrecht und nationales Recht

Die SE-Verordnung (SE-VO)[2] gibt in Bezug auf die Organisationsverfassung in weiten Teilen nur den *Rahmen* vor und verweist bezüglich einer Vielzahl von Einzelfragen auf das jeweilige nationale Recht des Sitzstaates.[3] Das auf die SE anwendbare Recht ist auf fünf Regelungsebenen verteilt, angefangen mit den Bestimmungen der SE-VO, über Satzungsbestimmungen im Fall einer ausdrücklichen Zulassung durch die SE-VO, gefolgt von SE-spezifischem nationalen Recht, dann nationalem Aktienrecht des Sitzstaates und schließlich Satzungsbestimmungen entsprechend dem nationalen Aktienrecht des Sitzstaates (vgl. Art. 9 Abs. 1 SE-VO).[4] Zwingende gesetzliche Vorgaben können also gemeinschaftsrechtlicher oder mitgliedstaatlicher Natur sein und Satzungsbestimmungen der SE können Folge der Ausübung von gemeinschaftsrechtlicher Satzungsautonomie oder von mitgliedstaatlicher Satzungsautonomie sein.[5] Obgleich es deshalb nicht die eine SE gibt, sondern eine Vielzahl von SEs mit jeweils unterschiedlicher nationaler Prägung,[6] ergeben sich unionsrechtliche Vorgaben allein aus der SE-VO.

---

1 Vgl. *Bayer/Hoffmann/Schmidt*, Aktienrecht in Zahlen, 10, 12; *Lutter/Bayer/Schmidt*, Europäisches Unternehmens- und Kapitalmarktrecht, § 41 Rn 9; siehe auch Bericht der Kommission über die Anwendung der SE-Verordnung v. 17.11.2010, KOM(2010) 676 endg.

2 Verordnung (EG) Nr. 2157/2001 des Rates vom 8. Oktober 2001 über das Statut der Europäischen Gesellschaft (SE) (*SE-Verordnung*), ABl. L 294/1 v. 10.11.2001.

3 Vgl. Habersack/Drinhausen/*Drinhausen*, SE, Einl. SE-VO Rn 6; Lutter/Hommelhoff/*Lutter*, SE, Einl. SE-VO, Rn 5; Kalss/Hügel/*Kalss/Greda*, SE, Allg. Teil Rn 12ff.; Manz/Mayer/Schröder/*Schröder*, SE, Art. 9 Rn 6; MünchKomm-AktG/*Schäfer*, Art. 9 SE-VO, Rn 1; Spindler/Stilz/*Casper*, Vor Art. 1 SE-VO Rn 2, „Regelungstorso".

4 Vgl. *Grundmann*, Europäisches Gesellschaftsrecht, Rn 1040ff.; *Lutter/Bayer/Schmidt*, Europäisches Unternehmens- und Kapitalmarktrecht, § 41 Rn 25.

5 Vgl. Kalss/Hügel/*Kalss/Greda*, SE, Allg. Teil Rn 18, 28.

6 Kalss/Hügel/*Kalss/Greda*, SE, Allg. Teil Rn 11.

2. Aufsichts- oder Verwaltungsorgan in der Societas Europaea

Die Organisationsverfassung der SE ist gekennzeichnet durch eine Hauptversammlung und, entsprechend der Festlegung durch die Satzung, entweder von einem dualistischen Verwaltungssystem von Aufsichtsorgan und Leitungsorgan oder einem monistischen System mit Verwaltungsorgan (Art. 38 SE-VO).[7]

Im *dualistischen System* obliegt dem Leitungsorgan in eigener Verantwortung die Geschäftsführung der SE (Art. 39 Abs. 1 Satz 1 SE-VO). Die Vertretung der SE richtet sich nach dem jeweiligen nationalen Recht.[8] Die Geschäftsführung durch das Leitungsorgan wird vom Aufsichtsorgan überwacht (Art. 40 Abs. 1 Satz 1 SE-VO). Es bestellt die Mitglieder des Leitungsorgans und beruft sie ab, wobei die Mitgliedsstaaten vorsehen oder vorschreiben können, dass die Satzung es ermöglicht, die Mitglieder des Leitungsorgans von der Hauptversammlung unter den jeweils für nationale Aktiengesellschaften geltenden Bedingungen zu bestellen und abzuberufen (Art. 39 Abs. 2 SE-VO).

Im *monistischen System* obliegt dem Verwaltungsorgan die Geschäftsführung der SE (Art. 43 Abs. 1 Satz 1 SE-VO). Die Vertretung der SE richtet sich nach dem jeweiligen nationalen Recht.[9]

II. Formen der Bestellung von Mitgliedern des Aufsichts- bzw. Verwaltungsorgans

Die Mitglieder des Aufsichts- bzw. Verwaltungsorgans werden grundsätzlich von der *Hauptversammlung* bestellt (Art. 40 Abs. 2 Satz 1, 43 Abs. 3 Satz 1 SE-VO) und entsprechend dem Recht des Sitzstaates abberufen.[10]

---

7 Vgl. *Grundmann*, Europäisches Gesellschaftsrecht, Rn 1068; *Lutter/Bayer/Schmidt*, Europäisches Unternehmens- und Kapitalmarktrecht, § 41 Rn 94.

8 Habersack/Drinhausen/*Seibt*, SE, Art. 39 SE-VO Rn 10; KölnerKomm-AktG/*Paefgen*, Art. 39 SE-VO Rn 36; Lutter/Hommelhoff/*Seibt*, SE, Art. 39 SE-VO Rn 9; Manz/Mayer/Schröder/*Manz*, SE, Art. 39 SE-VO Rn 17; MünchKomm-AktG/*Reichert/Brandes*, Art. 39 SE-VO Rn 8; Spindler/Stilz/*Eberspächer*, Art. 39 SE-VO Rn 5.

9 Habersack/Drinhausen/*Verse*, SE, Art. 43 SE-VO Rn 17; KölnerKomm-AktG/*Siems*, Art. 43 SE-VO Rn 1, 4; Lutter/Hommelhoff/*Teichmann*, SE, Art. 43 SE-VO Rn 25; Manz/Mayer/Schröder/*Manz*, SE, Art. 43 SE-VO Rn 24; MünchKomm-AktG/*Reichert/Brandes*, Art. 43 SE-VO Rn 6, 8; Spindler/Stilz/*Eberspächer*, Art. 43 SE-VO Rn 19.

10 KölnerKomm-AktG/*Paefgen*, Art. 40 SE-VO Rn 79 bzw. *Siems*, Art. 43 SE-VO, Rn 62; Lutter/Hommelhoff/*Drygala*, Art. 40 Rn 10 bzw. *Teichmann*, Art. 43 SE-VO Rn 50 f.; Manz/Mayer/Schröder/*Manz*, SE, Art. 40 SE-VO Rn 14 bzw. Art. 43 SE-VO Rn 49; MünchKomm-AktG/*Reichert/*

Dies beschränkt sich allerdings auf die Anteilseignervertreter, falls die SE einer *Beteiligung von Arbeitnehmern* unterliegt (Art. 40 Abs. 2 Satz 3, 43 Abs. 3 Satz 3 SE-VO i.V.m. SE-Richtlinie[11]). In diesem Fall kommen Arbeitnehmervertreter hinzu, deren Bestellung und Abberufung sich nach einer entsprechenden Mitbestimmungsvereinbarung (vgl. Art. 4 SE-RL) oder den Auffangregelungen des Rechts des Sitzstaates richtet, die bestimmten Richtlinienvorgaben entsprechen müssen (Art. 7 SE-RL und Anhang).[12]

Daneben bleiben einzelstaatliche Rechtsvorschriften, die einer Minderheit von Aktionären oder anderen Personen oder Stellen die *Bestellung eines Teils der Organmitglieder* erlauben, von der Verordnung unberührt (Art. 47 Abs. 4 SE-VO).

III. Besondere Bestellungsrechte in der Societas Europaea

Indem die SE-VO mit Art. 47 Abs. 4 einzelstaatlichen Rechtsvorschriften Raum gibt, die einer Aktionärsminderheit oder Dritten die Bestellung eines Teils der Organmitglieder erlauben, ermöglicht sie besondere Bestellungsrechte. Ausweislich der Kommissionsbegründung wurde diese Regel im Hinblick auf Gemeinschaftsunternehmen vorgesehen, um dort die Interessenvertretung bei Minderheitsbeteiligungen durch Entsendungsrechte absichern zu können.[13]

Aufgrund dieser Regelungstechnik sind besondere Bestellungsrechte in der SE also weder Ausdruck zwingender gemeinschaftsrechtlicher Vorgaben, noch sind sie Ausdruck der Ausübung gemeinschaftsrechtlicher Satzungsautonomie. Sie sind *Ausdruck mitgliedstaatlichen Rechts* und Folge der Ausübung mitgliedsstaatlicher Satzungsautonomie.

Allerdings bleiben nur solche einzelstaatliche Rechtsvorschriften von der Verordnung unberührt, welche die Bestellung „*eines Teils*" der Organmitglieder „erlauben". In der englischen Fassung heißt es, „national law permitting (...) to appoint some of the members", in der französischen Fassung „législations nationales qui permettent (...) une partie des membres" und in der spanischen

---

Brandes, Art. 40 SE-VO Rn 26 bzw. Art 43 SE-VO Rn 26; Spindler/Stilz/*Eberspächer*, Art. 39 SE-VO Rn 9 bzw. Art 43 SE-VO Rn 31.

11 Richtlinie 2001/86/EG des Rates vom 8. Oktober 2011 zur Ergänzung des Statuts der Europäischen Gesellschaft hinsichtlich der Beteiligung der Arbeitnehmer (*SE-Richtlinie*), ABl. L 294/22 v. 10.11.2001.

12 Vgl. dazu *Grundmann*, Europäisches Gesellschaftsrecht, Rn 1081 ff.; *Lutter/Bayer/Schmidt*, Europäisches Unternehmens- und Kapitalmarktrecht, § 13 Rn 6 ff.

13 Vgl. Manz/Mayer/Schröder/*Manz*, SE, Art. 47 SE-VO Rn 10 und Fn 18 mit Verweis auf Begründung der Kommission zu Art. 69 des Entwurfs von 1989, Bundesratsdrucksache 488/89 vom 13.09.1989.

Fassung „legislaciones nacionales que concedan (...) nombrar a una parte de los miembros". Die Formulierung „erlauben" und ihre sprachlichen Äquivalente machen im regelungstechnischen Zusammenhang betrachtet deutlich, dass hier eine Ausnahme geregelt wird. Die Bestellungskompetenz liegt grundsätzlich bei der Hauptversammlung (Art. 40 Abs. 2 Satz 1, 43 Abs. 3 Satz 1 SE-VO). Besondere Bestellungsrechte stehen hierzu in einer Wechselwirkung (vg. Art. 40 Abs. 2 Satz 3, 43 Abs. 3 Satz 3 SE-VO). Der Sinn und Zweck der einhegenden Formulierung des Art. 47 Abs. 4 SE-VO besteht darin, die Bestellungskompetenz der Hauptversammlung nicht grundsätzlich in Frage zu stellen. Die Frage ist deshalb, wie die Formulierung „eines Teils" und ihre sprachlichen Äquivalente bzw. im Englischen „some", konkret zu verstehen sind. Jedenfalls sind besondere Bestellungsrechte, die sich auf alle Mitglieder des jeweiligen Verwaltungsorgans beziehen, nicht möglich. Welchen Anteil aber ein Teil der Mitglieder in Bezug auf die Gesamtheit der Mitglieder haben darf, ist unklar. Soweit diese Problematik überhaupt thematisiert wird, wird vertreten, dass wenigstens *die Hälfte* der Organmitglieder von der Hauptversammlung bestellt sein muss.[14] Dem ist insoweit zuzustimmen, als dass eine darüber hinausgehende Einräumung von Entsendungsrechten mit dem Grundsatz der Bestellungskompetenz der Hauptversammlung nicht zu vereinbaren wäre und damit dem Sinn und Zweck der einhegenden Formulierung zuwider liefe. Möglicherweise ist die zulässige Höchstgrenze aber auch niedriger anzusetzen, um dem Sinn und Zweck der Regelung gerecht zu werden. Wo genau die Grenze zu ziehen ist, lässt sich nicht allein mit Blick auf die ausgewählten Rechtsordnungen entscheiden, kann hier aber auch dahinstehen. Dass jedenfalls die sich aus den deutschen und österreichischen Regelungen ergebende *Drittelhöchstgrenze* (vgl. § 28 Abs. 2 SEAG i.V.m. § 101 Abs. 2 AktG bzw. § 46 Abs. 3 öSE-Gesetz i.V.m. § 88 ÖAktG) oder die englischen Regelungen, soweit sie diese Grenze nicht überschreiten, für sich genommen zu beanstanden wären, ist nicht ersichtlich. Art. 47 Abs. 4 SE-VO lässt Entsendungsrechte nach § 101 Abs. 2 AktG,[15] Entsendungsrechte nach § 88 ÖAktG und Special Appointment Rights nach dem CA 2006 zu.[16]

---

14 *Czigler*, Die Rechtsprechung zu Golden Shares, 13; a.A. Habersack/Drinhausen/*Drinhausen*, SE, Art. 47 SE-VO Rn 33, wonach die SE-VO gerade nicht regele, wie groß der Teil sein dürfe und sich die Frage deshalb allein nach nationalem Recht richte.

15 Vgl. KölnerKomm-AktG/*Paefgen*, Art. 40 SE-VO Rn 40 bzw. *Siems*, Art. 47 SE-VO Rn 35; *Lutter/Bayer/Schmidt*, Europäisches Unternehmens- und Kapitalmarktrecht, § 41 Rn 127; Lutter/Hommelhoff/*Teichmann*, Art. 47 SE-VO Rn 26, 28; Manz/Mayer/Schröder/*Manz*, SE, Art. 47 SE-VO Rn 20; MünchKomm-AktG/*Reichert/Brandes*, Art. 40 SE-VO Rn 35, Art. 43 SE-VO Rn 38, Art. 47 SE-VO Rn 4, 24, 38; Spindler/Stilz/*Eberspächer*, Art. 47 SE-VO Rn 9.

16 Vgl. Manz/Mayer/Schröder/*Manz*, SE, Art. 47 SE-VO Rn 38, 41.

§ 7 Entsendungsrechte und europäische Durchbrechungsregel

I. Anwendungsbereich der Übernahmerichtlinie

Die Übernahmerichtlinie regelt Übernahmeangebote für Wertpapiere von Gesellschaften, deren Wertpapiere zum Handel an einem geregelten Markt eines Mitgliedstaates zugelassen sind (Art. 1 Abs. 1 ÜRL).[17] Wertpapiere im Sinne der Richtlinie sind nur Wertpapiere, die Stimmrechte in der Gesellschaft verleihen (Art. 2 Abs. 1 lit. e ÜRL). Angebote zum Erwerb von Wertpapieren sind Übernahmeangebote, wenn sie sich an den Erwerb der Kontrolle der Zielgesellschaft anschließen (Pflichtangebote) oder den Erwerb der Kontrolle zum Ziel haben (Art. 2 Abs. 1 lit. a ÜRL). Welcher prozentuale Anteil der Stimmrechte eine Kontrolle im Sinne der Übernahmerichtlinie vermittelt und die Art der Berechnung dieses Anteils richten sich nach den Vorschriften des Mitgliedstaates, in dem die Gesellschaft ihren Sitz hat (Art. 5 Abs. 3 ÜRL).

II. Entsendungsrechte in der Übernahmerichtlinie

Auf Entsendungsrechte kann die europäische Durchbrechungsregel der Übernahmerichtlinie Anwendung finden (Art. 11 Abs. 4 Satz 1 ÜRL). Entsendungsrechte sind darüber hinaus im jährlichen Lagebericht offenzulegen (vgl. Art. 10 Abs. 1 lit. h, Abs. 2 ÜRL). Daraus, dass alle Inhaber von Wertpapieren einer Zielgesellschaft, die der gleichen Gattung angehören, gleich zu behandeln sind (Art. 3 Abs. 1 lit. a Halbs. 1 ÜRL), ergeben sich keine konkreten Vorgaben für Entsendungsrechte. Auch der Sonderfall, dass Entsendungsrechte erst während eines laufenden Übernahmeverfahrens eingeführt werden und die Leitungs- bzw. Verwaltungsorgane der Zielgesellschaft dann die Vorgaben des europäischen Vereitelungsverbots (Art. 9 ÜRL) zu beachten haben, soll hier nicht behandelt werden.

---

17 Vgl zur Bedeutung *Horn*, ELR 18 (2012), 83, 95 („a stepping stone towards the marketisation of corporte control in the EU [...] because it promotes the perception of corporations as commodities").

III. Europäische Durchbrechungsregel für Entsendungsrechte

1. Inhalt

Die europäische Durchbrechungsregel sieht vor, dass statutarische Sonderrechte der Gesellschafter zur Ernennung oder Abberufung der Mitglieder des Leitungs- bzw. Verwaltungsorgans in der ersten Hauptversammlung der Aktionäre nach Angebotsschluss nicht gelten. Voraussetzung ist, dass der Bieter nach einem Angebot über 75 Prozent oder mehr des stimmberechtigten Kapitals verfügt und die Hauptversammlung vom Bieter einberufen wird, um die Satzung zu ändern oder Mitglieder des Leitungs- bzw. Verwaltungsorgans zu ernennen oder abzuberufen (Art. 11 Abs. 4 Satz 1 ÜRL).

Allerdings legen andere Sprachfassungen der Übernahmerichtlinie eine Beschränkung des zeitlichen Anwendungsbereichs auf *die erste Hauptversammlung nach Angebotsschluss* dem Wortlaut nach nicht unmittelbar nahe. Nach den englischen, französischen und spanischen Sprachfassungen finden Entsendungsrechte keine Anwendung, wenn der Bieter nach einem Angebot über 75 Prozent oder mehr des stimmberechtigten Kapitals verfügt.[18] Verschiedene Sprachfassungen einer Vorschrift sind einheitlich auszulegen und falls sie voneinander abweichen, ist die fragliche Vorschrift anhand der allgemeinen Systematik und des Zwecks der Regelung auszulegen, zu der sie gehört.[19] Besondere Bedeutung kommt dabei den der Richtlinie vorangestellten Erwägungsgründen zu. Erwägungsgrund Nr. 19 ÜRL bezieht sich auf die Durchbrechungsregel. Demnach sollen die Mitgliedstaaten die notwendigen Vorkehrungen treffen, damit jeder Bieter die Möglichkeit hat, Mehrheitsbeteiligungen an anderen Gesellschaften zu erwerben und die vollständige Kontrolle über diese auszuüben. In zeitlicher Hinsicht wird ausdrücklich auf die erste Hauptversammlung nach Angebotsschluss abgestellt. Das gilt auch für die englischen, französischen und spanischen Sprachfassungen.[20] Hinzu kommt, dass der Sinn und Zweck der

18 Vgl. exemplarisch die englische Fassung: „Where, following a bid, the offeror holds 75% or more of the capital carrying voting rights, no [...] extraordinary rights of shareholders concerning the appointment or removal of board members provided for in the articles of association of the offeree company shall apply; multiple-vote securities shall carry only one vote each at the first general meeting of shareholders following closure of the bid, called by the offeror in order to amend the articles of association or to remove or appoint board members".

19 Vgl. EuGH, Urt. v. 28.06.2012, C-19/11 (*Daimler AG*), Slg. 2012–0000, Rn 43.

20 Vgl. exemplarisch die englische Fassung: „To that end, [...] extraordinary appointment rights [...] should be removed or suspended [...] when the general meeting of shareholders decides on [...] amendments to articles of association or on the removal or appointment of board members at the first general meeting of shareholders following closure of the bid."

Vorschrift nicht darin bestehen dürfte, auszuschließen, dass ein mit 75 Prozent oder mehr des stimmberechtigten Kapitals ausgestatteter Bieter nach einer Übernahme selbst Entsendungsrechte in der Satzung verankert. Das könnte aber die Konsequenz sein, wenn Entsendungsrechte generell keine Anwendung fänden, sobald ein Bieter über eine derartige Kapitalmehrheit verfügt. Zudem ist eine Begrenzung des zeitlichen Anwendungsbereichs im Hinblick auf betroffene Entsendungsberechtigte wohl auch weniger eingriffsintensiv. Im Ergebnis ist davon auszugehen, dass die Durchbrechungswirkung auf die erste Hauptversammlung beschränkt ist.

Abgesehen davon sind Inhaber von Rechten, die von der Durchbrechungsregel betroffen sind, für entstehende Verluste angemessen zu entschädigen, wobei die Mitgliedstaaten die Kriterien und Form festlegen (Art. 11 Abs. 5 ÜRL).

2. Regelungstechnik

a. Optionsmodell

Die Durchbrechungsregel ist *nicht zwingend*.[21] Die Mitgliedstaaten haben die Möglichkeit, von der Anwendung der Durchbrechungsregel auf Gesellschaften, die ihren Sitz in ihrem Staatsgebiet haben, abzusehen (Art. 12 Abs. 1 ÜRL). In diesem Fall müssen die Mitgliedstaaten den Gesellschaften mit Sitz in ihrem Staatsgebiet aber die Wahlmöglichkeit einräumen, sich durch die Hauptversammlung nach Maßgabe des Rechts des Sitzstaates und im Einklang mit den Vorschriften über die Änderung der Satzung, freiwillig der Durchbrechungsregel zu unterwerfen (Art. 12 Abs. 2 ÜRL). Machen die Mitgliedstaaten von diesem Opt-out-Recht Gebrauch, müssen sie den Gesellschaften gleichzeitig also eine individuelle Opt-in-Möglichkeit einräumen.[22]

Reformbestrebungen hin zu zwingenden Regelungen bestehen derzeit nicht. Die Europäische Kommission hat im Juni 2012 in ihrem Bericht zur Anwendung der Übernahmerichtlinie erklärt, dass eine Umwandlung der freiwilligen Regelungen in verbindliche Vorgaben nicht geplant sei.[23]

---

21 Vgl. *Grundmann*, Europäisches Gesellschaftsrecht, Rn 999 („Kompromisslösung"); eine Umwandlung in verbindliche Vorschriften ist von der Kommission nicht beabsichtigt, vgl. Bericht der Kommission zur Anwendung der Richtlinie 2004/25/EG betreffend Übernahmeangebote v. 28.06. 2012, COM(2012) 347 final, 12; kritisch zum Bericht der Kommission, *Hopt*, EuZW 2014, 401, 402.

22 Näher dazu Assmann/Pötzsch/Schneider/*Krause*/*Pötzsch*/*Stephan*, § 33 Rn 34; KölnerKomm-WpÜG/*Hirte*/ *Heinrich*, Einl. Rn 67 b.

23 Bericht der Kommission über die Anwendung der Richtlinie 2004/25/EG betreffend Übernahmeangebote, 28.06.2012, COM(2012) 347 final, Ziff. 26.

b. Gegenseitigkeitsvorbehalt

Die Mitgliedstaaten können einen Gegenseitigkeitsvorbehalt vorsehen. Sie können Gesellschaften von der Anwendung der Durchbrechungsregel befreien, wenn diese Ziel eines Übernahmeangebots seitens einer Gesellschaft werden, auf die ihrerseits die Durchbrechungsregel keine Anwendung findet oder die von einer solchen Gesellschaft direkt oder indirekt im Sinne des Art. 1 der Konzernabschlussrichtlinie[24] kontrolliert wird (Art. 12 Abs. 3 ÜRL).

c. Bereichsausnahme für Golden Shares

Es bestehen Bereichsausnahmen für echte Golden Shares. Die Durchbrechungsregel findet keine Anwendung, wenn ein *Mitgliedsstaat* Wertpapiere einer Zielgesellschaft hält, die ihm Entsendungsrechte einräumen oder für den Fall, dass einem Mitgliedsstaat aufgrund nationalen Rechts Entsendungsrechte gewährt werden. Allerdings müssen die Golden Shares mit dem Vertrag, insbesondere mit den Grundfreiheiten vereinbar sein (Art. 11 Abs. 7 ÜRL).

IV. Umsetzungen im nationalen Recht

1. Deutsche Umsetzung in § 33b Abs. 2 Satz 1 Nr. 3 WpÜG

In der deutschen Umsetzung ist im Hinblick auf den Anwendungsbereich Kontrolle im Sinne des Übernahmerechts das Halten von mindestens 30 Prozent der Stimmrechte an der Zielgesellschaft (§ 29 Abs. 2 WpÜG).

Deutschland hat sich für ein Opt-out von der Durchbrechungsregel entschieden und Gesellschaften die Möglichkeit eines Opt-in (§ 33b WpÜG) und eines Gegenseitigkeitsvorbehalts (§ 33c WpÜG) eingeräumt. Werden aufgrund der Durchbrechungsregel Rechte entzogen, ist der Bieter zu einer angemessenen Entschädigung in Geld verpflichtet (§ 33b Abs. 5 WpÜG).

Regelungstechnisch erfolgt ein Opt-in, indem *in der Satzung* vorgesehen wird, dass § 33b Abs. 2 WpÜG Anwendung findet (§ 33b Abs. 1 WpÜG). Demnach entfalten Entsendungsrechte im Zeitraum nach Veröffentlichung der Angebotsunterlage in der ersten Hauptversammlung, die auf Verlangen des Bieters einberufen wird, um die Satzung zu ändern oder über die Besetzung der Leitungsorgane der

---

24 Richtlinie 83/349/EWG des Rates vom 13. Juni 1983 aufgrund von Artikel 54 Absatz 3 Buchstabe g) des Vertrages über den konsolidierten Abschluss (*Konzernabschlussrichtlinie*), ABl. L 193/1 v. 18.07.1983.

Gesellschaft zu entscheiden, keine Wirkung, sofern der Bieter nach dem Angebot über mindestens 75 Prozent der Stimmrechte der Zielgesellschaft verfügt (§ 33b Abs. 2 Satz 1 Nr. 3 WpÜG).

Unklar ist, ob Entsendungsrechte bei dieser Gelegenheit auch ohne Zustimmung des Entsendungsberechtigten insgesamt abgeschafft werden können.[25] Die Problematik besteht bei näherer Betrachtung schon bei der vorgelagerten Frage, nämlich ob die Opt-in-Satzungsbestimmung ohne Zustimmung des Entsendungsberechtigten eingeführt werden kann. Diese Frage ist zu verneinen, mithin eine entsprechende Zustimmung des Entsendungsberechtigten erforderlich. Zwar würde die Wirkung der Durchbrechungsregel konterkariert, wenn sie unter einem Zustimmungsvorbehalt des Betroffenen stünde. Die *Einführung* der Durchbrechungsregel erfordert aber einen entsprechenden Opt-in-Beschluss. Durch diesen wird eine Regel für anwendbar erklärt, welche die Abschaffung des Entsendungsrechts ermöglicht. Dass diesbezüglich andere Maßstäbe anzulegen wären, als bei sonstigen Beschlüssen, die das Entsendungsrecht beeinträchtigen, ist nicht ersichtlich.

2. Österreichische Umsetzung in § 27a Abs. 5 ÜbG

Nach der österreichischen Umsetzung liegt, bezogen auf den Anwendungsbereich, Kontrolle im Sinne des Übernahmerechts vor, wenn unmittelbar oder mittelbar eine Beteiligung an einer Zielgesellschaft besteht, die mehr als 30 Prozent der auf die ständig stimmberechtigten Aktien entfallenden Stimmrechte vermittelt (§ 22 Abs. 2 und 3 ÜbG). Die Satzung einer Gesellschaft kann vorsehen, dass dieser Schwellenwert für sie als Zielgesellschaft herabgesetzt wird (§ 27 Abs. 1 Nr. 1 ÜbG).

Auch Österreich hat sich für ein Opt-out von der Durchbrechungsregel entschieden und Gesellschaften die Möglichkeit eines Opt-in eingeräumt (§ 27a ÜbG). Die Möglichkeit eines Gegenseitigkeitsvorbehalts besteht nicht. Eine Entschädigungspflicht des Bieters besteht nur hinsichtlich vertraglicher Übertragungs- und Stimmrechtsbeschränkungen (§ 27a Abs. 6 ÜbG).

Regelungstechnisch erfolgt ein Opt-in auch hier, indem *in der Satzung* vorgesehen wird, dass die Durchbrechungsregeln des § 27a Abs. 3 bis 6 ÜbG anwendbar sind (§ 27a Abs. 1 Satz 1 ÜbG). Dort ist geregelt, dass in Hauptver-

25 Dagegen: *Seibt/Heise*, AG 2006, 301, 314; Steinmeyer/*Steinmeyer*, § 33b Rn 14 und Fn 26; dafür: Haarmann/Schüppen/*Vogel*, § 33b Rn 17; *Verse*, ZIP 2008, 1754 Fn 2; tendenziell wohl auch *Grundmann*, Europäisches Gesellschaftsrecht, Rn 998; differenzierend: Assmann/Pötzsch/Schneider/*Meyer*, § 33b Rn 36, wonach § 33b Abs. 2 Satz 1 Nr. 3 WpÜG den § 35 BGB nur für die betreffende Hauptversammlung verdrängt, jedoch nicht mit dauerhafter Wirkung darüber hinaus.

sammlungen, die innerhalb der ersten sechs Monate nach dem in der Angebotsunterlage vorgesehenen Zeitpunkt für die Abwicklung des Angebots stattfinden und in denen die Satzung geändert oder Mitglieder des Aufsichtsrats abberufen oder gewählt werden sollen, von einzelnen Aktionären entsandte Aufsichtsratsmitglieder abberufen und neue Aufsichtsratsmitglieder gewählt werden können, ohne dass Entsendungsrechte einzelner Aktionäre bestehen (§ 27a Abs. 5 Satz 2 Halbs. 1 ÜbG). Außerdem ist *ausdrücklich* vorgesehen, dass Entsendungsrechte durch Satzungsänderung *ohne Zustimmung* des betroffenen Aktionärs abgeschafft werden können (Art. 27a Abs. 5 Satz 2 Halbs. 2 ÜbG). Ebenfalls ausdrücklich geregelt und zu beachten ist, dass wenn die Opt-in-Satzungsbestimmung durch Satzungsänderung eingeführt werden soll, also nicht bereits in der Gründungssatzung vorgesehen ist, sie der *Zustimmung* derjenigen Aktionäre bedarf, denen ein Entsendungsrecht zukommt (§ 27a Abs. 1 Satz 2 ÜbG).

3. Britische Umsetzung in s 966 (3) (b) CA 2006

In der britischen Umsetzung liegt den Anwendungsbereich betreffend Kontrolle im Sinne des Übernahmerechts vor, wenn jemand über mindestens 30 Prozent der Stimmrechte in der Zielgesellschaft verfügt (UK Takeover Code 9.1.).

Auch Großbritannien hat sich für ein Opt-out von der Durchbrechungsregel entschieden und Gesellschaften die Möglichkeit eines Opt-in eingeräumt (s 966 (1) CA 2006). Die Möglichkeit eines Gegenseitigkeitsvorbehalts besteht nicht. Eine Entschädigungspflicht des Bieters besteht nur hinsichtlich *vertraglicher* Übertragungs- und Stimmrechtsbeschränkungen (s 966 (6) CA 2006).

Regelungstechnisch erfolgt ein Opt-in mittels *Hauptversammlungsbeschluss* entsprechend den Vorschriften über die Änderung der Satzung (vgl. s 21 (1), 283 und 966 (1) CA 2006). Für einen Opt-in-Beschluss gilt die Voraussetzung, dass die Satzung bereits zu diesem Zeitpunkt keine Bestimmungen über mit nach Art. 11 ÜRL unvereinbare Sonderbestellungsrechte enthält (s 966 (3) (b) CA 2006). Da die Erfüllung der statutarischen Vorgaben von Art. 11 ÜRL Voraussetzung für ein Opt-in der Gesellschaft ist, beschränken sich die Rechtsfolgen eines Opt-in auf die *vertraglich* vermittelten Beschränkungswirkungen (vgl. s 968 CA 2006).

In der PLC können Special Appointment Rights zugunsten Dritter bestehen, die nicht Anteilseigner sind.[26] Unklar ist, ob auch solche Special Appointment Rights von der Durchbrechungsregel erfasst werden, da sich die Richtlinie dem

26 Vgl. oben § 5 II 3.

Wortlaut nach nur auf Sonderrechte von Gesellschaftern bezieht. Dies kann hier mangels praktischer Relevanz aber dahinstehen.

4. Französische Rechtslage

Die französische Rechtslage kann hier dahinstehen, da in der französischen SA keine Entsendungsrechte vorgesehen werden können.[27]

5. Rechtsvergleichende Betrachtung

Der rechtsvergleichende Blick auf die nationalen Umsetzungen macht deutlicht, dass die ausgewählten Rechtsordnungen von einer zwingenden Anwendung der Durchbrechungsregel abgesehen haben. Die Gesellschaften können individuell darüber entscheiden, ob sie die Durchbrechungsregel anwenden. Die Möglichkeit eines Gegenseitigkeitsvorbehalts besteht indes nur in Deutschland.

Auffällig ist, dass Österreich die Problematik der Zustimmungsbedürftigkeit im Hinblick auf Sonderrechte *ausdrücklich* geregelt hat, so dass, anders als im deutschen Recht, diesbezüglich keine Unklarheit besteht.

Interessant sind zudem die *unterschiedlichen Regelungstechniken*. Zwar entfaltet der Opt-in-Beschluss im Zeitpunkt der Verabschiedung hier wie da keine unmittelbaren Rechtsfolgen. In der deutschen und österreichischen Ausgestaltung wirkt die Durchbrechung zeitlich aber erst im Anwendungsfall, also nachlaufend. In der britischen Ausgestaltung hingegen bedarf es keiner Durchbrechungswirkung, da schon Voraussetzung für den Opt-in-Beschluss ist, dass die Satzung keine von der Durchbrechungsregel erfassten Regelungen enthält.

V. Verhältnis zur Kapitalverkehrsfreiheit

Im Verhältnis von Übernahmerichtlinie und Kapitalverkehrsfreiheit ist zwischen den nationalen Umsetzungsmaßnahmen und dem Sekundärrecht zu unterscheiden.

Im Hinblick auf nationales Recht erfolgt eine Kontrolle von Maßnahmen in voll bzw. abschließend harmonisierten Regelungsbereichen in erster Linie anhand

---

27 Vgl. oben § 5 III 3.

des Sekundärrechts.[28] Sieht das Sekundärrecht aber lediglich eine Mindestharmonisierung vor, so sind darüber hinausgehende Maßnahmen auch anhand der Grundfreiheiten zu messen.[29] Maßgeblich ist demnach die Integrationstiefe der Harmonisierung.[30] Schon wegen des Optionsmodells handelt es sich bei der Übernamerichtlinie aber nicht um eine abschließende Harmonisierung, so dass darüber hinausgehendes nationales Recht grundsätzlich an der Kapitalverkehrsfreiheit zu messen ist.[31]

Aber auch im Hinblick auf das Sekundärrecht selbst ist eine Kontrolle an den Grundfreiheiten möglich.[32] Nach ständiger EuGH-Rechtsprechung gilt jedenfalls die Warenverkehrsfreiheit auch für Maßnahmen der Gemeinschaftsorgane.[33] Dann könnte etwa problematisch sein, dass die Übernahmerichtlinie lediglich auf ein Optionsmodell setzt.[34] Ebenfalls bedenklich könnte sein, dass die SE-VO Entsendungsrechte zulässt. Es besteht aber nur eine reduzierte Kontrolldichte,[35] so dass der europäische Gesetzgeber einen größeren Handlungsspielraum hat als der nationale Gesetzgeber.[36] Es bestehen keine Anhaltspunkte dafür, dass der Gemeinschaftsgesetzgeber diesen Spielraum bei der SE-Verordnung oder der Übernahmerichtlinie evident überschritten hätte.

---

28 Calliess/Ruffert/*Kingreen*, EUV/AEUV, Art. 34–36 AEUV Rn 18; *Andenas/Gütt/Pannier*, EBLR 16 (2005), 757, 783; *Kainer*, ZHR 168 (2004), 542, 562.

29 Calliess/Ruffert/*Kingreen*, EUV/AEUV, Art. 34–36 AEUV Rn 18; *Andenas/Gütt/Pannier*, EBLR 16 (2005), 757, 783; *Kainer*, ZHR 168 (2004), 542, 560; *Kemperink/Stuyck*, CMLR 45 (2008), 93, 113.

30 Vgl. *Krolop*, in: Riesenhuber, Europäische Methodenlehre, § 19 Rn 20 f.

31 *Andenas/Gütt/Pannier*, EBLR 16 (2005), 757, 785 f.; *Kemperink/Stuyck*, CMLR 45 (2008), 93, 112 f.; tendenziell auch *Lutter/Bayer/Schmidt*, Europäisches Unternehmens- und Kapitalmarktrecht, § 15 Rn 34; a.A. *Pläster*, EWS 2008, 173, 179; *Reichert*, FS K. Schmidt 2009, 1341, 1355 f.

32 *Andenas/Gütt/Pannier*, EBLR 16 (2005), 757, 783 f.; *Drinhausen/Nohlen*, ECL 6 (2009), 14, 15 f.; *Kainer*, ZHR 168 (2004), 542, 564; Streinz/*Sedlaczek/Züger*, EUV/AEUV, Art. 63 AEUV, Rn 14; *Teichmann*, FS Scheuing 2011, 735, 745.

33 Zuletzt EuGH, Urt. v. 12.7.2005, C-154/04 (*Alliance for Natural Health*), Slg. 2005, I-6351, Rn 47 m.w.N.; bereits EuGH, Urt. v. 20.4.1978, Rs. 80 und 81/77 (*Commissionnaires Réunis*), Slg. 1978, 927, Rn 38.

34 Vgl. *Kalss*, in: Hopt/Tzouganatos (Hrsg.), Europäisierung des Handels- und Wirtschaftsrechts, 75, 106 f.

35 *Teichmann*, FS Scheuing 2011, 735, 747 f., 754 („großzügigerer Prüfungsmaßstab"); *Drinhausen/Nohlen*, ECL 6 (2009), 14, 15 f., nur bei offensichtlichen Verstößen; strenger *Kainer*, ZHR 168 (2004), 542, 564.

36 Vgl. *Teichmann*, FS Scheuing 2011, 735, 754 ff.

4. Kapitel: **Entsendungsrechte und Kapitalverkehrsfreiheit**

§ 8 Entsendungsrechte als Golden Shares

Entsendungsrechte spielten in den folgenden EuGH-Entscheidungen zu Golden Shares eine Rolle. Allerdings standen Entsendungsrechte in der Regel nicht im Mittelpunkt der gerichtlichen Auseinandersetzung, sondern verschiedene andere Sonderregeln und -rechte. Die nachfolgende Darstellung fokussiert auf die spezifischen Ausführungen zu Entsendungsrechten.

I. Entsendungsrechte in der EuGH-Rechtsprechung zu Golden Shares

1. Ernennungsrechte im italienischen Privatisierungsgesetz 474/1994

In der Entscheidung *Kommission/Italien – Golden Shares I*[1] ging es um ein italienisches Privatisierungsgesetz (474/1994), das in Bezug auf bestimmte zu privatisierende Unternehmen übersetzt sinngemäß vorsah, „in die Satzungen dieser Gesellschaften [...] vor der Verabschiedung einer Maßnahme, die zum Verlust der Kontrolle über die Gesellschaft führt, durch Entscheidung der außerordentlichen Versammlung eine Bestimmung einzufügen, die dem Schatzminister [...] Sondervollmachten [...] zur Ernennung von mindestens einem oder mehreren Verwaltungsratsmitgliedern“ einräumt.[2] Später wurden entsprechende Sondervollmachten durch ministerpräsidentielle Verfügungen in die Satzung der Ente Nazionale Idrocarburi (ENI) SpA eingefügt und die Servizi Territoriali Est Trentino (STET) SpA und die Telecom Italia SpA dazu verpflichtet, entsprechende Sondervollmachten in ihre Satzungen aufzunehmen.[3]

Die italienische Regierung ist der Auffassung der Kommission, dass diese und andere Bestimmungen mit dem Gemeinschaftsrecht unvereinbar seien, nicht entgegen getreten.[4] Der EuGH stellte fest, dass Italien durch den Erlass des Gesetzes und der Verfügungen gegen die Kapitalverkehrs- und Niederlassungsfreiheit verstoßen hat.[5]

Der EuGH war in der Sache nicht mit unterschiedlichen Auffassungen zur Vereinbarkeit der fraglichen Regeln mit dem Gemeinschaftsrecht konfrontiert,

---

1 EuGH, Urt. v. 23.05.2000, C-58/99 (*Kommission/Italien – Golden Shares I*), Slg. 2000, I-3811.
2 EuGH, Urt. v. 23.05.2000, C-58/99 (*Kommission/Italien – Golden Shares I*), Slg. 2000, I-3811, Rn 3.
3 EuGH, Urt. v. 23.05.2000, C-58/99 (*Kommission/Italien – Golden Shares I*), Slg. 2000, I-3811, Rn 5 f.
4 EuGH, Urt. v. 23.05.2000, C-58/99 (*Kommission/Italien – Golden Shares I*), Slg. 2000, I-3811, Rn 14.
5 EuGH, Urt. v. 23.05.2000, C-58/99 (*Kommission/Italien – Golden Shares I*), Slg. 2000, I-3811, Rn 20.

sondern allein mit der vorgelagerten Frage, ob zwischenzeitlich ergangenen Änderungen vom EuGH zu berücksichtigen waren, mithin also welches der maßgebliche Beurteilungszeitpunkt für das Vorliegen einer Vertragsverletzung ist.[6]

2. Ernennungsrechte in der französischen Elf-Aquitaine-Verordnung

In der Entscheidung *Kommission/Frankreich – Golden Shares II*[7] ging es um Bestimmungen einer französische Rechtsverordnung, die in Bezug auf eine vom Staat gehaltene Sonderaktie der Société nationale Elf-Aquitaine SA übersetzt sinngemäß Folgendes vorsah: „Dem Verwaltungsrat der Gesellschaft gehören zwei durch Dekret bestimmte Vertreter des Staates ohne Stimmrecht an. Ein Vertreter wird auf Vorschlag des Wirtschaftsministers und der zweite auf Vorschlag des Energieministers ernannt“.[8]

Der EuGH referierte dann allerdings nur das Vorbringen der Kommission zu zwei anderen Bestimmungen der Rechtsverordnung, nämlich zu einem Genehmigungsvorbehalt für die Überschreitung bestimmter Beteiligungs- oder Stimmrechtsschwellenwerte sowie zu einem Widerspruchsrecht gegen bestimmte Geschäftsführungsmaßnahmen.[9] Nur diese beiden Regelungen hat der EuGH explizit geprüft und diesbezüglich Verstöße gegen die Kapitalverkehrsfreiheit festgestellt.[10]

3. Entsendungsrechte in den belgischen SNTC- und Distrigaz-Verordnungen

In der Entscheidung *Kommission/Belgien – Golden Shares IV*[11] ging es um belgische Rechtsverordnungen, die in Bezug auf dem Staat gehörende Sonderaktien der Société nationale de transport par canalisations (SNTC) SA und der Société de distribution du gaz (Distrigaz) SA unter anderem auch Folgendes vorgesehen

---

6 Vgl. EuGH, Urt. v. 23.05.2000, C-58/99 (*Kommission/Italien – Golden Shares I*), Slg. 2000, I-3811, Rn 16 ff.

7 EuGH, Urt. v. 04.06.2002, C-483/99 (*Kommission/Frankreich – Golden Shares III*), Slg. 2002, I-4781.

8 EuGH, Urt. v. 04.06.2002, C-483/99 (*Kommission/Frankreich – Golden Shares III*), Slg. 2002, I-4781, Rn 9.

9 EuGH, Urt. v. 04.06.2002, C-483/99 (*Kommission/Frankreich – Golden Shares III*), Slg. 2002, I-4781, Rn 20.

10 EuGH, Urt. v. 04.06.2002, C-483/99 (*Kommission/Frankreich – Golden Shares III*), Slg. 2002, I-4781, Rn 38, 42, 51, 53 f.

11 EuGH, Urt. v. 04.06.2002, C-503/99 (*Kommission/Belgien – Golden Shares IV*), Slg. 2002, I-4809.

haben: „Die Sonderaktie verleiht dem Minister das Recht, zwei Vertreter der bundesstaatlichen Regierung in den Verwaltungsrat [...] zu entsenden. Diese Vertreter der Regierung haben dort beratende Stimme".[12]

Widerrum prüfte der EuGH nur die in den Verordnungen ebenfalls vorgesehenen Widerspruchsrechte betreffend bestimmte Geschäftsführungsmaßnahmen.[13] Er ging diesbezüglich von Beschränkungen des freien Kapitalverkehrs aus, die im Ergebnis aber als gerechtfertigt angesehen wurden.[14]

4. Entsendungsrechte im deutschen VW-Gesetz

In der Entscheidung *Kommission/Deutschland – Golden Shares IX*[15] ging es um das deutsche VW-Gesetz, welches in Bezug auf die VW AG Folgendes vorsah: „Die Bundesrepublik Deutschland und das Land Niedersachen sind berechtigt, je zwei Aufsichtsratsmitglieder in den Aufsichtsrat zu entsenden, solange ihnen Aktien der Gesellschaft gehören".[16] Diese Entsendungsrechte wurde von der Kommission explizit und eigenständig gerügt.[17]

a. Beschränkung

Der EuGH konstatierte eine Abweichung vom allgemeinen Gesellschaftsrecht, da Art. 4 Abs. 1 VW-Gesetz die Entsendung von bis zu vier Aufsichtsratsmitgliedern ermögliche und sich damit von der allgemeinen Vorschrift des § 101 Abs. 2 AktG unterscheide, nach der, bezogen auf den zwanzigköpfigen Aufsichtsrat von VW, lediglich bis zu drei Aufsichtsratsmitglieder von Aktionären hätten entsandt werden können.[18] Es handele sich um ein vom allgemeinen Gesellschaftsrecht

---

12 EuGH, Urt. v. 04.06.2002, C-503/99 (*Kommission/Belgien – Golden Shares IV*), Slg. 2002, I-4809, Rn 9 f.

13 EuGH, Urt. v. 04.06.2002, C-503/99 (*Kommission/Belgien – Golden Shares IV*), Slg. 2002, I-4809, Rn 19.

14 EuGH, Urt. v. 04.06.2002, C-503/99 (*Kommission/Belgien – Golden Shares IV*), Slg. 2002, I-4809, Rn 39 ff., 55, 57.

15 EuGH, Urt. v. 23.10.2007, C-112/05 (*Kommission/Deutschland – Golden Shares IX*), Slg. 2007, I-8995.

16 EuGH, Urt. v. 23.10.2007, C-112/05 (*Kommission/Deutschland – Golden Shares IX*), Slg. 2007, I-8995, Rn 7.

17 EuGH, Urt. v. 23.10.2007, C-112/05 (*Kommission/Deutschland – Golden Shares IX*), Slg. 2007, I-8995, Rn 9, 57 f.

18 EuGH, Urt. v. 23.10.2007, C-112/05 (*Kommission/Deutschland – Golden Shares IX*), Slg. 2007, I-8995, Rn 59 f.

abweichendes Sonderrecht, das in einer nationalen gesetzlichen Maßnahme allein zugunsten öffentlicher Akteure vorgesehen sei.[19] Es verleihe dem Bund und dem Land Niedersachsen die Möglichkeit, sich stärker an der Tätigkeit des Aufsichtsrats zu beteiligen, als es ihr Aktionärsstatus normalerweise zuließe.[20]

Obgleich aktuell der Umfang des Entsendungsrechts des Landes Niedersachsen nicht außer Verhältnis zur seiner derzeitigen Kapitalbeteiligung stehe, bestünden die Entsendungsrechte doch grundsätzlich, ohne dass dabei der Umfang ihrer Beteiligung berücksichtigt würde.[21] Den öffentlichen Akteuren werde somit ermöglicht, einen Einfluss auszuüben, der über ihre Investition hinausgehe und entsprechend könne der Einfluss der anderen Aktionäre hinter ihren eigenen Investitionen zurückbleiben.[22]

Selbst wenn man im Aufsichtsrat kein Entscheidungsorgan sehe, sondern ein Kontrollorgan, ändere dies nichts an der Position und dem Einfluss der öffentlichen Akteure.[23] Denn jedenfalls sei der Aufsichtsrat mit erheblichen Befugnissen ausgestattet, zu denen auch die Bestellung und Abberufung des Vorstands zählten sowie ggf. die Zustimmung für bestimmte Geschäfte.[24]

Unerheblich sei es, dass die Aktien von VW zu den meistgehandelten Aktien in Europa gehörten und sich in großer Zahl in den Händen von Investoren aus anderen Mitgliedstaaten befänden, denn die Vorschrift betreffe eher Direktinvestitionen als Portfolioinvestitionen.[25] Letztere seien von der Klage nicht erfasst.[26] Aber auch der Umstand, dass es unter den Aktionären von Volkswagen eine vergleichbare Zahl von Direktinvestoren wie bei anderen Großunternehmen gebe, vermöge die genannte Feststellung nicht zu berühren.[27] Ohne Belang sei auch, ob

---

19 EuGH, Urt. v. 23.10.2007, C-112/05 (*Kommission/Deutschland – Golden Shares IX*), Slg. 2007, I-8995, Rn 61.

20 EuGH, Urt. v. 23.10.2007, C-112/05 (*Kommission/Deutschland – Golden Shares IX*), Slg. 2007, I-8995, Rn 62.

21 EuGH, Urt. v. 23.10.2007, C-112/05 (*Kommission/Deutschland – Golden Shares IX*), Slg. 2007, I-8995, Rn 63.

22 EuGH, Urt. v. 23.10.2007, C-112/05 (*Kommission/Deutschland – Golden Shares IX*), Slg. 2007, I-8995, Rn 64.

23 EuGH, Urt. v. 23.10.2007, C-112/05 (*Kommission/Deutschland – Golden Shares IX*), Slg. 2007, I-8995, Rn 65.

24 EuGH, Urt. v. 23.10.2007, C-112/05 (*Kommission/Deutschland – Golden Shares IX*), Slg. 2007, I-8995, Rn 65.

25 EuGH, Urt. v. 23.10.2007, C-112/05 (*Kommission/Deutschland – Golden Shares IX*), Slg. 2007, I-8995, Rn 67 i.V.m. 53f.

26 EuGH, Urt. v. 23.10.2007, C-112/05 (*Kommission/Deutschland – Golden Shares IX*), Slg. 2007, I-8995, Rn 67 i.V.m. 53f.

27 EuGH, Urt. v. 23.10.2007, C-112/05 (*Kommission/Deutschland – Golden Shares IX*), Slg. 2007, I-8995, Rn 67 i.V.m. 55.

das Entsendungsrecht tatsächlich ausgeübt werde, denn bereits das Bestehen genüge.[28]

Insgesamt schränke Art. 4 Abs. 1 VW-Gesetz die Möglichkeit für andere Aktionäre ein, sich an der Gesellschaft zu beteiligen, um dauerhafte und direkte Wirtschaftsbeziehungen mit ihr zu schaffen oder aufrechtzuerhalten, die es ermöglichten, sich effektiv an ihrer Verwaltung und ihrer Kontrolle zu beteiligen und sei daher geeignet, Anleger aus anderen Mitgliedstaaten von Direktinvestitionen in das Kapital der Gesellschaft abzuhalten.[29] Art. 4 Abs. 1 VW-Gesetz stelle insoweit eine Beschränkung des freien Kapitalverkehrs dar.[30]

b. Rechtfertigung

Bei der Frage der Rechtfertigung hat der EuGH nicht verschiedene Beschränkungen abgeschichtet und einzeln geprüft.[31] Er stellte vielmehr insgesamt fest, dass nicht erkennbar sei, warum es zum Schutz von Arbeitnehmerinteressen geeignet und erforderlich sein soll, beim Kapital dieses Unternehmens eine stärkere und unabänderbare Position öffentlicher Akteure aufrechtzuerhalten.[32] Zum Entsendungsrecht sei zudem festzustellen, dass nach der deutschen Regelung die Arbeitnehmer bereits selbst im Aufsichtsrat vertreten seien.[33] Eine auf den Arbeitnehmerschutz gestützte Rechtfertigung sei daher nicht möglich.[34]

Ebenso wenig sei erkennbar, warum ein rechtlicher Rahmen, der dem Bund und dem Land Niedersachsen die Möglichkeit eröffne, einen größeren Einfluss auszuüben, als er normalerweise mit ihrer Investition verbunden wäre, zum Schutz der allgemeinen Interessen der Minderheitsaktionäre geeignet oder er-

---

28 EuGH, Urt. v. 23.10.2007, C-112/05 (*Kommission/Deutschland – Golden Shares IX*), Slg. 2007, I-8995, Rn 69.

29 EuGH, Urt. v. 23.10.2007, C-112/05 (*Kommission/Deutschland – Golden Shares IX*), Slg. 2007, I-8995, Rn 66.

30 EuGH, Urt. v. 23.10.2007, C-112/05 (*Kommission/Deutschland – Golden Shares IX*), Slg. 2007, I-8995, Rn 68.

31 EuGH, Urt. v. 23.10.2007, C-112/05 (*Kommission/Deutschland – Golden Shares IX*), Slg. 2007, I-8995, Rn 72ff.

32 EuGH, Urt. v. 23.10.2007, C-112/05 (*Kommission/Deutschland – Golden Shares IX*), Slg. 2007, I-8995, Rn 74.

33 EuGH, Urt. v. 23.10.2007, C-112/05 (*Kommission/Deutschland – Golden Shares IX*), Slg. 2007, I-8995, Rn 75.

34 EuGH, Urt. v. 23.10.2007, C-112/05 (*Kommission/Deutschland – Golden Shares IX*), Slg. 2007, I-8995, Rn 76.

forderlich sein soll.[35] Es könne nicht ausgeschlossen werden, dass diese öffentlichen Akteure ihre Stellung unter bestimmten, besonderen Umständen zur Wahrung von Allgemeininteressen nutzten, die möglicherweise den wirtschaftlichen Interessen der betreffenden Gesellschaft und damit den Interessen der anderen Aktionäre zuwiderliefen.[36]

Schließlich sei auch im Hinblick auf das Allgemeininteresse nicht erkennbar, warum die Beschränkungen für die Erhaltung der durch die Tätigkeit von Volkswagen geschaffenen Arbeitsplätze geeignet und erforderlich sein sollten.[37] Die Beschränkungen seien im Ergebnis nicht gerechtfertigt und somit Verstöße gegen die Kapitalverkehrsfreiheit festzustellen.[38]

c. Zweites EuGH-Urteil

Die spätere Klage der Kommission gemäß Art. 260 Abs. 2 AEUV mit der Begründung, die Bundesrepublik Deutschland habe das VW-Urteil nicht vollständig umgesetzt, betraf keine Entsendungsrechte und wurde vom EuGH Ende 2013 abgewiesen.[39]

5. Bestellungsrechte nach dem italienischen Codice Civile

In der Entscheidung *Federconsumatori u. a. – Golden Shares X*[40] ging es vor allem um Art. 2449 des italienischen Codice Civile, der übersetzt sinngemäß Folgendes vorsah: „Halten der Staat oder öffentliche Einrichtungen Aktien einer Aktiengesellschaft, so kann die Satzung ihnen die Befugnis übertragen, einen oder mehrere Verwaltungsratsmitglieder oder Rechnungsprüfer oder Mitglieder des Aufsichtsrats zu

---

35 EuGH, Urt. v. 23.10.2007, C-112/05 (*Kommission/Deutschland – Golden Shares IX*), Slg. 2007, I-8995, Rn 77f.

36 EuGH, Urt. v. 23.10.2007, C-112/05 (*Kommission/Deutschland – Golden Shares IX*), Slg. 2007, I-8995, Rn 79.

37 EuGH, Urt. v. 23.10.2007, C-112/05 (*Kommission/Deutschland – Golden Shares IX*), Slg. 2007, I-8995, Rn 80.

38 EuGH, Urt. v. 23.10.2007, C-112/05 (*Kommission/Deutschland – Golden Shares IX*), Slg. 2007, I-8995, Rn 81f.; zur nachfolgenden rechtspolitischen Entwicklung, vgl. oben § 4 I 3 a.

39 EuGH, Urt. v. 22.10.2013, C-95/12 (*Kommission/Deutschland – Golden Shares XVIII*), Slg. 2013, I-0000; vgl. dazu *Bayer/Schmidt*, BB 2014, 1219, 1227f.; *Kalss*, EuZW 2013, 948; *Verse/Wiersch*, EuZW 2014, 375.

40 EuGH, Urt. v. 06.12.2007, C-463/04 und C-464/04 (*Federconsumatori u. a. – Golden Shares X*), Slg. 2007, I-10419.

bestellen."[41] Daneben statuierte das Gesetz Nr. 474/1994, dass in die Satzungen zu privatisierender Gesellschaften eine Bestimmung einzufügen ist, wonach die Wahl der Mitglieder des jeweiligen Verwaltungsrats durch eine besondere Listenwahl erfolgt.[42] Der EuGH wurde im Wege des Vorabentscheidungsverfahrens vom italienischen Regionalverwaltungsgericht der Lombardei angerufen, anders also, als bei den übrigen Golden Shares-Fällen, in denen der EuGH im Wege des Vertragsverletzungsverfahrens von der Kommission angerufen wurde. Im Ausgangsverfahren stritten verschiedene Verbraucherschutzvereinigungen und Kleinaktionäre der Azienda Elettrica Milanese (AEM) SpA gegen die Stadt Mailand.[43] Auf einer außerordentlichen Hauptversammlung fassten die Aktionäre den Beschluss, ein ausschließliches Recht der Stadt Mailand einzuführen, wonach diese entsprechend ihrem proportionalen Anteil am Kapital der Gesellschaft bis zu einem Viertel der Mitglieder des Verwaltungsrats unmittelbar bestellen kann.[44] Ebenso wurde der Stadt Mailand in der Satzung das Recht eingeräumt, uneingeschränkt an der Listenwahl der übrigen Verwaltungsratsmitglieder teilzunehmen.[45]

a. Beschränkung

Der EuGH stellte zunächst fest, dass das vorlegende Gericht davon ausgehe, dass die Regelung des Art. 2449 Codice Civile vom allgemeinen Gesellschaftsrecht insoweit abweiche, als sie nicht für alle Anteilseigner, insbesondere private Anteilseigner, eine gleiche Regelung vorsehe und der Gerichtshof diese Prämisse bei der Auslegung zu berücksichtigen habe.[46]

Die Vorschrift biete den öffentlichen Anteilseignern die Möglichkeit, sich stärker an der Tätigkeit des Verwaltungsrats zu beteiligen, als es ihr Aktionärsstatus normalerweise zuließe.[47] Damit sei ein Instrument bereitgestellt, dass es

---

41 EuGH, Urt. v. 06.12.2007, C-463/04 und C-464/04 (*Federconsumatori u. a. – Golden Shares X*), Slg. 2007, I-10419, Rn 3.

42 EuGH, Urt. v. 06.12.2007, C-463/04 und C-464/04 (*Federconsumatori u. a. – Golden Shares X*), Slg. 2007, I-10419, Rn 5.

43 EuGH, Urt. v. 06.12.2007, C-463/04 und C-464/04 (*Federconsumatori u. a. – Golden Shares X*), Slg. 2007, I-10419, Rn 2.

44 EuGH, Urt. v. 06.12.2007, C-463/04 und C-464/04 (*Federconsumatori u. a. – Golden Shares X*), Slg. 2007, I-10419, Rn 9.

45 EuGH, Urt. v. 06.12.2007, C-463/04 und C-464/04 (*Federconsumatori u. a. – Golden Shares X*), Slg. 2007, I-10419, Rn 9.

46 EuGH, Urt. v. 06.12.2007, C-463/04 und C-464/04 (*Federconsumatori u. a. – Golden Shares X*), Slg. 2007, I-10419, Rn 17.

47 EuGH, Urt. v. 06.12.2007, C-463/04 und C-464/04 (*Federconsumatori u. a. – Golden Shares X*), Slg. 2007, I-10419, Rn 23.

ihnen ermögliche, einen Einfluss auszuüben, der über ihre Investition hinausgehe und entsprechend könne der Einfluss der anderen Aktionäre hinter deren Investitionen zurückbleiben.[48]

Vor allem sei darauf hinzuweisen, dass Art. 2449 Codice Civile hinsichtlich der Zahl der zu entsendenden Verwaltungsratsmitglieder grundsätzlich keine Beschränkung vorsehe.[49] Aber auch im Fall der AEM SpA spiele es keine Rolle, dass das städtische Entsendungsrecht tatsächlich nur im Verhältnis zur Kapitalbeteiligung eingeräumt sei.[50] Der Stadt Mailand sei nämlich gleichzeitig ebenfalls das Recht eingeräumt worden, sich ganz normal an der Listenwahl der von ihr nicht unmittelbar bestellten Verwaltungsratsmitglieder zu beteiligen.[51] Dadurch könne die Stadt im Verwaltungsrat über die absolute Mehrheit verfügen, obwohl sie nur eine relative Kapitalmehrheit von 33,4 % halte.[52] Art. 2449 Codice Civile räume in Verbindung mit dem Gesetz zur Listenwahl der Stadt Mailand die Möglichkeit ein, sich stärker an der Tätigkeit des Verwaltungsrats zu beteiligen, als es ihr Aktionärsstatus normalerweise zuließe.[53] Diese nationalen Regelungen seien daher geeignet, Anleger aus anderen Mitgliedstaaten von Direktinvestitionen abzuhalten.[54]

Auch die Tatsache, dass erst die Hauptversammlung das Entsendungsrecht freiwillig und unter normaler Anwendung des allgemeinen Gesellschaftsrechts übertragen habe, schließe das Bestehen einer Beschränkung des freien Kapitalverkehrs nicht aus.[55] Denn nach Art. 2449 Codice Civile könne nur staatlichen Anteilseignern ein Entsendungsrecht eingeräumt werden und da das vorlegende Gericht von der Prämisse ausgehe, dass die mit Art. 2449 Codice Civile aufgestellte Regelung vom allgemeinen Gesellschaftsrecht abweiche, brauche nicht geprüft zu

48 EuGH, Urt. v. 06.12.2007, C-463/04 und C-464/04 (*Federconsumatori u. a. – Golden Shares X*), Slg. 2007, I-10419, Rn 24.

49 EuGH, Urt. v. 06.12.2007, C-463/04 und C-464/04 (*Federconsumatori u. a. – Golden Shares X*), Slg. 2007, I-10419, Rn 25.

50 EuGH, Urt. v. 06.12.2007, C-463/04 und C-464/04 (*Federconsumatori u. a. – Golden Shares X*), Slg. 2007, I-10419, Rn 26.

51 EuGH, Urt. v. 06.12.2007, C-463/04 und C-464/04 (*Federconsumatori u. a. – Golden Shares X*), Slg. 2007, I-10419, Rn 27.

52 EuGH, Urt. v. 06.12.2007, C-463/04 und C-464/04 (*Federconsumatori u. a. – Golden Shares X*), Slg. 2007, I-10419, Rn 27.

53 EuGH, Urt. v. 06.12.2007, C-463/04 und C-464/04 (*Federconsumatori u. a. – Golden Shares X*), Slg. 2007, I-10419, Rn 28.

54 EuGH, Urt. v. 06.12.2007, C-463/04 und C-464/04 (*Federconsumatori u. a. – Golden Shares X*), Slg. 2007, I-10419, Rn 29.

55 EuGH, Urt. v. 06.12.2007, C-463/04 und C-464/04 (*Federconsumatori u. a. – Golden Shares X*), Slg. 2007, I-10419, Rn 30.

werden, wie es sich verhielte, wenn allen, insbesondere privaten Aktionären nach dem genannten Recht die gleiche Möglichkeit zur Bestellung von Verwaltungsratsmitgliedern zustünde.[56] Dass Art. 2449 Codice Civile nicht selbst unmittelbar die Entsendungsrechte eingeräumt habe, sondern erst die Hauptversammlung, ändere nichts am restriktiven Charakter der fraglichen Regelung.[57] Denn unabhängig von der Frage, ob der öffentliche Anteilseigner allein oder nur im Zusammenwirken mit anderen Aktionären eine Satzungsänderung herbeiführen könne, sei entscheidend, dass sich der öffentliche Anteilseigner im Gegensatz zu einem privaten Anteilseigner nur aufgrund der vom allgemeinen Gesellschaftsrecht abweichenden Regelung, das Recht einräumen lassen könne, sich stärker an der Tätigkeit des Verwaltungsrats zu beteiligen, als es sein Aktionärsstatus normalerweise zuließe.[58] Das Entsendungsrecht sei zwar formal gesehen durch Hauptversammlungsbeschluss eingeführt worden, aber dies nur allein aufgrund der gesetzlichen Regelung des Art. 2449 Codice Civile möglich gewesen.[59]

Außerdem sei ein solches Entsendungsrecht zwar nicht unveränderlich, sondern könne grundsätzlich bei einer späteren Neuregelung der Satzung geändert werden, aber es genieße doch einen relativ starken Schutz.[60] Denn mit der Satzung sei eine Kontinuitätsgarantie verbunden, weil eine Satzungsänderung eine qualifizierte Mehrheit der Aktionäre voraussetze.[61] Selbst wenn später der öffentliche Anteilseigner nicht mehr alleine oder zusammen mit anderen über die notwendige Mehrheit verfüge, insbesondere, weil er in der Zwischenzeit seine Beteiligung verringert habe, könne er trotzdem weiterhin das bestehende Entsendungsrecht in Anspruch nehmen.[62] Ein Investor könne nur dann sicher das Entsendungsrecht aufheben, wenn seine Investition so hoch sei, dass er durch sie die für eine Änderung der Satzung der Aktiengesellschaft erforderliche Mehrheit

---

56 EuGH, Urt. v. 06.12.2007, C-463/04 und C-464/04 (*Federconsumatori u. a. – Golden Shares X*), Slg. 2007, I-10419, Rn 31.
57 EuGH, Urt. v. 06.12.2007, C-463/04 und C-464/04 (*Federconsumatori u. a. – Golden Shares X*), Slg. 2007, I-10419, Rn 33.
58 EuGH, Urt. v. 06.12.2007, C-463/04 und C-464/04 (*Federconsumatori u. a. – Golden Shares X*), Slg. 2007, I-10419, Rn 34.
59 EuGH, Urt. v. 06.12.2007, C-463/04 und C-464/04 (*Federconsumatori u. a. – Golden Shares X*), Slg. 2007, I-10419, Rn 38.
60 EuGH, Urt. v. 06.12.2007, C-463/04 und C-464/04 (*Federconsumatori u. a. – Golden Shares X*), Slg. 2007, I-10419, Rn 35.
61 EuGH, Urt. v. 06.12.2007, C-463/04 und C-464/04 (*Federconsumatori u. a. – Golden Shares X*), Slg. 2007, I-10419, Rn 35.
62 EuGH, Urt. v. 06.12.2007, C-463/04 und C-464/04 (*Federconsumatori u. a. – Golden Shares X*), Slg. 2007, I-10419, Rn 35.

erlange.[63] Das aber könne eine Investition verlangen, die weit über das hinausgehe, was der Investor ohne ein solches Bestellungsrecht in der Satzung brauchen würde, um die Möglichkeit zur wirksamen Teilnahme an der Verwaltung oder der Kontrolle der genannten Gesellschaft zu erlangen.[64]

b. Rechtfertigung

Das vorlegende Gericht habe auch zutreffend drauf hingewiesen, dass Art. 2449 Codice Civile die Bestellungsrechte von keiner Voraussetzung abhängig mache und die Beschränkungen daher als nicht gerechtfertigt anzusehen seien.[65] Eine nationale Vorschrift wie Art. 2449 Codice Civile verstoße daher gegen die Kapitalverkehrsfreiheit und zwar schon allein oder wie in den Ausgangsverfahren in Verbindung mit dem Listenwahlgesetz.[66]

6. Ernennungsrechte im italienischen Privatisierungsgesetz 474/1994

In der Entscheidung *Kommission/Italien – Golden Shares XIII*[67] ging es um eine geänderte Fassung des italienischen Privatisierungsgesetzes 474/1994, mit welchem der EuGH vor dessen Änderung schon einmal befasst war. Darin befand sich nun auch eine Bestimmung, wonach übersetzt sinngemäß bei zu privatisierenden Gesellschaften vor Verlust der Kontrolle in die Satzung ein Sonderrecht zur „Ernennung eines Verwaltungsratsmitglieds ohne Stimmrecht" durch Beschluss der Hauptversammlung einzufügen war.[68] Entsprechende Klauseln fanden sich u. a. in

---

63 EuGH, Urt. v. 06.12.2007, C-463/04 und C-464/04 (*Federconsumatori u. a. – Golden Shares X*), Slg. 2007, I-10419, Rn 36.

64 EuGH, Urt. v. 06.12.2007, C-463/04 und C-464/04 (*Federconsumatori u. a. – Golden Shares X*), Slg. 2007, I-10419, Rn 36.

65 EuGH, Urt. v. 06.12.2007, C-463/04 und C-464/04 (*Federconsumatori u. a. – Golden Shares X*), Slg. 2007, I-10419, Rn 42.

66 EuGH, Urt. v. 06.12.2007, C-463/04 und C-464/04 (*Federconsumatori u. a. – Golden Shares X*), Slg. 2007, I-10419, Rn 43; Daraufhin wurde Art. 2449 Codice Civile durch das Gesetz 25/2/2008 n. 34 vom 25. Februar 2008 geändert. Demnach müssen Entsendungsrechte im Verhältnis zur Beteiligung am Gesellschaftskapital stehen und außerdem gilt die Vorschrift nur noch für Aktiengesellschaften, die sich nicht des Risikokapitalmarkts bedienen.

67 EuGH, Urt. v. 26.03.2009, C-326/07 (*Kommission/Italien – Golden Shares XIII*), Slg. 2009, I-2291.

68 EuGH, Urt. v. 26.03.2009, C-326/07 (*Kommission/Italien – Golden Shares XIII*), Slg. 2009, I-2291, Rn 3 f.

den Satzungen der ENI SpA, Telecom Italia SpA, Ente nazionale per l'energia elettrica (Enel) SpA und Finmeccanica SpA.[69]

Die Kommission hat hier allerdings nicht etwa das Entsendungsrecht und andere Sonderrechte als solche angegriffen, sondern sich auf die Kriterien der Ausübung der Einspruchs- und Vetorechte konzentriert, die sie für nicht ausreichend klar und im Ergebnis für untauglich hielt, um damit Beschränkungen zu rechtfertigen.[70]

Der EuGH hat dann auch lediglich die Ausübungskriterien als Klagegegenstand betrachtet und geprüft.[71] Diese galten aber nur für die Einspruchs- und Vetorechte, nicht aber für die Entsendungsrechte.[72]

7. Zustimmungserfordernisse in der portugiesischen PT-Verordnung

In der Entscheidung *Kommission/Portugal – Golden Shares XIV*[73] ging es um die privatisierte Portugal Telecom (PT) SA. In der Verordnung zur Privatisierung der PT SA (Nr. 44/95) war übersetzt sinngemäß Folgendes vorgesehen: „Sofern der Gesellschaftsvertrag [...] mit Sonderrechten verbundene Aktien vorsieht, die keine Dividendensonderaktien sind, müssen diese Aktien mehrheitlich vom Staat oder anderen öffentlichen Anteilseignern gehalten werden".[74] Im Zuge der Privatisierung und zu einem Zeitpunkt, als der portugiesische Staat 54,2% des Gesellschaftskapitals hielt, beschloss die Hauptversammlung eine Satzung, wonach sich das Gesellschaftskapital aus einer Vielzahl von Stammaktien und 500 Aktien der Kategorie A zusammensetzt.[75] Letztere mussten laut Satzung mehrheitlich vom Staat oder anderen öffentlichen Anteilseignern gehalten werden und mit diesen

69 EuGH, Urt. v. 26.03.2009, C-326/07 (*Kommission/Italien – Golden Shares XIII*), Slg. 2009, I-2291, Rn 5.

70 EuGH, Urt. v. 26.03.2009, C-326/07 (*Kommission/Italien – Golden Shares XIII*), Slg. 2009, I-2291, Rn 11ff.

71 Vgl. EuGH, Urt. v. 26.03.2009, C-326/07 (*Kommission/Italien – Golden Shares XIII*), Slg. 2009, I-2291, Rn 30f.

72 Vgl. EuGH, Urt. v. 26.03.2009, C-326/07 (*Kommission/Italien – Golden Shares XIII*), Slg. 2009, I-2291, Rn 7.

73 EuGH, Urt. v. 08.07.2010, C-171/08 (*Kommission/Portugal – Golden Shares XIV*), Slg. 2010, I-6817.

74 EuGH, Urt. v. 08.07.2010, C-171/08 (*Kommission/Portugal – Golden Shares XIV*), Slg. 2010, I-6817, Rn 3.

75 EuGH, Urt. v. 08.07.2010, C-171/08 (*Kommission/Portugal – Golden Shares XIV*), Slg. 2010, I-6817, Rn 4, 9.

Aktien waren laut Satzung bestimmte Sonderrechte verbunden.[76] Darunter befanden sich auch drei Regelungen mit entsendungsrechtsähnlichen Wirkungen. In Bezug auf den Verwaltungsrat hießt es sinngemäß: „Mindestens ein Drittel aller Verwaltungsratsmitglieder einschließlich des Präsidenten des Verwaltungsrats muss mit der Mehrheit der mit den Aktien der Kategorie A verbundenen Stimmen, d.h. mit den Stimmen des Staates und der anderen öffentlichen Anteilseigner, gewählt werden".[77] Im Hinblick auf den Vorstand hieß es weiter: „Von den fünf bzw. sieben Mitgliedern des Vorstands, der aus der Mitte des Verwaltungsrats gewählt wird, müssen ein bzw. zwei Mitglieder jeweils mit der Mehrheit der mit den Aktien der Kategorie A verbundenen Stimmen gewählt werden" und außerdem ist „für die Ernennung von mindestens einem der gewählten Verwaltungsratsmitglieder zur Wahrnehmung bestimmter besonderer Verwaltungsaufgaben [...] die Mehrheit der mit den Aktien der Kategorie A verbundenen Stimmen erforderlich".[78] Neben diesen personellen Komponenten sah die Satzung auch vor, dass bestimmte Beschlüsse der Hauptversammlung, darunter solche zur Satzungsänderung, nicht gegen die Mehrheit der mit den Aktien der Kategorie A verbundenen Stimmen angenommen werden können.[79]

a. Beschränkung

Der EuGH sah die Ausgabe dieser Aktien als dem Staat zurechenbar an, weil die entsprechenden Satzungsbestimmungen unmittelbar nach Erlass der genannten Verordnung erlassen worden seien und vor allem zu einer Zeit, als die Portugiesische Republik eine Mehrheitsbeteiligung am Gesellschaftskapital von PT gehalten und somit eine Kontrolle über diese Gesellschaft ausgeübt habe.[80] Deshalb sei davon auszugehen, dass die Portugiesische Republik selbst zum einen in ihrer Eigenschaft als Gesetzgeber die Ausgabe von Sonderaktien bei PT genehmigt und zum anderen in ihrer Eigenschaft als Behörde beschlossen habe, Sonderaktien bei PT

---

76 EuGH, Urt. v. 08.07.2010, C-171/08 (*Kommission/Portugal – Golden Shares XIV*), Slg. 2010, I-6817, Rn 5.

77 EuGH, Urt. v. 08.07.2010, C-171/08 (*Kommission/Portugal – Golden Shares XIV*), Slg. 2010, I-6817, Rn 6.

78 EuGH, Urt. v. 08.07.2010, C-171/08 (*Kommission/Portugal – Golden Shares XIV*), Slg. 2010, I-6817, Rn 6.

79 EuGH, Urt. v. 08.07.2010, C-171/08 (*Kommission/Portugal – Golden Shares XIV*), Slg. 2010, I-6817, Rn 6.

80 EuGH, Urt. v. 08.07.2010, C-171/08 (*Kommission/Portugal – Golden Shares XIV*), Slg. 2010, I-6817, Rn 53, 56.

einzuführen und dem Staat zuzuteilen sowie die mit diesen Aktien verliehen Sonderrechte festzulegen.[81]

Außerdem sei die Ausgabe der Vorzugsaktien nicht auf eine normale Anwendung des Gesellschaftsrechts zurückzuführen, da die Vorzugsaktien, die abweichend vom portugiesischen Gesellschaftsrecht bei PT eingeführt worden seien, auf Dauer dem Staat gehören sollten und daher nicht übertragbar seien.[82] Die nationalen Rechtsvorschriften ergäben in Verbindung mit der Satzung eine Regelung von restriktiver Natur.[83] Denn damit seien auch wichtige Entscheidungen betreffend die Verwaltung der Gesellschaft von der Zustimmung des portugiesischen Staates abhängig.[84] Dieser Einfluss könne nur gemindert werden, wenn der portugiesische Staat selbst zustimme, da jede Satzungsänderung auch einer Mehrheit der mit den Aktien der Kategorie A verbundenen Stimmen bedürfe.[85]

Im Ergebnis sei der Besitz von Sonderaktien durch den portugiesischen Staat, soweit er diesem eine Einflussnahme auf die Verwaltung von PT verleihe, die nicht durch den Umfang seiner Beteiligung an PT gerechtfertigt sei, geeignet, Wirtschaftsteilnehmer anderer Mitgliedstaaten davon abzuhalten, Direktinvestitionen in PT zu tätigen, da sie an der Verwaltung und der Kontrolle dieser Gesellschaft nicht entsprechend dem Wert ihrer Beteiligungen mitwirken könnten.[86] Der EuGH stellte insoweit eine Beschränkung fest.[87]

Die fraglichen Maßnahmen entsprächen auch nicht den Regelungen über Verkaufsmodalitäten im Sinne der Keck-Rechtsprechung.[88] Denn die vorliegenden Regelungen seien zwar unterschiedslos sowohl auf Gebietsansässige als auch auf Gebietsfremde anwendbar, doch berührten sie die Situation des Erwerbs einer Beteiligung als solche und seien daher geeignet, Anleger aus anderen Mitglied-

81 EuGH, Urt. v. 08.07.2010, C-171/08 (*Kommission/Portugal – Golden Shares XIV*), Slg. 2010, I-6817, Rn 54.

82 EuGH, Urt. v. 08.07.2010, C-171/08 (*Kommission/Portugal – Golden Shares XIV*), Slg. 2010, I-6817, Rn 55.

83 EuGH, Urt. v. 08.07.2010, C-171/08 (*Kommission/Portugal – Golden Shares XIV*), Slg. 2010, I-6817, Rn 57.

84 EuGH, Urt. v. 08.07.2010, C-171/08 (*Kommission/Portugal – Golden Shares XIV*), Slg. 2010, I-6817, Rn 58.

85 EuGH, Urt. v. 08.07.2010, C-171/08 (*Kommission/Portugal – Golden Shares XIV*), Slg. 2010, I-6817, Rn 59.

86 EuGH, Urt. v. 08.07.2010, C-171/08 (*Kommission/Portugal – Golden Shares XIV*), Slg. 2010, I-6817, Rn 60.

87 EuGH, Urt. v. 08.07.2010, C-171/08 (*Kommission/Portugal – Golden Shares XIV*), Slg. 2010, I-6817, Rn 62.

88 EuGH, Urt. v. 08.07.2010, C-171/08 (*Kommission/Portugal – Golden Shares XIV*), Slg. 2010, I-6817, Rn 65.

staaten von solchen Investitionen abzuhalten und damit den Marktzugang zu beeinflussen.[89]

b. Rechtfertigung

Zwar habe Portugal als Rechtfertigungsgrund die öffentliche Sicherheit der Verfügbarkeit des Telekommunikationsnetzes im Krisen-, Kriegs- oder Terrorfall geltend gemacht,[90] allerdings ohne näher die Gründe darzulegen, weshalb der staatliche Besitz von Sonderaktien in dieser Hinsicht geeignet sein könnte, um Beeinträchtigungen der Sicherheit zu verhindern.[91] Zur Verhältnismäßigkeit stellte er fest, dass die Ausübung der Sonderrechte keiner Bedingung unterworfen sei und weder Gesetz noch Satzung Kriterien hinsichtlich der Umstände festlegten, unter denen diese Sonderrechte ausgeübt werden könnten.[92] Portugal habe daher im Ergebnis gegen die Kapitalverkehrsfreiheit verstoßen.[93]

c. Niederlassungsfreiheit

Soweit die fraglichen Maßnahmen auch zu Beschränkungen der Niederlassungsfreiheit führten, seien solche Beschränkungen die unmittelbare Folge der vorstehend geprüften Hindernisse für den freien Kapitalverkehr, mit denen sie untrennbar verbunden seien und da ein Verstoß gegen die Kapitalverkehrsfreiheit festgestellt worden sei, brauchten die fraglichen Maßnahmen somit nicht gesondert im Lichte der Niederlassungsfreiheit geprüft zu werden.[94]

---

89 EuGH, Urt. v. 08.07.2010, C-171/08 (*Kommission/Portugal – Golden Shares XIV*), Slg. 2010, I-6817, Rn 67.

90 EuGH, Urt. v. 08.07.2010, C-171/08 (*Kommission/Portugal – Golden Shares XIV*), Slg. 2010, I-6817, Rn 72.

91 EuGH, Urt. v. 08.07.2010, C-171/08 (*Kommission/Portugal – Golden Shares XIV*), Slg. 2010, I-6817, Rn 74.

92 EuGH, Urt. v. 08.07.2010, C-171/08 (*Kommission/Portugal – Golden Shares XIV*), Slg. 2010, I-6817, Rn 75f.

93 EuGH, Urt. v. 08.07.2010, C-171/08 (*Kommission/Portugal – Golden Shares XIV*), Slg. 2010, I-6817, Rn 78.

94 EuGH, Urt. v. 08.07.2010, C-171/08 (*Kommission/Portugal – Golden Shares XIV*), Slg. 2010, I-6817, Rn 80.

8. Ersetzungsrecht in der portugiesischen EDP-Verordnung

In der Entscheidung *Kommission/Portugal – Golden Shares XV*[95] ging es um die privatisierte Energias de Portugal (EDP) SA. In der Verordnung zur Privatisierung der EDP SA (Nr. 141/200) war sinngemäß Folgendes vorgesehen: „Solange er Aktionär der Gesellschaft [...] ist, hat der Staat, wenn er gegen den bei der Wahl der Verwaltungsratsmitglieder erfolgreichen Vorschlag stimmt, [...] das Recht, ein Verwaltungsratsmitglied zu bestimmen, das die Person, die die wenigsten Stimmen von der Liste der erfolgreichen Kandidaten erhalten hat, oder bei Stimmengleichheit die Person, die an letzter Stelle auf der Liste steht, automatisch ersetzt".[96] Sinngemäß hieß es weiter, dass dieses Recht den Minderheitsaktionären nach Art. 392 des portugiesischen Gesetzbuchs über Handelsgesellschaften gewährten ähnlichen Rechten vorgeht.[97]

a. Beschränkung

Der EuGH führte aus, dass das Ersetzungsrecht eine Beschränkung des freien Kapitalverkehrs darstelle, da ein solches in einer nationalen gesetzlichen Maßnahme allein zugunsten öffentlicher Akteure vorgesehenes Sonderrecht eine Abweichung vom allgemeinen Gesellschaftsrecht darstelle.[98] Er ergänzt, zwar könne diese Befugnis durch Gesetz als qualifiziertes Minderheitsrecht gewährt werden, sie müsse in diesem Fall jedoch allen Aktionären zugänglich sein und dürfe nicht ausschließlich dem Staat vorbehalten werden.[99] Das Ersetzungsrecht sei dazu geeignet, Direktinvestoren aus anderen Mitgliedstaaten davon abzuhalten, in das Kapital dieser Gesellschaft zu investieren.[100]

Die Maßnahmen entsprächen auch nicht den Regelungen über Verkaufsmodalitäten im Sinne der Keck-Rechtsprechung, denn sie seien zwar unterschiedslos sowohl auf Gebietsansässige als auch auf Gebietsfremde anwendbar, doch berührten sie die Situation des Erwerbs einer Beteiligung als solche und seien daher

95 EuGH, Urt. v. 11.11.2010, C-543/08 (*Kommission/Portugal – Golden Shares XV*), Slg. 2010, I-11241.
96 EuGH, Urt. v. 11.11.2010, C-543/08 (*Kommission/Portugal – Golden Shares XV*), Slg. 2010, I-11241, Rn 9.
97 EuGH, Urt. v. 11.11.2010, C-543/08 (*Kommission/Portugal – Golden Shares XV*), Slg. 2010, I-11241, Rn 9.
98 EuGH, Urt. v. 11.11.2010, C-543/08 (*Kommission/Portugal – Golden Shares XV*), Slg. 2010, I-11241, Rn 62.
99 EuGH, Urt. v. 11.11.2010, C-543/08 (*Kommission/Portugal – Golden Shares XV*), Slg. 2010, I-11241, Rn 62.
100 EuGH, Urt. v. 11.11.2010, C-543/08 (*Kommission/Portugal – Golden Shares XV*), Slg. 2010, I-11241, Rn 64.

geeignet, Anleger aus anderen Mitgliedstaaten von solchen Investitionen abzuhalten und damit den Marktzugang zu beeinflussen.[101]

Die Beschränkungswirkung könne auch nicht dadurch in Frage gestellt werden, dass die Aktien zu den meistgekauften an der Börse von Lissabon gehörten, ein großer Teil von ihnen sich im Besitz ausländischer Anleger befände und es unter den Aktionären von EDP eine Reihe von Direktinvestoren gebe.[102]

b. Rechtfertigung

Die Ausführungen zur Rechtfertigungsebene waren nahezu identisch mit den Ausführungen zur Rechtfertigungsebene in der vorherigen Entscheidung, wobei Portugal sich diesmal als Rechtfertigungsgrund auf die öffentliche Sicherheit der Energieversorgung berief.[103]

c. Niederlassungsfreiheit

Soweit die fraglichen Maßnahmen auch zu Beschränkungen der Niederlassungsfreiheit führten, seien solche Beschränkungen die unmittelbare Folge der vorstehend geprüften Hindernisse für den freien Kapitalverkehr, mit denen sie untrennbar verbunden seien und da ein Verstoß gegen die Kapitalverkehrsfreiheit festgestellt worden sei, brauchten die fraglichen Maßnahmen somit nicht gesondert im Lichte der Niederlassungsfreiheit geprüft zu werden.[104]

9. Veto- bzw. Bestätigungsrecht in den portugiesischen GALP-Verordnungen

In der Entscheidung *Kommission/Portugal – Golden Shares XVI*[105] ging es um die Verordnung zur Privatisierung der Galp Energia SGPS (GALP) SA (Nr. 261-A/99), welche die Möglichkeit der Schaffung von Sonderaktien (Aktien der Kategorie A) vorsah, die mehrheitlich von öffentlichen Einrichtungen gehalten werden müssen

---

101 EuGH, Urt. v. 11.11.2010, C-543/08 (*Kommission/Portugal – Golden Shares XV*), Slg. 2010, I-11241, Rn 66, 68.

102 EuGH, Urt. v. 11.11.2010, C-543/08 (*Kommission/Portugal – Golden Shares XV*), Slg. 2010, I-11241, Rn 69, 71.

103 EuGH, Urt. v. 11.11.2010, C-543/08 (*Kommission/Portugal – Golden Shares XV*), Slg. 2010, I-11241, Rn 84, 87, 90 f., 97.

104 EuGH, Urt. v. 11.11.2010, C-543/08 (*Kommission/Portugal – Golden Shares XV*), Slg. 2010, I-11241, Rn 99.

105 EuGH, Urt. v. 10.11.2011, C-212/09 (*Kommission/Portugal – Golden Shares XVI*), Slg. 2011, I-10889.

und auch „ein Vetorecht bei der Berufung einer Zahl von Verwaltungsratsmitgliedern [verleihen], die höchstens einem Drittel der Gesamtzahl entspricht."[106] Ebenfalls dort vorgesehen waren Vetorechte bei Satzungsänderungen.[107] Eine andere Verordnung zur Privatisierung der GALP SA (Nr. 137-A/99) enthielt im Anhang den Text der Satzung der GALP, der auch Folgendes vorsah: „Die Wahl des Vorsitzenden des Verwaltungsrats kann nur mit der Mehrheit der mit den Aktien der Kategorie A verbundenen Stimmrechte bestätigt werden."[108] Bestimmte wichtige Entscheidungen des Verwaltungsrates unterlagen darüber hinaus einem Zustimmungsvorbehalt des Verwaltungsratsvorsitzenden.[109] Die Aktien der Kategorie A wurden von der im staatlichen Alleinbesitz befindlichen Bank Caixa Geral de Depósitos (CGD) SA gehalten, die darüber hinaus mit anderen Aktionären der GALP eine Aktionärsvereinbarung geschlossen hatte, aufgrund derer die CGD SA ein Verwaltungsratsmitglied bestimmt, das zwingend Vorsitzender des Verwaltungsrats der GALP SA ist.[110]

a. Beschränkung

Zu der Frage, ob eine staatliche Maßnahme vorliegt, betonte der EuGH, dass die Satzung zu einer Zeit errichtet worden sei, als der portugiesische Staat die Mehrheit am Gesellschaftskapital von GALP gehalten habe und parallel dazu von Gesetzes wegen ein Vetorecht bei Satzungsänderungen vorgesehen worden sei, weshalb die Klausel über das Recht zur Bestimmung des Verwaltungsratsvorsitzenden nicht mehr ohne Zustimmung des Staates aufgehoben werden könne.[111] Außerdem diene die CGD Bank als Mittlerin des Staates.[112] Schließlich habe der Staat zum einen über den nationalen Gesetzgeber die Schaffung von Sonderaktien am Gesellschaftskapital von GALP gestattet und zum anderen in der Eigenschaft

106 EuGH, Urt. v. 10.11.2011, C-212/09 (*Kommission/Portugal – Golden Shares XVI*), Slg. 2011, I-10889, Rn 4ff.

107 EuGH, Urt. v. 10.11.2011, C-212/09 (*Kommission/Portugal – Golden Shares XVI*), Slg. 2011, I-10889, Rn 6.

108 EuGH, Urt. v. 10.11.2011, C-212/09 (*Kommission/Portugal – Golden Shares XVI*), Slg. 2011, I-10889, Rn 10.

109 EuGH, Urt. v. 10.11.2011, C-212/09 (*Kommission/Portugal – Golden Shares XVI*), Slg. 2011, I-10889, Rn 11.

110 EuGH, Urt. v. 10.11.2011, C-212/09 (*Kommission/Portugal – Golden Shares XVI*), Slg. 2011, I-10889, Rn 12, 51.

111 EuGH, Urt. v. 10.11.2011, C-212/09 (*Kommission/Portugal – Golden Shares XVI*), Slg. 2011, I-10889, Rn 50.

112 EuGH, Urt. v. 10.11.2011, C-212/09 (*Kommission/Portugal – Golden Shares XVI*), Slg. 2011, I-10889, Rn 51.

als Träger öffentlicher Gewalt beschlossen, Sonderaktien einzuführen, sie dem Staat zuzuweisen und die mit ihnen verbundenen Sonderrechte festzulegen.[113] Außerdem gehe die Schaffung des Rechts des Staates zur Bestimmung des Verwaltungsratsvorsitzenden von GALP nicht auf eine normale Anwendung des Gesellschaftsrechts zurück, sondern es handele sich um ein vom allgemeinen Gesellschaftsrecht abweichendes Sonderrecht, das in einer nationalen gesetzlichen Maßnahme allein zugunsten öffentlicher Akteure vorgesehen sei.[114] Das portugiesische Gesetzbuch über Handelsgesellschaften untersage es ausdrücklich, das Recht zur Berufung mancher Verwaltungsratsmitglieder bestimmten Aktienkategorien zuzuweisen.[115] Das Recht zur Bestimmung des Verwaltungsratsvorsitzenden sei daher der Portugiesischen Republik zurechenbar.[116] Es stelle eine Beschränkung des freien Kapitalverkehrs dar, da ein solches in einer nationalen gesetzlichen Maßnahme allein zugunsten öffentlicher Akteure vorgesehenes Sonderrecht eine Abweichung vom allgemeinen Gesellschaftsrecht darstelle.[117]

Weiter führte der EuGH aus, dass diese Befugnis zwar durch Gesetz als qualifiziertes Minderheitsrecht gewährt werden könne, sie müsse dann jedoch allen Aktionären offenstehen und dürfe nicht ausschließlich dem Staat vorbehalten werden.[118] Das Recht sei dazu geeignet, Direktinvestoren aus anderen Mitgliedstaaten davon abzuhalten, in das Kapital dieser Gesellschaft zu investieren.[119]

Die Maßnahmen entsprächen auch nicht den Regelungen über Verkaufsmodalitäten im Sinne der Keck-Rechtsprechung, denn sie seien zwar unterschiedslos sowohl auf Gebietsansässige als auch auf Gebietsfremde anwendbar, doch berührten sie die Situation des Erwerbs einer Beteiligung als solche und seien daher

---

113 EuGH, Urt. v. 10.11.2011, C-212/09 (*Kommission/Portugal – Golden Shares XVI*), Slg. 2011, I-10889, Rn 52.

114 EuGH, Urt. v. 10.11.2011, C-212/09 (*Kommission/Portugal – Golden Shares XVI*), Slg. 2011, I-10889, Rn 53.

115 EuGH, Urt. v. 10.11.2011, C-212/09 (*Kommission/Portugal – Golden Shares XVI*), Slg. 2011, I-10889, Rn 7, 53.

116 EuGH, Urt. v. 10.11.2011, C-212/09 (*Kommission/Portugal – Golden Shares XVI*), Slg. 2011, I-10889, Rn 54.

117 EuGH, Urt. v. 10.11.2011, C-212/09 (*Kommission/Portugal – Golden Shares XVI*), Slg. 2011, I-10889, Rn 59.

118 EuGH, Urt. v. 10.11.2011, C-212/09 (*Kommission/Portugal – Golden Shares XVI*), Slg. 2011, I-10889, Rn 59.

119 EuGH, Urt. v. 10.11.2011, C-212/09 (*Kommission/Portugal – Golden Shares XVI*), Slg. 2011, I-10889, Rn 60.

geeignet, Anleger aus anderen Mitgliedstaaten von solchen Investitionen abzuhalten und damit den Marktzugang zu beeinflussen.[120]

Die Beschränkungswirkung könne auch nicht dadurch in Frage stellt werden, dass ein großer Teil der Aktien der Gesellschaft sich im Besitz ausländischer Anleger befinde und es unter den Aktionären von EDP Direktinvestoren gebe.[121]

b. Rechtfertigung

Die Ausführungen zur Rechtfertigungsebene waren nahezu identisch mit den Ausführungen zur Rechtfertigungsebene in der vorherigen Entscheidung.[122]

10. Zusammenfassung

Der EuGH hat bei der Prüfung der verschiedenen Entsendungsrechte jeweils ausgeführt, dass es sich um *Sonderrecht* handele, welches in nationalen gesetzlichen Maßnahmen allein zugunsten *öffentlicher* Akteure vorgesehenen sei und insoweit eine *Abweichung* vom allgemeinen Gesellschaftsrecht darstelle.[123] Dadurch hätten öffentliche Akteure die Möglichkeit gehabt, sich stärker an der Tätigkeit des Verwaltungs- bzw. Aufsichtsrats zu beteiligen, als es ihr Aktionärsstatus *normalerweise* zuließe.[124] Wegen der ihnen eingeräumten Möglichkeit einen Einfluss auszuüben, der über ihre Investition hinausgehe, könne der Einfluss der übrigen Aktionäre hinter deren jeweiliger Investition zurückbleiben.[125] Solche

---

120 EuGH, Urt. v. 10.11.2011, C-212/09 (*Kommission/Portugal – Golden Shares XVI*), Slg. 2011, I-10889, Rn 65.

121 EuGH, Urt. v. 10.11.2011, C-212/09 (*Kommission/Portugal – Golden Shares XVI*), Slg. 2011, I-10889, Rn 66 ff.

122 EuGH, Urt. v. 10.11.2011, C-212/09 (*Kommission/Portugal – Golden Shares XVI*), Slg. 2011, I-10889, Rn 83, 85, 88 f., 98.

123 Vgl. EuGH, Urt. v. 10.11.2011, C-212/09 (*Kommission/Portugal – Golden Shares XVI*), Slg. 2011, I-10889, Rn 59; Urt. v. 11.11.2010, C-543/08 (*Kommission/Portugal – Golden Shares XV*), Slg. 2010, I-11241, Rn 62; Urt. v. 06.12.2007, C-463/04 und C-464/04 (*Federconsumatori u. a. – Golden Shares X*), Slg. 2007, I-10419, Rn 17; Urt. v. 23.10.2007, C-112/05 (*Kommission/Deutschland – Golden Shares IX*), Slg. 2007, I-8995, Rn 61.

124 Vgl. EuGH, Urt. v. 06.12.2007, C-463/04 und C-464/04 (*Federconsumatori u. a. – Golden Shares X*), Slg. 2007, I-10419, Rn 23 und 28; Urt. v. 23.10.2007, C-112/05 (*Kommission/Deutschland – Golden Shares IX*), Slg. 2007, I-8995, Rn 62.

125 Vgl. EuGH, Urt. v. 08.07.2010, C-171/08 (*Kommission/Portugal – Golden Shares XIV*), Slg. 2010, I-6817, Rn 60; Urt. v. 06.12.2007, C-463/04 und C-464/04 (*Federconsumatori u. a. – Golden Shares X*), Slg. 2007, I-10419, Rn 24; Urt. v. 23.10.2007, C-112/05 (*Kommission/Deutschland – Golden Shares IX*), Slg. 2007, I-8995, Rn 64.

Entsendungsrechte seien daher geeignet, Anleger aus anderen Mitgliedstaaten von Direktinvestitionen in das Kapitel der Gesellschaft abzuhalten.[126]

Die geprüften Entsendungsrechte entsprächen auch nicht den Regelungen über Verkaufsmodalitäten im Sinne der *Keck-Rechtsprechung.*[127] Zwar seien sie unterschiedslos anwendbar auf Gebietsansässige und Gebietsfremde, berührten aber die *Situation des Erwerbers einer Beteiligung als solche* und seien daher geeignet, Anleger aus anderen Mitgliedstaaten von einer Investition abzuhalten und damit den *Marktzugang* zu beeinflussen.[128]

II. Übertragbarkeit der Rechtsprechung auf privatautonome Entsendungsrechte

Die dargestellte Rechtsprechung bezog sich ausschließlich auf Entsendungsrechte, die durch staatliche Maßnahmen eingeführt wurden und zugunsten staatlicher Akteure wirkten. Die Rechtsprechung hat dabei deutlich gemacht, dass Entsendungsrechte auch dann als staatliche Maßnahmen qualifiziert werden können, wenn sie nicht unmittelbar und ausschließlich auf gesetzliche Maßnahmen zurückgehen.[129] Wo aber die Grenzen der staatlichen Zurechnung im

---

126 Vgl. EuGH, Urt. v. 10. 11. 2011, C-212/09 (*Kommission/Portugal – Golden Shares XVI*), Slg. 2011, I-10889, Rn 60; Urt. v. 11. 11. 2010, C-543/08 (*Kommission/Portugal – Golden Shares XV*), Slg. 2010, I-11241, Rn 64; Urt. v. 08. 07. 2010, C-171/08 (*Kommission/Portugal – Golden Shares XIV*), Slg. 2010, I-6817, Rn 60; Urt. v. 06. 12. 2007, C-463/04 und C-464/04 (*Federconsumatori u. a. – Golden Shares X*), Slg. 2007, I-10419, Rn 29; Urt. v. 23. 10. 2007, C-112/05 (*Kommission/Deutschland – Golden Shares IX*), Slg. 2007, I-8995, Rn 66.

127 Vgl. EuGH, Urt. v. 10. 11. 2011, C-212/09 (*Kommission/Portugal – Golden Shares XVI*), Slg. 2011, I-10889, Rn 63; Urt. v. 11. 11. 2010, C-543/08 (*Kommission/Portugal – Golden Shares XV*), Slg. 2010, I-11241, Rn 66; Urt. v. 08. 07. 2010, C-171/08 (*Kommission/Portugal – Golden Shares XIV*) Slg. 2010, I-6817, Rn 65.

128 Vgl. EuGH, Urt. v. 10. 11. 2011, C-212/09 (*Kommission/Portugal – Golden Shares XVI*), Slg. 2011, I-10889, Rn 65; Urt. v. 11. 11. 2010, C-543/08 (*Kommission/Portugal – Golden Shares XV*), Slg. 2010, I-11241, Rn 68; EuGH, Urt. v. 08. 07. 2010, C-171/08 (*Kommission/Portugal – Golden Shares XIV*), Slg. 2010, I-6817, Rn 67.

129 Vgl. EuGH, Urt. v. 10. 11. 2011, C-212/09 (*Kommission/Portugal – Golden Shares XVI*), Slg. 2011, I-10889, Rn 50 ff.; Urt. v. 08. 07. 2010, C-171/08 (*Kommission/Portugal – Golden Shares XIV*), Slg. 2010, I-6817, Rn 49 ff.; Urt. v. 08. 07. 2010, C-171/08 (*Kommission/Portugal – Golden Shares XIV*), Slg. 2010, I-6817, Rn 52 ff.; Urt. v. 06. 12. 2007, C-463/04 und C-464/04 (*Federconsumatori u. a. – Golden Shares X*), Slg. 2007, I-10419, Rn 33 ff.; vgl. zu Aktionärsvereinbarungen EuGH, Urt. v. 10. 11. 2011, C-212/09 (*Kommission/Portugal – Golden Shares XVI*), Slg. 2011, I-10889, Rn 51.

Einzelnen verlaufen, kann hier dahinstehen.[130] Im Folgenden wird auf die Konstellationen abgestellt, in denen an einer Aktiengesellschaft gerade *keine* staatliche Beteiligung besteht und sich deshalb diesbezügliche Zurechnungsfragen nicht stellen.

Im Hinblick auf privatautonome Entsendungsrechte stellt sich hinsichtlich des Aspekts der Einführung durch Private die Frage, ob jene überhaupt zu den *Adressaten* des Beschränkungsverbots gehören und die Kapitalverkehrsfreiheit insoweit *horizontale Direktwirkung* entfaltet. Konkret geht es um private Normsetzung in Form von Satzungsgestaltung in Aktiengesellschaften.[131] Auf diese für das Aktienrecht spezifizierte Adressatenfrage wird im Folgenden fokussiert. Dabei geht es um Satzungsgestaltung in börsennotierten Aktiengesellschaften, da regelmäßig nur bei solchen Aktiengesellschaften grenzüberschreitende Transaktionen praktisch relevant sind und daher das für die Anwendung von Grundfreiheiten erforderliche grenzüberschreitende Element vorliegt.[132]

130 Vgl. dazu etwa *van Bekkum/Kloosterman/Winter*, ECL 5 (2008), 6, 9; *Holle*, AG 2010, 14, 19 ff.; *Lieder*, ZHR 172 (2008), 306, 324; in gewisser Hinsicht ähnliche Zurechnungsfragen stellen sich im Hinblick auf gemischtwirtschaftliche Unternehmen und Grundrechte, zuletzt BVerfG, Urt. v. 22.02. 2011, 1 BvR 699/06 (*Fraport AG*), BVerfGE 128, 226, Rn 49 ff.; dazu *Gurlit*, NZG 2012, 249, 255.

131 Vgl. *Grundmann*, Europäisches Gesellschaftsrecht, Rn 653 („wohl schwierigste Frage").

132 Vgl. *Grundmann/Möslein*, Europäisierung, in: Bayer/Habersack (Hrsg.), Aktienrecht im Wandel Band 2, Rn 18; *Möslein*, Grenzen unternehmerischer Leitungsmacht, 237; *Sotiropoulos*, in: Hopt/Tzouganatos, Europäisierung des Handels- und Wirtschaftsrechts, 109, 121 f.; a.A. *Artés*, EBLR (20) 2009, 457, 475.

§ 9 Privatautonome Satzungsgestaltung und Drittwirkung der Kapitalverkehrsfreiheit

I. EuGH-Rechtsprechung zur Drittwirkung von Grundfreiheiten

Der EuGH war mit der Frage, ob und inwieweit das Beschränkungsverbot der Kapitalverkehrsfreiheit Drittwirkung entfaltet, bislang nicht befasst, schon gar nicht im Hinblick auf *privatautonome Satzungsgestaltung*. Was die übrigen Grundfreiheiten anbelangt, haben sich in der Rechtsprechung des EuGH im Wesentlichen vier Linien entwickelt.

1. Staatliche Maßnahmen im weitesten Sinne

Der EuGH geht von einem *weiten Verständnis* des Begriffs der staatlichen Maßnahme aus. Damit wird deutlich, für welche staatlich-privaten „Zweifelsfälle" die Geltung des Beschränkungsverbots bereits gerichtlich entschieden und bestätigt ist. Das betrifft zum einen die Satzungsgestaltung in privatrechtlich organisierten juristischen Personen, wenn diese mittelbar oder unmittelbar von staatlichen Akteuren kontrolliert werden. Aber auch Tätigkeiten berufsständischer Organisationen können aufgrund der ihnen eingeräumten standesrechtlichen Befugnisse zum Erlass von Standesrecht und Disziplinarmaßnahmen etwa der Warenverkehrsfreiheit unterworfen sein. In der Entscheidung *Royal Pharmaceutical Society*[133] stellte dies der EuGH in Bezug auf die britische berufsständische Organisation der Apotheker fest und in der Entscheidung *Hünermund*[134] im Hinblick auf die Landesapothekenkammer Baden-Württemberg.[135]

2. Horizontale Direktwirkung der Personenverkehrsfreiheiten bei kollektiven Regelungen

Der EuGH geht in ständiger Rechtsprechung davon aus, dass sich die Arbeitnehmerfreizügigkeit (Art. 45 AEUV), die Niederlassungsfreiheit (Art. 49 AEUV) und die Dienstleistungsfreiheit (Art. 56 AEUV) nicht nur auf staatliche Maßnahmen

133 EuGH, Urt. v. 18.05.1989, 266/97 und 267/87 (*Royal Pharmaceutical Society*), Slg. 1989, 1295.
134 EuGH, Urt. v. 15.12.1993, C-292/92 (*Hünermund*), Slg. 1993, I-6787.
135 EuGH, Urt. v. 18.05.1989, 266/97 und 267/87 (*Royal Pharmaceutical Society*), Slg. 1989, 1295, Rn 13 ff.; Urt. v. 15.12.1993, C-292/92 (*Hünermund*), Slg. 1993, I-6787, Rn 12 ff.

erstrecken, sondern auch auf Regelwerke anderer Art, welche die abhängige Erwerbstätigkeit, die selbstständige Arbeit oder die Erbringung von Dienstleistungen *kollektiv regeln.*

In der Entscheidung *Walrave und Koch*[136], betreffend eine Bestimmung des Reglements des internationalen Radsportverbandes, führte der EuGH zur Arbeitnehmerfreizügigkeit und Dienstleistungsfreiheit aus, dass das Verbot der unterschiedlichen Behandlung nicht nur für Akte staatlicher Behörden gelte, sondern sich auch auf sonstige Maßnahmen erstrecke, die eine kollektive Regelung im Arbeits- und Dienstleistungsbereich enthielten.[137] Die Beseitigung der Hindernisse für den freien Personen- und Dienstleistungsverkehr sei gefährdet, wenn die Beseitigung der staatlichen Schranken dadurch in ihrer Wirkung wieder aufgehoben würde, dass privatrechtliche Vereinigungen oder Einrichtungen kraft ihrer rechtlichen Autonomie derartige Hindernisse aufrichteten.[138] Da außerdem die Arbeitsbedingungen je nach Mitgliedstaat einer Regelung durch Gesetze und Verordnungen oder durch Verträge und sonstige Rechtsgeschäfte, die von Privatpersonen geschlossen oder vorgenommen würden, unterlägen, bestünde bei einer Beschränkung auf staatliche Maßnahmen die Gefahr, dass das fragliche Verbot nicht einheitlich angewandt würde.[139]

Die Erstreckung der Arbeitnehmerfreizügigkeit und Dienstleistungsfreiheit auf Regelwerke anderer Art, welche die abhängige Erwerbstätigkeit oder die Erbringung von Dienstleistungen kollektiv regeln, bestätigte der EuGH in der die Personalordnung des italienischen Fußballverbandes betreffenden Entscheidung *Donà.*[140]

In Bezug auf die Arbeitnehmerfreizügigkeit bestätigte dies der EuGH erneut in der die Transferregeln eines Sportverbandes betreffenden Entscheidung *Bosman.*[141] Dabei wiederholte er das Argument, dass die Abschaffung der Schranken staatlichen Ursprungs durch Hindernisse zunichte gemacht werden könnte, die sich daraus ergäben, dass nicht dem öffentlichen Recht unterliegende Vereinigungen und Einrichtungen von ihrer Autonomie Gebrauch machten.[142] Ebenso führte er erneut aus, dass die Arbeitsbedingungen in den verschiedenen Mitgliedstaaten teilweise durch Gesetze oder Verordnungen und teilweise durch von Privatpersonen geschlossene oder vorgenommene Verträge oder sonstige Akte geregelt

---

136 EuGH, Urt. v. 12.12.1974, Rs. 36/74 (*Walrave*), Slg. 1974, 1405.
137 EuGH, Urt. v. 12.12.1974, Rs. 36/74 (*Walrave*), Slg. 1974, 1405, Rn 17.
138 EuGH, Urt. v. 12.12.1974, Rs. 36/74 (*Walrave*), Slg. 1974, 1405, Rn 18.
139 EuGH, Urt. v. 12.12.1974, Rs. 36/74 (*Walrave*), Slg. 1974, 1405, Rn 19.
140 EuGH, Urt. v. 14.07.1976, Rs. 13/76 (*Donà*), Slg. 1976, 1333, Rn 17ff.
141 EuGH, Urt. v. 15.12.1995, C-415/93 (*Bosman*), Slg. 1995, I-4921, Rn 82ff.
142 EuGH, Urt. v. 15.12.1995, C-415/93 (*Bosman*), Slg. 1995, I-4921, Rn 83.

seien. Wäre die Arbeitnehmerfreizügigkeit auf behördliche Maßnahmen beschränkt, so könnten sich daraus Ungleichheiten bei der Anwendung ergeben.[143]

Dies bestätigte und wiederholte der EuGH in der die Auswahlregeln eines Sportverbandes betreffenden Entscheidung *Deliège* und der einen privaten Arbeitgeber betreffenden Entscheidung *Angonese.*[144]

Mit Verweis auf diese Rechtsprechungslinie argumentierte der EuGH auch hinsichtlich der Niederlassungsfreiheit in der eine Verordnung der niederländischen Rechtsanwaltskammer betreffenden Entscheidung *Wouters* und der die Maßnahmen einer Schifffahrtsgewerkschaft betreffenden Entscheidung *Viking.*[145]

Hinsichtlich der Dienstleistungsfreiheit bestätigte dies der EuGH auch in der den Boykott von Baustellen eines lettischen Bauunternehmers durch schwedische Bauarbeiter- und Elektrikergewerkschaften betreffenden Entscheidung *Laval.*[146]

Hinsichtlich der Arbeitnehmerfreizügigkeit wiederholte der EuGH dies in der die Doktorandenförderung der Max-Planck-Gesellschaft betreffenden Entscheidung *Raccanelli,*[147] der die Charta des französischen Fußballverbandes betreffenden Entscheidung *Olympique Lyonnais*[148] und der einen Tarifvertrag mit einer britischen Fluggesellschaft betreffenden Entscheidung *Casteels.*[149]

3. Horizontale Direktwirkung der Arbeitnehmerfreizügigkeit bei Diskriminierungen

Schließlich ist der EuGH im Bereich der Arbeitnehmerfreizügigkeit noch einen Schritt weiter gegangen. Demnach gilt das *Diskriminierungsverbot* des Art. 45 AEUV auch für Privatpersonen.

In der Entscheidung *Angonese*[150] ging es um die Frage, ob eine private Bank die Teilnahme an einem Personalauswahlverfahren vom Besitz einer bestimmten Bescheinigung über Sprachkenntnisse abhängigen machen kann. Der EuGH wiederholte dabei seine Ausführungen zu kollektiven Regelungen im Bereich der Perso-

143 EuGH, Urt. v. 15.12.1995, C-415/93 (*Bosman*), Slg. 1995, I-4921, Rn 84.

144 EuGH, Urt. v. 11.04.2000, C-51/96 und C-191/97 (*Deliège*), Slg. 2000, I-2549, Rn 47 f.; Urt. v. 06.06.2000, C-281/98 (*Angonese*), Slg. 2000, I-4139, Rn 31 ff.

145 EuGH, Urt. v. 19.02.2002, C-309/99 (*Wouters*), Slg. 2002, I-1577, Rn 120 f.; Urt. v. 11.12.2007, C-438/05 (*Viking*), Slg. 2007, I-10779, Rn 33 ff.

146 EuGH, Urt. v 18.12.2007, C-341/05 (*Laval*), Slg. 2007, I-11767, Rn 98.

147 EuGH, Urt. v. 17.08.2008, C-94/07 (*Raccanelli*), Slg. 2008, I-5939, Rn 43 f.

148 EuGH, Urt. v. 16.3.2010, C-325/08 (*Olympique Lyonnais*), Slg. 2010, I-2177, Rn 30 f.

149 EuGH, Urt. v. 10.03.2011, C-379/09 (*Casteels*), Slg. 2011, I-1379, Rn 19.

150 EuGH, Urt. v. 06.06.2000, C-281/98 (*Angonese*), Slg. 2000, I-4139.

nenverkehrsfreiheiten.[151] Außerdem verwies er auf die Entscheidung *Defrenne II*,[152] wonach der Grundsatz des gleichen Entgelts für Männer und Frauen bei gleicher oder gleichwertiger Arbeit (Art. 157 AEUV) zwingenden Charakter habe und auch für alle, die abhängige Erwerbstätigkeit kollektiv regelnden Tarifverträge und alle Verträge zwischen Privatpersonen gelte.[153] Dies müsse erst recht für die Arbeitnehmerfreizügigkeit gelten, die eine spezifische Anwendung des allgemeinen Diskriminierungsverbots darstelle.[154] Sie solle außerdem ebenso wie Art. 157 AEUV eine nichtdiskriminierende Behandlung auf dem Arbeitsmarkt gewährleisten.[155] Er führte aus, das im Rahmen der Arbeitnehmerfreizügigkeit ausgesprochene Verbot der Diskriminierung aufgrund der Staatsangehörigkeit gelte somit auch für Privatpersonen.[156]

Diese Ausführungen bestätigte der EuGH in der die Max-Planck-Gesellschaft als privatrechtlichen Verein betreffende Entscheidung *Raccanelli*.[157] Demnach gelte das mit der Arbeitnehmerfreizügigkeit aufgestellte Verbot einer auf der Staatsangehörigkeit beruhenden unterschiedlichen Behandlung auch für privatrechtliche Vereine.[158]

4. Mitgliedstaatliche Handlungspflichten bei der Warenverkehrsfreiheit

Der EuGH misst die Verhaltensweisen von Unternehmen im Wirtschaftsverkehr und zwischen Privaten vereinbarte Verträge ausdrücklich nicht direkt an der Warenverkehrsfreiheit (Art. 34 AEUV).[159] Allerdings seien die Mitgliedstaaten dazu verpflichtet, alle geeigneten Maßnahmen allgemeiner oder besonderer Art zur

151 EuGH, Urt. v. 06.06.2000, C-281/98 (*Angonese*), Slg. 2000, I-4139, Rn 31 ff.
152 EuGH, Urt. v. 08.04.1976, Rs. 43/75 (*Defrenne II*), Slg. 1975, 455.
153 EuGH, Urt. v. 06.06.2000, C-281/98 (*Angonese*), Slg. 2000, I-4139, Rn 34 mit Verweis auf Urt. v. 08.04.1976, Rs. 43/75 (*Defrenne II*), Slg. 1975, 455, Rn 39; vgl. auch Urt. v. 25.05.1971 (*Defrenne*), Rs. 80/70, Slg. 1971, 445, Rn 13, wo die Vorfrage verneint wurde, ob eine im Rahmen eines gesetzlichen Sozialversicherungssystems gewährte Altersrente als „Entgelt" i.S.d. Art. 157 AEUV zu qualifizieren ist sowie Urt. v. 15.06.1978, Rs. 149/77 (*Defrenne III*), Slg. 1978, 1365, Rn 24, wo die Folgefrage verneint wurde, ob sich das Diskriminierungsverbot auch auf sonstige Arbeitsbedingungen bezieht.
154 EuGH, Urt. v. 06.06.2000, C-281/98 (*Angonese*), Slg. 2000, I-4139, Rn 35.
155 EuGH, Urt. v. 06.06.2000, C-281/98 (*Angonese*), Slg. 2000, I-4139, Rn 35.
156 EuGH, Urt. v. 06.06.2000, C-281/98 (*Angonese*), Slg. 2000, I-4139, Rn 36.
157 EuGH, Urt. v. 17.08.2008, C-94/07 (*Raccanelli*), Slg. 2008, I-5939, Rn 41 ff.
158 EuGH, Urt. v. 17.08.2008, C-94/07 (*Raccanelli*), Slg. 2008, I-5939, Rn 46.
159 EuGH, Urt. v. 01.10.1987, Rs. 311/85 (*Vlaamse Reisbureaus*), Slg. 1987, 3801, Rn 30; Urt. v. 27.09.1988, Rs. 65/86 (*Süllhofer*), Slg. 1988, 5249, Rn 11; Urt. v. 06.06.2002, C-159/00 (*Sapod Audic*), Slg. 2002, I-5031, Rn 74.

Erfüllung der Verpflichtungen zu ergreifen, die sich aus den europäischen Verträgen ergäben (Art. 4 Abs. 3 Satz 2 EUV). Deshalb könne in Bezug auf Behinderungen durch Privatpersonen *staatliches Unterlassen von Maßnahmen* gegen Art. 34 AEUV i.V.m. Art. 4 Abs. 3 Satz 2 EUV verstoßen.

In der Entscheidung *Kommission/Frankreich*[160] ging es um wiederholte Zerstörungen landwirtschaftliche Erzeugnisse durch Privatpersonen. Dabei wurden Fahrzeuge mit Obst und Gemüse aus Spanien, Italien und Belgien solange aufgehalten, bis die Waren ungenießbar wurden. Der EuGH führte aus, Art. 34 AEUV verbiete nicht nur Maßnahmen, die auf den Staat zurückzuführen seien, sondern könne auch dann Anwendung finden, wenn ein Mitgliedstaat keine Maßnahmen ergriffen habe, um gegen Beeinträchtigungen des freien Warenverkehrs einzuschreiten, deren Ursachen nicht auf den Staat zurückzuführen seien.[161] Der innergemeinschaftliche Handelsverkehr könne dadurch beeinträchtigt werden, dass ein Mitgliedstaat untätig bleibe oder es versäume, ausreichende Maßnahmen zur Beseitigung von Hemmnissen zu treffen, die insbesondere durch Handlungen von Privatpersonen in seinem Gebiet geschaffen würden.[162] Art. 34 AEUV i.V.m. Art. 4 Abs. 3 EUV verbiete den Mitgliedstaaten somit nicht nur eigene Handlungen oder Verhaltensweisen, die zu einem Handelshemmnis führen könnten, sondern verpflichte sie auch dazu, alle erforderlichen und geeigneten Maßnahmen zu ergreifen, um in ihrem Gebiet die Beachtung dieser Grundfreiheit sicherzustellen.[163] Dabei stehe es zwar im Ermessen der Mitgliedstaaten zu entscheiden, welche Maßnahmen in einer bestimmten Situation am geeignetsten seien.[164] Der EuGH behalte es sich aber vor zu prüfen, ob der betreffende Mitgliedstaat geeignete Maßnahmen ergriffen habe.[165] Im zugrundeliegenden Fall stellte der EuGH fest, dass die von der Französischen Republik getroffenen Maßnahmen offenkundig nicht ausreichten und sie im Ergebnis nicht alle erforderlichen und angemessenen Maßnahmen ergriffen habe.[166]

In der Entscheidung *Schmidberger*, in der es um eine nahezu 30-stündige völlige Blockade des österreichischen Teils der Brenner-Autobahn durch Privatpersonen ging, wiederholte und bestätigte der EuGH diese Ausführungen.[167]

---

160 EuGH, Urt. v. 09.12.1997, C-265/95 (*Kommission/Frankreich*), Slg. 1997, I-6959.
161 EuGH, Urt. v. 09.12.1997, C-265/95 (*Kommission/Frankreich*), Slg. 1997, I-6959, Rn 30.
162 EuGH, Urt. v. 09.12.1997, C-265/95 (*Kommission/Frankreich*), Slg. 1997, I-6959, Rn 31.
163 EuGH, Urt. v. 09.12.1997, C-265/95 (*Kommission/Frankreich*), Slg. 1997, I-6959, Rn 32.
164 EuGH, Urt. v. 09.12.1997, C-265/95 (*Kommission/Frankreich*), Slg. 1997, I-6959, Rn 33.
165 EuGH, Urt. v. 09.12.1997, C-265/95 (*Kommission/Frankreich*), Slg. 1997, I-6959, Rn 35.
166 EuGH, Urt. v. 09.12.1997, C-265/95 (*Kommission/Frankreich*), Slg. 1997, I-6959, Rn 52, 66.
167 EuGH, Urt. v. 12.06.2003, C-112/00 (*Schmidberger*), Slg. 2003, I-5659, Rn 57 ff.

5. Stellungnahme

Die EuGH-Rechtsprechung zur Drittwirkung von Grundfreiheiten folgt *keiner einheitlichen Linie.* Ob und ggf. in welcher Form der Kapitalverkehrsfreiheit eine Drittwirkung zukommt, ist offen. Die vier Rechtsprechungslinien verschwimmen zudem teilweise ineinander. So mischt der EuGH die Argumentationen bisweilen, etwa wenn er in den Entscheidungen *Angonese* und *Raccanelli*, also im Bereich der Drittwirkung der Arbeitnehmerfreizügigkeit bei Diskriminierungen, auf die Rechtsprechung und Argumentation zur Drittwirkung der Personenverkehrsfreiheiten bei kollektiven Regelungen verweist.[168] Auch knüpft er Entscheidungskonstellationen nicht immer an die naheliegende Rechtsprechungslinie an, etwa wenn er in der Entscheidung *Wouters* an die Rechtsprechungslinie zu kollektiven Regelungen angeknüpft, obwohl es der Sache nach um eine berufsständische Körperschaft gegangen ist und daher eine Qualifizierung als staatliche Maßnahme im weitesten Sinne näher gelegen hätte.[169] Im jüngsten Fall *Frabo*,[170] bei dem es um die Normungs- und Zertifizierungstätigkeit der Deutschen Vereinigung des Gas- und Wasserfaches ging, stellte der EuGH fest, dass die Warenverkehrsfreiheit anwendbar sei, da die Vereinigung in Wirklichkeit über die Befugnis verfüge, den Zugang bestimmter Produkte zum deutschen Markt zu regeln.[171] Allerdings verzichtete er darauf, das Urteil argumentativ an eine oder mehrere der vier Rechtsprechungslinien anzuknüpfen.[172]

II. Deutsche Rechtsprechung zur Drittwirkung der Kapitalverkehrsfreiheit bei privatautonomer Satzungsgestaltung

Anders als der EuGH hatten deutsche Gerichte bereits Gelegenheit, sich mit dem Verhältnis von privatautonomer Satzungsgestaltung und Kapitalverkehrsfreiheit auseinanderzusetzen, nämlich im Fall *ThyssenKrupp.*[173]

---

168 Vgl. EuGH, Urt. v. 06.06.2000, C-281/98 (*Angonese*), Slg. 2000, I-4139, Rn 31ff.; EuGH, Urt. v. 17.08.2008, C-94/07 (*Raccanelli*), Slg. 2008, I-5939, Rn 43ff.

169 Vgl. EuGH, Urt. v. 19.02.2002, C-309/99 (*Wouters*), Slg. 2002, I-1577, Rn 120f.

170 EuGH, Urt. v. 12.07.2012, v (*Frabo*), Slg. 2012, I-0000.

171 EuGH, Urt. v. 12.07.2012, C-171/11 (*Frabo*), Slg. 2012, I-0000, Rn 27f., 31f.

172 Vgl. *Schmahl/Jung*, NVwZ 2013, 607, 612; *Schweitzer*, EuZW 2012, 765, 767.

173 BVerfG, Beschl. v. 30.10.2009 – Az. 1 BvR 1892/09 (*ThyssenKrupp*), ZIP 2010, 36; BGH, Beschl. v. 08.06.2009 – II ZR 111/08 (*ThyssenKrupp*), ZIP 2009, 1566; OLG Hamm, Urt. v. 31.03.2008 – 8 U 222/07 (*ThyssenKrupp*), ZIP 2008, 1530; LG Essen, Urt. v. 29.06.2007 – 45 O 15/07 (*ThyssenKrupp*), AG 2007, 797.

Einzelne Aktionäre fochten die Beschlussfassung der Hauptversammlung der ThyssenKrupp AG von Januar 2007 zu Top 8 an. Mit diesem Beschluss wurde § 9 der Satzung um einen zweiten Absatz ergänzt, wonach der Alfried Krupp von Bohlen und Halbach-Stiftung (Krupp-Stiftung) das Recht eingeräumt wurde, bis zu drei der zehn auf die Anteilseigner entfallenden Mitglieder in den Aufsichtrat zu entsenden. Dabei soll das Recht bei einer Beteiligung der Stiftung am Grundkapital der ThyssenKrupp AG von mindestens 10 Prozent für ein Mitglied bestehen, bei einer Beteiligung von mindestens 15 Prozent für zwei Mitglieder und bei einer Beteiligung von mindestens 25 Prozent für drei Mitglieder. Die Beschlussfassung erfolgte mit einer Mehrheit von 78,91 Prozent der in der Hauptversammlung vertretenen Aktionärsstimmen. Die Stiftung hielt zu diesem Zeitpunkt 25,1 Prozent der Aktien der ThyssenKrupp AG. Die ThyssenKrupp AG selbst hielt etwa fünf Prozent der eigenen Aktien. Die weiteren Aktien befanden sich im privaten Streubesitz.

Nach Auffassung der Kläger baue das statutarische Entsendungsrecht eine Hürde gegen die Übernahme der Gesellschaft auf und verstoße daher gegen die Kapitalverkehrsfreiheit. Das Entsendungsrecht benachteilige die übrigen Aktionäre in doppelter Hinsicht, nämlich durch eine überproportionale Repräsentanz der Stiftung einerseits und andererseits durch die Tatsache, dass die Stiftung infolge ihres Kapitalanteils die Wahl der weiteren sieben Aufsichtsratsmitglieder durch die Hauptversammlung ebenfalls in einem erheblichen Umfang mitbestimme. Außerdem würden die Aktionäre für die Zukunft benachteiligt, da das Entsendungsrecht ein Sonderrecht im Sinne von § 35 BGB darstelle und es daher der Stiftung nicht mehr ohne deren Zustimmung entzogen werden könne.

1. LG Essen: Satzungsgestaltung kein staatlicher oder diskriminierender Eingriff

Das zunächst mit der Sache befasste LG Essen[174] nahmt keinen Bezug auf die EuGH-Rechtsprechung, weder auf die zu Golden Shares, noch auf die zur horizontalen Wirkung. Es führte aus, § 101 Abs. 2 AktG beinhalte keinen Verstoß gegen europäisches Recht.[175] Die Kapitalverkehrsfreiheit sei durch die deutsche Norm im Kern nicht beeinträchtigt. Das europäische Recht solle die Wirtschaftsteilnehmer vor staatlichen Eingriffen bzw. vor diskriminierenden Regelungen schützen. Derartige Eingriffe seien aber nicht gegeben. Nach § 101 Abs. 2 AktG entscheide nicht der Staat, sondern die Hauptversammlung der Aktiengesellschaft selbst.

174 LG Essen, Urt. v. 29.06.2007 – 45 O 15/07 (*ThyssenKrupp*), AG 2007, 797.
175 LG Essen, Urt. v. 29.06.2007 – 45 O 15/07 (*ThyssenKrupp*), AG 2007, 797, 798.

Daher könnten die Aktionäre, die selbst betroffen seien, nach Prüfung und Wertung in eigener Sachzuständigkeit entscheiden.

Die Entsendungsrechte führten auch nicht zu einer unangemessenen Bevorzugung der Krupp-Stiftung. Der Umfang der Entsendungsrechte entspreche zwar rein rechnerisch nicht dem Kapitalanteil der Stiftung. Der Kapitalanteil der Stiftung lasse sich aber auch nicht proportional in ganze Zahlen bzw. Personen umrechnen. Das Entsendungsrecht weiche letztlich nur geringfügig vom Verhältnis Kapitalanteil zu Mitgliederzahl ab. Die Bevorzugung der ThyssenKrupp Stiftung sei angemessen. Die Stiftung habe nach ihrer eigenen Satzung auf die Einheit der Aktiengesellschaft und den Erhalt des Unternehmens hinzuwirken. Sie sei daher mehr als jeder andere Aktionär dem Wohl der Aktiengesellschaft verpflichtet. Sie verfolge insbesondere keine Partikularinteressen, sondern stehe, wie ein Unternehmer, für die wirtschaftliche Förderung der Aktiengesellschaft. Es könne zwar nicht übersehen werden, dass die Stiftung möglicherweise andere Ziele verfolge als der einzelne Aktionär, bei dem die Renditeerzielung im Vordergrund stehe. Dass die Hauptversammlung sich dennoch für die Einräumung des Sonderrechts entschieden habe, bedeute, dass sich die Mehrheit der Hauptversammlung mit den Zielen der Stiftung identifiziere, diese akzeptiere und diese Ziele zu den Zielen der Aktiengesellschaft gemacht habe. Das Entsendungsrecht könne sich daher nicht zum Schaden der Gesellschaft auswirken.

2. OLG Hamm: Satzungsgestaltung durch Private und zugunsten Privater

Die Kläger gingen in Berufung und das OLG Hamm[176] führte im Urteil aus, dass dem Charakter einer die Kapitalverkehrsfreiheit beschränkenden Maßnahme im Streitfall in entscheidender Weise entgegenstehe, dass die angegriffene Satzungsregelung auf der Grundlage einer allgemeinen Norm des deutschen Gesellschaftsrechts geschaffen worden sei und ein Entsendungsrecht für einen privaten Aktionär begründet habe.[177] Der EuGH habe in den Golden Shares-Urteilen zum VW-Gesetz und Codice Civile maßgeblich auf Sonderrechte für öffentliche Körperschaften abgestellt und darin entscheidende Gründe für eine Beschränkung des freien Kapitalverkehrs gesehen. Danach seien von den Aktionären selbst geschaffene Regelungen zu Gunsten privater Anteilseigner unbedenklich.

Es sei zwar zutreffend, dass Grundfreiheiten auch zwischen Privatrechtssubjekten Bedeutung erlangen könnten. Allerdings hätten die Mitgliedstaaten

176 OLG Hamm, Urt. v. 31.03.2008 – 8 U 222/07 (*ThyssenKrupp*), ZIP 2008, 1530.
177 OLG Hamm, Urt. v. 31.03.2008 – 8 U 222/07 (*ThyssenKrupp*), ZIP 2008, 1530, 1534.

einen Ermessensspielraum, wenn es darum gehe, Hindernisse für den freien Verkehr abzuwenden, die sich aus dem Vorgehen privater Akteure ergäben. Die Bestimmungen über den freien Verkehr würden selbst in Fällen, die in ihren Geltungsbereich fallen, nicht an die Stelle des innerstaatlichen Rechts treten, das den einschlägigen normativen Rahmen für die Beurteilung von Streitigkeiten zwischen privaten Akteuren bilde. Das OLG führte weiter aus,[178] es bleibe vielmehr den Mitgliedstaaten unbenommen, das Verhalten Privater zu regeln, solange sie dabei die Grenzen beachteten, die ihnen das Gemeinschaftsrecht setze. Die im Streitfall zu beurteilende Konstellation überschreite diese Grenzen aber nicht.

Der von den Klägern zur Begründung ihrer Auffassung herangezogenen EuGH-Entscheidung Viking habe eine Maßnahme zugrunde gelegen, die unmittelbar und gezielt Freiheitsrechte Dritter tangierte. Bei dem Entsendungsrecht der Krupp-Stiftung sei diese Qualität nicht annähernd zu erkennen.

Der EuGH habe darüber hinaus Entsendungsrechte zu Gunsten öffentlicher Akteure auch deshalb als Beschränkung angesehen, weil den jeweils Berechtigten ein Einfluss zugestanden worden sei, der über ihre Investitionen hinausgegangen sei, indem das Entsendungsrecht nicht an eine entsprechende Beteiligung am Grundkapital der Gesellschaft geknüpft worden sei. Das liege im vorliegenden Fall anders, da der Krupp-Stiftung kein Einfluss zugestanden werde, der die Beteiligungsquote der Stiftung wesentlich übersteige. Schließlich wurde die Revision nicht zugelassen.

3. BGH: Satzungsgestaltung kein Sonderrecht zugunsten öffentlicher Körperschaften

Der BGH wies die Beschwerde der Kläger gegen die Nichtzulassung zurück.[179] Er führte aus, dass die Einleitung eines Vorabentscheidungsersuchens an den EuGH nicht veranlasst sei. Die Einführung eines Entsendungsrechts in der Satzung der ThyssenKrupp AG nach § 101 Abs. 2 AktG sei keine verbotene nationale Maßnahme, die den Kapitalverkehr beschränke. Nach der Entscheidung des EuGH zum VW-Gesetz liege in dem im allgemeinen Gesellschaftsrecht wurzelnden Entsendungsrecht nach § 101 Abs. 2 AktG zugunsten von nicht staatlichen bzw. nicht staatliche beherrschten Anteilsinhabern noch keine Beschränkung des freien Kapitalverkehrs, sondern erst in dem vom allgemeinen Gesellschaftsrecht abweichenden Sonderrecht des Bundes und des Landes Niedersachsen.

---

178 OLG Hamm, Urt. v. 31.03.2008 – 8 U 222/07 (*ThyssenKrupp*), ZIP 2008, 1530, 1535.
179 BGH, Beschl. v. 08.06.2009 – II ZR 111/08 (*ThyssenKrupp*), ZIP 2009, 1566.

4. BVerfG: Keine Verfassungsbeschwerde

Die Kläger waren der Auffassung, der BGH hätte die Frage dem EuGH vorlegen müssen und daher gegen das Recht auf den gesetzlichen Richter verstoßen (Art. 101 Abs. 1 Satz 2 GG). Das BVerfG hat die Annahme der Verfassungsbeschwerde abgelehnt und auf eine Begründung verzichtet (vgl. § 93d Abs. 1 Satz 3 BVerfGG).[180]

5. Stellungnahme

Aus den Ausführungen des LG Essen und des OLG Hamm geht nicht hervor, ob privatautonome *Satzungsgestaltung per se* nicht an der Kapitalverkehrsfreiheit zu messen ist, also Private hier nicht Adressaten der Kapitalverkehrsfreiheit sind, oder lediglich die Gestaltung im konkreten Fall nicht zu beanstanden ist, mithin das konkrete Entsendungsrecht der Prüfung am Maßstab des Beschränkungsverbots standhält.

Das LG Essen führt zwar aus, dass die konkrete Satzungsgestaltung kein staatlicher Eingriff sei und die Aktionäre in eigener Sachzuständigkeit entschieden. Es sagt aber auch, dass die konkrete Satzungsgestaltung nicht diskriminierend und die Bevorzugung der Krupp-Stiftung angemessen sei und lässt damit offen, ob bei einer anderen konkreten Ausgestaltung des Entsendungsrechts eine Verletzung der Kapitalverkehrsfreiheit möglich sein könnte.

Auch das OLG Hamm betont zunächst, Satzungsgestaltung erfolge auf Grundlage des allgemeinen Gesellschaftsrechts durch die Aktionäre selbst und das zugunsten eines privaten Aktionärs. Es führt dann aber auch aus, dass der den Mitgliedstaaten zustehende Ermessensspielraum im Hinblick auf Hindernisse durch Private nicht überschritten sei, da nicht gezielt in Rechte Dritter eingegriffen werde und das Entsendungsrecht nicht außer Verhältnis zur Beteiligungsquote des Entsendungsberechtigten stehe. Dabei stellt sich die Frage, ob die Entscheidung hätte anders ausfallen können, wenn das Entsendungsrecht „außer Verhältnis" zur Beteiligungsquote gestanden hätte.

Der BGH hingegen führte in seiner kurzen Begründung aus, dass es sich nicht um vom allgemeinen Gesellschaftsrecht abweichendes Sonderrecht zugunsten öffentlicher Körperschaften handele. Zwar könnte dies so zu verstehen sein, dass normale privatautonome Satzungsgestaltung zugunsten Privater *per se* nicht an der Kapitalverkehrsfreiheit zu messen ist. Allerdings sind die Ausführungen ins-

---

180 BVerfG, Beschl. v. 30.10.2009 – Az. 1 BvR 1892/09 (*ThyssenKrupp*), ZIP 2010, 36.

gesamt zu knapp, um eine dogmatisch eindeutige Einordnung zu ermöglichen. Letztlich zu entscheiden hat die Frage ohnehin der EuGH.

III. Literaturauffassungen zur Drittwirkung der Kapitalverkehrsfreiheit bei privatautonomer Satzungsgestaltung

Die Frage der Drittwirkung von Grundfreiheiten ist äußerst umstritten. Die Literatur dazu ist ausufernd.[181] Die Befürworter einer Drittwirkung berufen sich im Wesentlichen auf den Gedanken des *effet utile* angesichts potenzieller Gefährdungen,[182] wohingegen die Kritiker eine übermäßige Freiheitseinschränkung befürchten,[183] den Vorrang der Wettbewerbsregeln (Art. 101 ff. AEUV) anmahnen[184] und auf die Ungeeignetheit des gängigen Rechtfertigungssystem hinweisen.[185]

Demgegenüber gibt es vergleichsweise wenig Literatur, die sich mit der Kapitalverkehrsfreiheit im Besonderen auseinandersetzt. Sie fristete gegenüber den übrigen Grundfreiheiten lange ein Schattendasein und wird überhaupt erst seit der Golden Shares-Rechtsprechung auch für andere Rechtsbereiche als das Steuerrecht stärker diskutiert. Mit der für das Aktienrecht spezifizierten Frage, ob privatautonome Satzungsgestaltung an der Kapitalverkehrsfreiheit zu messen ist, beschäftigen sich in der Literatur nur Wenige. Im Folgenden wird auf diese spezielle Literatur fokussiert und zwar dahingehend, ob und inwieweit die Frage der Drittwirkung der Kapitalverkehrsfreiheit bei privatautonomer Satzungsgestaltung an die verschiedenen Rechtsprechungslinien angeknüpft werden kann.

---

181 So auch *Bachmann*, AcP 210 (2010), 424, 465 („kaum noch zu übersehen“).

182 Vgl. *Ganten*, Die Drittwirkung der Grundfreiheiten, 119; *Löwisch*, Die horizontale Direktwirkung der Europäischen Grundfreiheiten, 223 f.; *Förster*, Die unmittelbare Drittwirkung der Grundfreiheiten, 189, 195.

183 Vgl. *Bachmann*, AcP 210 (2010), 424, 471 ff.; *Haberer*, Zwingendes Kapitalgesellschaftsrecht, 313; *Kemmerer*, Kapitalverkehrsfreiheit und Drittstaaten, 200; *Pläster*, EWS 2008, 173, 175.

184 Übersichtlich *Bachmann*, AcP 210 (2010), 424, 469 ff.; *Kemmerer*, Kapitalverkehrsfreiheit und Drittstaaten, 201.

185 *Haberer*, Zwingendes Kapitalgesellschaftsrecht, 313 f.; *Kemmerer*, Kapitalverkehrsfreiheit und Drittstaaten, 204 ff.; *Seeling/Zwickel*, BB 2008, 622, 623.

1. Satzungsgestaltung als staatliche Maßnahme im weitesten Sinne

Vereinzelt wird überlegt, ob privatautonome Satzungsgestaltung in der AG nicht auch als staatliche Maßnahme im weitesten Sinne begriffen werden könnte.

Der Gerichtshof habe in dieser Hinsicht eine Bindung Privater angenommen, wenn diese auf Grund staatlich delegierter Kompetenzen quasi-hoheitlich regelnd tätig würden und die privat gesetzten Regeln einer staatlichen Inhaltskontrolle unterlägen.[186] Und auch im deutschen Aktienrecht fänden sich hoheitliche Spurenelemente.[187] Private Satzungsgestaltung sei wegen des Grundsatzes der Satzungsstrenge (vgl. § 23 Abs. 5 AktG) nur aufgrund von Erlaubnisnormen wie § 101 Abs. 2 Satz 1 AktG vorgesehen, also eine Art Kompetenzdelegation und gleichzeitig unterliege die Satzungsgestaltung einer, wenn auch eingeschränkten, registergerichtlichen Inhaltskontrolle.[188]

Demgegenüber wird eingewandt, dass von Kompetenzdelegation keine Rede sein könne, sondern § 101 Abs. 2 AktG umgekehrt mit Blick auf Art. 23 Abs. 5 AktG der Privatautonomie wieder Raum gebe.[189] Auch sei die registergerichtliche Prüfung auf die Rechtmäßigkeit der Satzungsregelung beschränkt und erlaube daher nicht die Annahme, dass der Staat mit aufsichtsrechtlichen Mitteln lenkend eingreife.[190]

Im Ergebnis wird diese Überlegung dann auch verworfen, weil sonst die Prüfungsdichte der Grundfreiheitenkontrolle davon abhängig wäre, ob ein Mitgliedstaat die Regelungskompetenz auf private Regelgeber übertragen oder den gleichen Sachzusammenhang selbst zwingend geregelt habe und Satzungsgeber umgekehrt die Prüfungsdichte selbst verringern könnten, indem sie eine Rechtsordnung wählten, die privatautonome Gestaltungen breitflächig zulasse.[191]

---

186 *Grundmann/Möslein*, Europäisierung, in: Bayer/Habersack (Hrsg.), Aktienrecht im Wandel Band 2, Rn 21; *Möslein*, Der Aufsichtsrat 2008, 72, 73; *ders.*, ZIP 2007, 208, 214; *ders.*, AG 2007, 770, 774; *ders.*, Grenzen unternehmerischer Leitungsmacht, 258.

187 *Grundmann/Möslein*, Europäisierung, in: Bayer/Habersack (Hrsg.), Aktienrecht im Wandel Band 2, Rn 21; *Möslein*, Grenzen unternehmerischer Leitungsmacht, 258.

188 *Grundmann/Möslein*, Europäisierung, in: Bayer/Habersack (Hrsg.), Aktienrecht im Wandel Band 2, Rn 21; *Möslein*, Der Aufsichtsrat 2008, 72, 73; *ders.*, AG 2007, 770, 774; *ders.*, Grenzen unternehmerischer Leitungsmacht, 258.

189 *Neumann/Ogorek*, NZG 2008, 892, 895.

190 *Neumann/Ogorek*, NZG 2008, 892, 895; es gehe im Bereich der Kapitalverkehrsfreiheit in dieser Hinsicht eher um Börsen oder Clearinggesellschafen, so *Andenas/Gütt/Pannier*, EBLR 16 (2005), 757, 776.

191 *Möslein*, Grenzen unternehmerischer Leitungsmacht, 259.

2. Satzungsgestaltung als kollektive Regelung

Soweit die Frage von Satzungsgestaltung und Drittwirkung in der Literatur thematisiert wird, wird vor allem diskutiert, ob privatautonome Satzungsgestaltung in der AG als eine kollektive Regelung anzusehen ist, wie sie bei den Personverkehrsfreiheiten zu einer horizontalen Direktwirkung führt.

Nach herrschender Auffassung ist privatautonome Satzungsgestaltung in der AG in dieser Hinsicht keine kollektive Regelung.[192] Solche kollektiven Regelungen gingen nur von intermediären Gewalten aus. Dies seien private Institutionen, deren verbandsautonome Regelungen rechtlich oder faktisch staatsähnliche Bindungswirkungen entfalteten, weil sie ein besonderes Maß an kollektiver Machtfülle auf sich vereinten.[193] Intermediäre Gewalten seien insbesondere mit typisch staatlichen Machtbefugnissen ausgestattet wie etwa Aufsichts-, Regelungs- und Disziplinarbefugnissen, denen sich der Einzelne nicht oder nur unter Hinnahme signifikanter Nachteile entziehen könne.[194] Zwar könne auch Satzungsgestaltung in der AG für die betroffenen Aktionäre eine sehr weitreichende Wirkung haben.[195] Der Einfluss sei aber *nicht staatsähnlich* und in den Rechtsverhältnissen zwischen Gesellschaft und Aktionären gebe es keine Anhaltspunkte für eine rechtliche oder faktische *Monopolstellung*.[196] Die Aktionäre seien bei der Beschlussfassung über Satzungsänderungen auch keinem rechtlichen oder faktischen Zwang unterworfen, in einem bestimmten Sinne abzustimmen.[197] Schließlich bestünde keine vergleichbare Angewiesenheit auf den Verband, da ausreichend alternative Anlagemöglichkeiten zur Verfügung stünden.[198] Selbst wenn also die Rechtsfigur der intermediären Gewalten auf die Kapitalverkehrs-

---

192 Grabitz/Hilf/Nettesheim/*Ress*/*Ukrow*, EUV/AEUV, Art. 63 AEUV Rn 118 („entsprechende funktionale Rechtsetzungsgewalt Privater ist derzeit nicht ersichtlich"); *Lutter*/*Bayer*/*Schmidt*, Europäisches Unternehmens- und Kapitalmarktrecht, § 15 Rn 8; *Bachmann*, AcP 210 (2010), 424, 464, 466; *Kemmerer*, Kapitalverkehrsfreiheit und Drittstaaten, 203 f., 206; *Neumann*/*Ogorek*, NZG 2008, 892, 896; *Ringe*, FS Hopt 2008, 217, 226; vgl. auch *Jaensch*, Die unmittelbare Drittwirkung der Grundfreiheiten, 275, 286.

193 *Neumann*/*Ogorek*, NZG 2008, 892, 895; vgl. *Kemmerer*, Kapitalverkehrsfreiheit und Drittstaaten, 202 f.

194 *Neumann*/*Ogorek*, NZG 2008, 892, 895 f.

195 *Neumann*/*Ogorek*, NZG 2008, 892, 895.

196 *Neumann*/*Ogorek*, NZG 2008, 892, 895 f.

197 *Neumann*/*Ogorek*, NZG 2008, 892, 896.

198 *Haberer*, Zwingendes Kapitalgesellschaftsrecht, 314.

freiheit übertragen werden könnte,[199] werde Satzungsgestaltung in der AG davon nicht erfasst.

Demgegenüber wird eingewandt, es bestünden strukturelle Ähnlichkeiten zwischen Sportverbandsregelungen und Satzungsregelungen in der AG. Entscheidend sei die wirtschaftlich-soziale Mächtigkeit des Regelsetzers.[200] Solche Fälle seien dadurch gekennzeichnet, dass eine *verbandsinterne* Dispositionsmöglichkeit allenfalls theoretisch bestehe, weil einzelne Verbandsmitglieder regelmäßig keine Möglichkeit hätten, auf Regeländerungen hinzuwirken.[201] Umgekehrt fielen etwa im Vertragsrecht privatautonome Vereinbarungen gerade aufgrund der Dispositionsbefugnis der Parteien nicht unter die Grundfreiheitenkontrolle.[202] Die Parteien, die an Aktienübertragungen unmittelbar beteiligt seien, könnten regelmäßig aber nicht über die maßgeblichen Satzungsgestaltungen disponieren.[203] Diese würden zwischen den Gesellschaftern getroffen und nicht zwischen den fraglichen Vertragsparteien.[204] Es fehle die Dispositionsbefugnis der Vertragsparteien, die im Vertragsrecht die Anwendbarkeit der Grundfreiheiten ausschließe.[205] Die in den Anteilen verkörperten Vermögens-, Veräußerungs- und Verwaltungsrechte seien für Käufer und Verkäufer „zwingend, wenngleich privatautonom, vorgegeben“, weil nichts Abweichendes vereinbart werden könne.[206] Nur der Verkäufer könne theoretisch Einfluss auf die Satzungsgestaltung nehmen.[207] Das sei aber regelmäßig ebenso illusorisch wie der politische Einfluss

---

199 Grabitz/Hilf/Nettesheim/*Ress*/*Ukrow*, EUV/AEUV, Art. 63 AEUV Rn 118 („mutatis mutandis“); *Haberer*, Zwingendes Kapitalgesellschaftsrecht, 314; *Sonder*, Übernahmehindernisse im europäischen Binnenmarkt, 40; *Vossestein*, ECFR 5 (2008), 115, 131; vgl. auch *Vieweg*/*Röthel*, ZHR 166 (2002), 6, 22.

200 *Möslein*, Grenzen unternehmerischer Leitungsmacht, 260; *ders.*, ZIP 2008, 208, 214.

201 *Möslein*, ZIP 2008, 208, 214.

202 *Grundmann*/*Möslein*, ZGR 2003, 317, 354; *dies.*, Europäisierung, in: Bayer/Habersack (Hrsg.), Aktienrecht im Wandel Band 2, Rn 21; vgl. *Möslein*, ZIP 2008, 208, 214; *ders.*, Grenzen unternehmerischer Leitungsmacht, 254; so auch *Davies*, ERPL 20 (2012), 805, 821; vgl. dazu EuGH, Urt. v. 24.1.1991, C339/89 (*Alsthom Atlantique*), Slg. 1991, I-107, Rn 15.

203 *Grundmann*/*Möslein*, Europäisierung, in: Bayer/Habersack (Hrsg.), Aktienrecht im Wandel Band 2, Rn 21; *Möslein*, Dispositives Recht, 404; *ders.*, Grenzen unternehmerischer Leitungsmacht, 254 f.

204 *Möslein*, Grenzen unternehmerischer Leitungsmacht, 255; ähnlich *Sotiropoulos*, in: Hopt/Tzouganatos, Europäisierung des Handels- und Wirtschaftsrechts, 109, 121.

205 *Möslein*, Grenzen unternehmerischer Leitungsmacht, 255.

206 *Grundmann*/*Möslein*, Europäisierung, in: Bayer/Habersack (Hrsg.), Aktienrecht im Wandel Band 2, Rn 21; *Möslein*, Grenzen unternehmerischer Leitungsmacht, 255.

207 *Möslein*, Grenzen unternehmerischer Leitungsmacht, 255.

privater Vertragsparteien auf staatlich gesetztes Recht.[208] Bereits beteiligte Portfolioinvestoren könnten definitionsgemäß keine satzungsändernden Mehrheiten erreichen.[209] Allenfalls bei großen Blocktransaktionen sei ein Einfluss des Anteilsverkäufers auf die Satzungsgestaltung mehr als nur theoretisch.[210] Für nahezu alle Anleger hätten Satzungsregeln einer Gesellschaft damit ähnlich zwingende Wirkungen wie staatliches Recht.[211] Der Satzungsgeber habe eine Monopolstellung auf dem *Markt der betroffenen Gesellschaftsanteile*, weil nur er deren Gestalt bestimmen könne.[212] Anleger könnten sich dem zwar durch den Erwerb von Aktien anderer Gesellschaften entziehen, brauchten sich aber nicht auf solche Ausweichmöglichkeiten verweisen lassen.[213] Auf vergleichbare Anteile und damit Ausweichmöglichkeiten komme es nicht an, da der EuGH auch bei den Golden Shares *allein* auf den Marktzugang zu den Aktien der betroffenen Gesellschaft abgestellt habe.[214] Darüber hinaus würden sich Risiko- und Ertragsaussichten verschiedener Gesellschaften regelmäßig auch erheblich unterscheiden, so dass eine wirklich gleichwertige Anlagealternative ohnehin fehle.[215] Einzelne Aktionäre könnten daher als Verbandsmitglieder im Ergebnis weder intern auf die Satzungsgestaltung einwirken, noch extern auf gleichwertige Verbände ausweichen.[216] Satzungsgestaltung in der AG erfülle daher im Ergebnis das maßgebliche Kriterium der wirtschaftlich-sozialen Mächtigkeit.[217]

3. Satzungsgestaltung und diskriminierende Regelungen

Unter Hinweis auf die EuGH-Rechtsprechung zur horizontalen Direktwirkung des Diskriminierungsverbots bei der Arbeitnehmerfreizügigkeit und das allgemeine Diskriminierungsverbot (Art. 18 Satz 1 AEUV) wird teilweise und dann sehr all-

---

208 *Möslein*, Grenzen unternehmerischer Leitungsmacht, 255; vgl. auch. *Grundmann/Möslein*, ZGR 2003, 317, 354.
209 *Möslein*, ZIP 2008, 208, 214.
210 *Möslein*, Grenzen unternehmerischer Leitungsmacht, 255.
211 *Möslein*, ZIP 2008, 208, 214.
212 *Grundmann/Möslein*, Europäisierung, in: Bayer/Habersack (Hrsg.), Aktienrecht im Wandel Band 2, Rn 21.; *Möslein*, Grenzen unternehmerischer Leitungsmacht, 260.
213 *Möslein*, Grenzen unternehmerischer Leitungsmacht, 258; *ders.*, ZIP 2008, 208, 214.
214 *Grundmann/Möslein*, Europäisierung, in: Bayer/Habersack (Hrsg.), Aktienrecht im Wandel Band 2, Rn 21; *Möslein*, Grenzen unternehmerischer Leitungsmacht, 261; *ders.*, ZIP 2008, 208, 214.
215 *Möslein*, ZIP 2008, 208, 214.
216 *Möslein*, ZIP 2008, 208, 215.
217 *Grundmann/Möslein*, Europäisierung, in: Bayer/Habersack (Hrsg.), Aktienrecht im Wandel Band 2, Rn 21; *Möslein*, ZIP 2008, 208, 214.

gemein ausgeführt, dass auch im Rahmen der Kapitalverkehrsfreiheit jedenfalls dort, wo Private diskriminierende Regelungen treffen, eine Grundfreiheitenkontrolle angezeigt sei.[218]

4. Satzungsgestaltung und mitgliedstaatliche Handlungspflichten

Nach einhelliger Auffassung bestehen bezüglich der Kapitalverkehrsfreiheit im Hinblick auf Art. 4 Abs. 3 EUV *mitgliedstaatliche Handlungs- und Schutzpflichten.*[219] Eine solche indirekte bzw. mittelbare Wirkung sei einer unmittelbaren Wirkung vorzuziehen.[220] Teilweise wird betont, dass den Mitgliedstaaten dabei ein weiter *Beurteilungsspielraum* zukomme.[221]

---

218 Vgl. *Andenas/Gütt/Pannier*, EBLR 16 (2005), 757, 776 („as obvious as agreeable"); *Sotiropoulos*, in: Hopt/Tzouganatos, Europäisierung des Handels- und Wirtschaftsrechts, 109, 120; vgl. auch *Gerner-Beuerle*, CMLR 49 (2012), 97, 136 („most convincing case"); tendenziell wohl auch *Bachmann*, AcP 210 (2010), 424, 468; *Rickford*, FS Wymeersch 2009, 61, 87; *Ringe*, FS Hopt 2008, 217, 226.
219 *Andenas/Gütt/Pannier*, EBLR 16 (2005), 757, 777 f.; *Artés*, EBLR 20 (2009), 457, 472; Calliess/Ruffert/*Kingreen*, EUV/AEUV, Art. 34–36 AEUV Rn 116 („Gewährleistungsverantwortung der Mitgliedstaaten") und Art. 34 Rn 222 („bei allen Grundfreiheiten"); Grabitz/Hilf/Nettesheim/*Ress/Ukrow*, EUV/AEUV, Art. 63 AEUV Rn 117 (Art. 63 AEUV enthält in Bezug auf das mitgliedstaatliche Privatrecht einen entsprechenden „Regelungszweck und Rechtsanwendungsbefehl"); *Grundmann*, Europäisches Gesellschaftsrecht, Rn 653; *ders./Möslein*, Europäisierung, in: Bayer/Habersack (Hrsg.), Aktienrecht im Wandel Band 2, Rn 21; *dies*, ZGR 2003, 317, 366; *Habersack/Verse*, Europäisches Gesellschaftsrecht, § 3 Rn 10 und 36; *Kainer*, ZHR 168 (2004), 542, 558 ff., 574; *Kemmerer*, Kapitalverkehrsfreiheit und Drittstaaten, 210; *Möslein*, Dispositives Recht, 408 f.; *ders.*, Grenzen unternehmerischer Leitungsmacht, 256 f.; *Müller*, Kapitalverkehrsfreiheit, 145; *Neumann/Ogorek*, NZG 2008, 892, 896; *Seeling/Zwickel*, BB 2008, 622, 623; *Sonder*, Übernahmehindernisse im europäischen Binnenmarkt, 43; Streinz/*Sedlaczek/Züger*, EUV/AEUV, Art. 63 AEUV Rn 13; *Verse*, ZIP 2008, 1754, 17560.
220 *Geens/Clottens*, in: Hopt/Geens, The European Company Law Action Plan Revisited, 145, 182 („less sweeping and thus perhaps more plausible"); *Grundmann/Möslein*, Europäisierung, in: Bayer/Habersack (Hrsg.), Aktienrecht im Wandel Band 2, Rn 21 („Garantenpflicht vermeidet Regelungsvakuum und eröffnet dem nationalen Regelgeber sinnvolle Differenzierungsmöglichkeiten"); *Habersack/Verse*, Europäisches Gesellschaftsrecht, § 3 Rn 10 und 36 („vorzugswürdig").
221 *Möslein*, Dispositives Recht, 409; *ders.*, Grenzen unternehmerischer Leitungsmacht, 257 f. („weites Ausführungsermessen"); *Seeling/Zwickel*, BB 2008, 622, 623; *Habersack/Verse*, Europäisches Gesellschaftsrecht, § 3 Rn 10 und 36 („Im Ergebnis werden daher von Privaten ausgehende Beschränkungen [...] allenfalls in seltenen Ausnahmefällen zu beanstanden sein").

5. Satzungsgestaltung im Lichte weiterer Ansätze

Darüber hinaus sind in der Literatur im Wesentlichen drei weitere Ansätze entwickelt worden.

a. Satzungsgestaltung zwischen Präferenzausdruck und Beeinflussung Dritter

Eine Strömung in der Literatur will in Anlehnung an die Rechtsprechungslinie zu kollektiven Regelungen danach unterscheiden, ob private Maßnahmen lediglich Ausdruck von Präferenzen sind oder gezielt Dritte beeinflussen können.[222] Innerhalb dieses Ansatzes werden verschiedene, strukturell ähnliche Differenzierungen angeboten.

Es sei zwischen dem Verhalten von den am Leistungsaustausch Beteiligten und dem Verhalten außen stehender Dritter zu unterschieden.[223] Private sollen in ihrer Rolle als Verbraucher oder Unternehmer, sei es als Nachfrager oder Lieferant, keiner Drittwirkung unterliegen.[224] Anders soll dies sein, wenn Private als außenstehende Dritte auftreten, die auf die Angebots- und Nachfrageentscheidungen von Konsumenten und Unternehmen einwirken bzw. diese zu beeinflussen versuchen.[225]

Andere wollen zwischen marktkonformem und marktregulierendem Privatverhalten unterscheiden.[226] Realakte oder Rechtsgeschäfte, die lediglich Ausdruck von Präferenzen seien, stellten sich als marktkonform dar.[227] Die gezielte Einflussnahme auf das Marktverhalten Dritter habe hingegen marktregulierenden Charakter.[228] Bei privater Normsetzung in Gestalt von Kollektivverträgen, „Verbandssatzungen", AGB und technischen Standards sei das der Fall.[229] Marktkonform sei aber der freie Beschluss von Gesellschaftern, durch Schaffung von

---

222 Vgl. *Bachmann*, AcP 210 (2010), 424, 473 ff.; *Demirakou*, Kapitalverkehrsfreiheit und Aktienrecht, 155, 193, 248; *Müller-Graff*, EuR 2014, 3, 18; *W.-H. Roth*, FS Medicus 2009, 393, 404 ff.; vgl. auch *Papadopoulos*, ECFR 9 (2012), 221, 240, 248; siehe auch Schlussanträge GA *Maduro* v. 23.5. 2007, C-438/05 (*Viking*), Slg. 2007, I-10779, Rn 43, wonach Grundfreiheiten „unmittelbar für jede Tätigkeit von Privaten gelten, die Dritte effektiv davon abhalten kann, ihre Verkehrsfreiheiten auszuüben."

223 *W.-H. Roth*, FS Medicus 2009, 393, 404 ff., jedenfalls bezogen auf die übrigen Grundfreiheiten.

224 *W.-H. Roth*, FS Medicus 2009, 393, 404 f.

225 *W.-H. Roth*, FS Medicus 2009, 393, 405.

226 *Bachmann*, AcP 210 (2010), 424, 473 ff.; ähnlich *Perner*, Grundfreiheiten, S. 170 f., 188 f.; *Papadopoulos*, ECFR 9 (2012), 221, 240, 248, 251.

227 *Bachmann*, AcP 210 (2010), 424, 473.

228 *Bachmann*, AcP 210 (2010), 424, 473 f.

229 *Bachmann*, AcP 210 (2010), 424, 475.

Sonderrechten oder ähnlichen Maßnahmen ihre Aktiengesellschaft dem Kapitalmarkt mehr oder weniger weit zu öffnen.[230] Dies müsse ihnen ebenso frei stehen wie die Entscheidung des Verbrauchers, seinen Briefkasten für Werbesendungen zu öffnen oder nicht.[231] Der Beschluss eines Kontrollinhabers, den Verkaufsgegenstand so zu gestalten, dass potenzielle Erwerber vom Kauf Abstand nehmen, sei Ausdruck wettbewerblich-privatautonomen Verhaltens.[232]

Schließlich soll eine unmittelbare Drittwirkung zu bejahen sein, wenn eine Störung der Privatautonomie vorliege, also eine besondere Machtsituation bestehe.[233] Das sei der Fall, wenn eine Satzungsbestimmung einseitig, d. h. ohne die Zustimmung der Betroffenen, eingeführt werde.[234] Die vorhandenen Aktionäre seien aber nicht betroffen, da sie durch ihre Teilnahme an der Gründung der Aktiengesellschaft bzw. ihren späteren Beitritt dem die aktienrechtliche Willensbildung steuernden Majoritätsprinzip zugestimmt hätten.[235] Betroffen könnten aber jedenfalls potenzielle Investoren sein, die durch die Satzungsbestimmung von einer Investition abgehalten würden und über keine vergleichbaren Investitionsalternativen verfügten.[236] Die Satzungsbestimmung müsse „unentrinnbar" sein.[237] Das sei bei börsennotierten Aktiengesellschaften aufgrund gleichwertiger Investitionsalternativen aber nicht der Fall. Allein auf die betroffene Gesellschaft abzustellen vermische das Machtkriterium mit der Behinderungswirkung. In dieser Hinsicht wird von anderer Seite eingewandt, dass aufgrund des Mehrheitsprinzips Aktionärsrechte durch Satzungsgestaltung beeinträchtigt werden könnten und also Privatrechtssubjekte mit einem Instrument ausgestattet würden, mit dem sie Rechte anderer einseitig, also ohne Zustimmung der Betroffenen, beschränken könnten.[238]

---

230 *Bachmann*, AcP 210 (2010), 424, 464; vgl. auch *Kainer*, ZHR 168 (2004), 542, 560.

231 *Bachmann*, AcP 210 (2010), 424, 464.

232 *Kainer*, ZHR 168 (2004), 542, 560.

233 *Demirakou*, Kapitalverkehrsfreiheit und Aktienrecht, 151 ff., 193, 248.

234 *Demirakou*, Kapitalverkehrsfreiheit und Aktienrecht, 155, 193, 248, 258.

235 *Demirakou*, Kapitalverkehrsfreiheit und Aktienrecht, 248, 258 f.

236 *Demirakou*, Kapitalverkehrsfreiheit und Aktienrecht, 248, 259.

237 So und zum Folgenden *Demirakou*, Kapitalverkehrsfreiheit und Aktienrecht, 259.

238 *Sotiropoulos*, in: Hopt/Tzouganatos, Europäisierung des Handels- und Wirtschaftsrechts, 109, 121 f.

b. Satzungsgestaltung und Intensität der Beschränkungswirkung

Eine zweite Strömung will im Hinblick auf private Maßnahmen allein auf die Beschränkungswirkung abstellen.[239] Argumentativ lasse sich weder eine Begrenzung der Drittwirkung auf kollektive Regelwerke halten, noch eine Begrenzung auf das Diskriminierungsverbot.[240] Vielmehr soll die Unterscheidung zwischen staatlichen und privaten Maßnahmen allein als Indikator dienen für das, was eigentlich interessiere, nämlich die Beschränkungswirkung.[241] Persönlicher und sachlicher Anwendungsbereich seien in dieser Hinsicht nicht zu trennen.[242] Es sei allein darauf abzustellen, ob und inwieweit die fragliche Regelung tatsächlich potenzielle Investoren abschrecke.[243] Der Ansatz soll als flexibles Instrument die ganze Bandbreite möglicher Hindernisse erfassen und unterschiedliche Prüfungslevel oder -intensitäten vorsehen, abhängig vom Akteur und Ausmaß der Behinderung.[244] Eine Beteiligung staatlicher Anteilseigner und die Existenz von staatlichen Sonderrechten würden demnach fast immer Bedenken hervorrufen, Regeln des allgemeinen Gesellschaftsrechts und privates Verhalten hingegen regelmäßig nicht.[245] Entscheidend soll nicht die Herkunft der beeinträchtigenden Wirkung sein, sondern die Abschreckungswirkung für das beeinträchtigte Privatrechtssubjekt.[246]

c. Satzungsgestaltung und Differenzierung nach Grundfreiheiten

Eine dritte Strömung will zwischen personenbezogenen und produktbezogenen Grundfreiheiten unterscheiden. Als personenbezogenen gelten die Arbeitnehmerfreizügigkeit, Niederlassungs- und Dienstleistungsfreiheit, als produktbezogen hingegen die Warenverkehrs- und Kapitalverkehrsfreiheit. Die personenbezogenen Grundfreiheiten wiesen erheblich größere individualrechtliche bzw.

---

239 *Puhle*, Finanzprodukte als Eingriff in die Kapitalverkehrsfreiheit, 220 f.; *Ringe*, CLJ 69 (2010), 378, 404 ff. („effects-based test“); *Schepel*, ELJ 18 (2012), 177, 200; vgl. für die Warenverkehrsfreiheit *Krenn*, CMLR 49 (2012), 177, 209 ff. („concept of de minimis for private conduct“), 215.

240 *Schepel*, ELJ 18 (2012), 177, 184 ff. („collapse of the institutional limitation“), 188 ff. („collapse of the substantive limitation“), 200.

241 *Schepel*, ELJ 18 (2012), 177, 187; vgl. *Ringe*, CLJ 69 (2010), 378, 404 ff. („effects-based test“).

242 *Schepel*, ELJ 18 (2012), 177, 200 („the personal scope of free movement law wholly collapsed into their material scope“).

243 *Ringe*, CLJ 69 (2010), 378, 404 ff.

244 *Ringe*, CLJ 69 (2010), 378, 404, 409; vgl. für die Warenverkehrsfreiheit *Krenn*, CMLR 49 (2012), 177, 209 ff., 215 („flexible de minimis threshold“, der bei personenbezogenen Grundfreiheiten signifikant niedriger anzusetzen sei); kritisch hingegen *Verbuggen*, ERPL 22 (2014), 201.

245 *Ringe*, CLJ 69 (2010), 378, 404, 409; *ders*, FS Hopt 2008, 217, 234.

246 Vgl. auch *Hofmann*, Minderheitsschutz im Gesellschaftsrecht, 99 („leuchtet... ein“).

grundrechtliche Gehalte auf.[247] Sie sollen außerdem eine zusätzliche normative Aufwertung durch das Konzept der Unionsbürgerschaft (Art. 20 AEUV) erfahren.[248] Der Kapitalverkehrsfreiheit als bloß produktbezogener Grundfreiheit komme im Ergebnis keine horizontale Wirkung zu.[249] Gegenüber dieser Differenzierung wird eingewandt, dass es in Bezug auf Aktienbeteiligungen eine Überlappung von Kapitalverkehrs- und Niederlassungsfreiheit gebe und diese Grundfreiheiten daher nur schwer unterschiedlich behandelt werden könnten.[250]

6. Stellungnahme

a. Vermischung zweier Aspekte

In der speziellen Literatur zum Verhältnis von privatautonomer Satzungsgestaltung und Kapitalverkehrsfreiheit werden die Frage der Drittwirkung, also die nach den Adressaten des Beschränkungsverbots, und die Frage der Beschränkungswirkung, also die nach den Maßstäben des Beschränkungsverbots, häufig *vermischt*. Ähnliches ist aus der allgemeinen Diskussion über die Drittwirkung von Grundfreiheiten bekannt. Wenn dort beide Fragen vermischt werden, warnen die Kritiker einer Drittwirkung davor, dass sobald Drittwirkung bejaht würde, im Extremfall jedes private Verhalten mit Behinderungswirkung unter den Druck sachlicher Rechtfertigung geraten könnte. Umgekehrt schlagen die Befürworter einer Drittwirkung Alarm, wenn jede Drittwirkung verneint würde, weil dann selbst wirkmächtige private Normsetzung mit Diskriminierungswirkung unbehelligt bliebe. Ein wesentlicher Grund für die Vermischung der Aspekte dürfte sein, dass die EuGH-Rechtsprechung zur Drittwirkung uneinheitlich und auch dogmatisch nicht einfach zu greifen ist. Außerdem mag es zunächst naheliegend erscheinen, von einer hohen Intensität potenzieller Beschränkungswirkungen auf eine besondere Machtfülle zu schließen und deshalb die entsprechenden Akteure als Adressaten zu qualifizieren. Der Form nach ist eine solche Argumentation aber zirkulär.

---

247 *Lengauer*, Drittwirkung von Grundfreiheiten, 391 f., 394; vgl. auch *Andenas/Gütt/Pannier*, EBLR 16 (2005), 757, 775; *Krenn*, CMLR 49 (2012), 177, 186 ff.; *Preedy*, Bindung Privater an die Europäischen Grundfreiheiten, 205, 210 f.

248 Vgl. *Krenn*, CMLR 49 (2012), 177, 184 f., 189 – 191, der ein „upgrading" der personenbezogenen Grundfreiheiten im Ergebnis aber nicht über Adressatenfrage steueRn will, sondeRn über eine geringere Mindestbehinderungsschwelle.

249 *Lengauer*, Drittwirkung von Grundfreiheiten, 406; *Birkemeyer*, EuR 2010, 662, 676.

250 Vgl. *Rickford*, FS Wymeersch 2009, 61, 85 f.; *Schepel*, ELJ 18 (2012), 177, 194 f.

b. Satzungsgestaltung als kollektive Regelung

Die intensivste Diskussion dreht sich um die Frage, ob privatautonome Satzungsgestaltung als kollektive Regelung anzusehen ist. Dass Satzungsregelungen die Aktionäre der Gesellschaft in gewisser Hinsicht binden, wird allgemein gesehen. Die Frage ist, ob sich daraus rechtlich oder faktisch staatsähnliche Bindungswirkungen ergeben können bzw. eine rechtliche oder faktische Monopolstellung vorliegt. Die Antwort hängt davon ab, auf welchen *Bezugspunkt* man hinsichtlich der Monopolstellung abstellt, namentlich wie man den relevanten Markt definiert. Die externe Perspektive stellt darauf ab, dass es ausreichend viele, vergleichbare Anlagealternativen gibt, mithin auf den Markt für Aktien von börsennotierten Gesellschaften. Je nachdem, was unter vergleichbar zu verstehen ist, wäre auf diesen Markt insgesamt oder auf Teile davon abzustellen, etwa nach Börsen-, Branchen- oder Umsatzsegmenten. Die interne Perspektive stellt darauf ab, dass es nicht auf Anlagealternativen ankommt, mithin allein auf den Markt für die Aktien der betroffenen Gesellschaft. Die interne Perspektive mag ungewohnt erscheinen. Allerdings hat auch der EuGH bei Golden Shares nicht auf vergleichbare Anlagealternativen abgestellt, sondern allein auf die betroffenen Gesellschaften.

c. Mitgliedstaatliche Handlungs- und Schutzpflichten als Ansatz

Die Frage, ob Satzungsgestaltung eine kollektive Regelung darstellt und die Kapitalverkehrsfreiheit insoweit horizontale Direktwirkung entfaltet, bedarf hier keiner Entscheidung. Denn nach einhelliger Auffassung bestehen in Bezug auf die Kapitalverkehrsfreiheit jedenfalls *mitgliedstaatliche Handlungs- und Schutzpflichten.* Zwar wird in der Literatur oft zwischen den Formen unmittelbarer und mittelbarer Drittwirkung unterschieden, so dass man meinen könnte, die Frage der horizontalen Direktwirkung müsste entschieden werden. Eine solche Zweiteilung macht in der Sache regelmäßig aber keinen praktischen Unterschied.[251] Nur wenn nationales Recht *keine ausreichenden Auslegungsspielräume* bereithält, um europarechtliche Wertungen zu Geltung zu bringen, kommt es auf die Unterscheidung tatsächlich an.[252]

Hinsichtlich privatautonomer Satzungsgestaltung in der deutschen AG besteht mit der Möglichkeit der Anfechtungsklage wegen Verletzung des Gesetzes

---

251 Vgl. Schlussanträge GA *Maduro* v. 23.05.2007, C-438/05 (*Viking*), Slg. 2007, I-10779, Rn 40 („in der Sache [...] kein Unterschied"); *Bachmann*, AcP 210 (2010), 424, 471 f.; *Hartkamp*, ERPL 3 (2010), 527, 548; *Preedy*, Bindung Privater an die Europäischen Grundfreiheiten, 69 f.; *Verse*, ZIP 2008, 1754, 1760.

252 Vgl. *Bachmann*, AcP 210 (2010), 424, 477 f. („selten der Fall").

(§§ 241 Nr. 5, 243 Abs. 1 Alt. 1, 246 AktG) der Form nach eine hinreichende Handhabungsmöglichkeit.[253] Die Kapitalverkehrsfreiheit ist Gesetz oder als Gesetz i.S.d. § 243 Abs. 1 AktG zu berücksichtigen (europarechtskonforme Auslegung). Sie bindet Gesellschaft und Aktionäre zumindest mittelbar. Dass eine Anfechtung im Wesentlichen nur durch Aktionäre möglich ist (vgl. § 245 Nr. 1 AktG), nicht aber durch Investoren, liegt im Rahmen des mitgliedstaatlichen Ermessensspielraums. Wenn Entsendungsrechte nachträglich eingeführt werden, befinden sich Aktionäre, anders als Investoren, in einer lock-up Situation. Investoren hingegen können die nachträgliche Einführung von Entsendungsrechten einpreisen. Hinsichtlich der Nichtigkeitsgründe des § 241 Nr. 3 und Nr. 4 AktG dürfte eine europarechtskonforme Auslegung an Grenzen stoßen, so dass Investoren insoweit nur der Weg über einen Staatshaftungsanspruch bleibt.

Hinsichtlich privatautonomer Satzungsgestaltung in der österreichischen AG und der britischen PLC führt der rechtsvergleichende Blick auf die entsprechenden Anfechtungs- und Nichtigkeitsgründe im österreichischen Aktiengesetz (§§ 195 Abs. 1, 199 Abs. 1 Nr. 3 und 4 öAktG) sowie die britische Rechtslage (s 994 Abs. 1 Buchst. a CA 2006 und Rechtsfigur „bona fide for the benefit of the company as a whole“) zu vergleichbaren Ergebnissen.

Eine zirkuläre Argumentation ist damit nicht vorgezeichnet. Im Gegenteil wird erst der Blick frei für die eigentlich bedeutsame Frage, nämlich ob im Privatrechtsverhältnis eine abgeschwächte Wirkung der Kapitalverkehrsfreiheit angezeigt ist.[254] Diese Frage ist mit der Bejahung des Handlungspflichtenansatzes nicht beantwortet. Die entscheidende Frage ist die nach den Maßstäben des Beschränkungsverbots der Kapitalverkehrsfreiheit für die hier infrage stehenden Konstellationen.

---

253 Vgl. *Hüffer*, AktG, § 243 Rn 5, wonach der materielle Gesetzesbegriff des Art. 2 EGBGB maßgeblich sei und nicht nur aktienrechtliche Vorschriften umfasst, sondeRn Bestimmungen aller Rechtsgebiete, soweit ihr Geltungsanspruch die AG erfasst; nach *Müller-Graff*, EuR 2014, 3, 24, ist ein Verstoß gegen das Beschränkungsverbot als Verletzung eines gesetzlichen Verbots i.S.d. § 134 BGB anzusehen.

254 Vgl. *Bachmann*, AcP 210 (2010), 424, 438.

§ 10 Privatautonome Entsendungsrechte und Maßstäbe des Beschränkungsverbots der Kapitalverkehrsfreiheit

Die EuGH-Rechtsprechung zum Beschränkungsverbot bei Entsendungsrechten in Golden-Shares-Konstellationen wurde bereits oben dargestellt,[255] ebenso die deutsche Rechtsprechung zum Beschränkungsverbot bei privatautonomen Entsendungsrechten.[256]

I. Literaturauffassungen zum Beschränkungsverbot der Kapitalverkehrsfreiheit bei Entsendungsrechten

Die Kommentarliteratur zu Entsendungsrechten erschöpft sich im Hinblick auf die Kapitalverkehrsfreiheit weitestgehend in der Feststellung, dass die Golden-Shares-Rechtsprechung zu staatlichen Entsendungsrechten nicht auf privatautonome Entsendungsrechte übertragbar sei und jene nicht gegen die Kapitalverkehrsfreiheit verstießen.[257] Daher wird im Folgenden die spezielle Literatur dargestellt und die unterschiedlichen argumentativen Begründungen systematisch verortet.

1. Entsendungsrechte als Marktzugangshindernisse

Entsendungsrechte sind nach einhelliger Auffassung als Beschränkungen der Kapitalverkehrsfreiheit anzusehen, wenn sie geeignet sind, den Marktzugang zu behindern und die Situation des Erwerbs einer Beteiligung als solche zu berühren.[258]

---

255 Vgl. § 8.

256 Vgl. § 9 II.

257 *Hüffer,* AktG, § 101, Rn 9; KölnerKomm-AktG/*Mertens/Cahn,* § 101 Rn 50; Schmidt/Lutter/*Drygala,* AktG, § 101 Rn 14; Grigoleit/*Grigoleit/Tomasic,* AktG, § 101 Rn 19; ausführlicher hingegen Spindler/Stilz/*Spindler,* AktG, § 101 Rn 53.

258 *Neumann/Ogorek,* NZG 2008, 892, 894; *Ogorek,* EWiR 2008, 449; *ders./von der Linden,* BB 2008, 1139, 1140; *Sonder,* Übernahmehindernisse im europäischen Binnenmarkt, 247; vgl. auch *Möslein,* AG 2007, 770, 773 und *ders,* ZIP 2007, 208, 210, der allerdings nicht von „Marktzugang" spricht.

a. Anwendung allgemeinen Gesellschaftsrechts

Die überwiegende Auffassung verweist auf das EuGH-Urteil zum VW-Gesetz, woraus sich ergebe, dass das in § 101 Abs. 2 AktG geregelte Entsendungsrecht kein Markzugangshindernis darstelle.[259] Der EuGH habe einen Verstoß gegen die Kapitalverkehrsfreiheit insbesondere damit begründet, dass das im VW-Gesetz kodifizierte Entsendungsrecht nicht dem aktienrechtlichen Modell des § 101 Abs. 2 AktG entspreche.[260] Die *Abweichung* der Entsendungsrechte vom allgemeinen aktienrechtlichen Modell sei ein wesentlicher Grund für deren Behinderungswirkung gewesen[261] bzw. das entscheidende Indiz.[262] Überhaupt liege es in der Natur der Sache, dass zahlreiche gesellschaftsrechtliche Bestimmungen geeignet seien, die Attraktivität des Anteilserwerbs zu mindern, etwa weil sie Gläubiger und Minderheitsaktionäre weitergehend schützten als in anderen Mitgliedstaaten oder weil sie Arbeitnehmern Mitbestimmungsrechte zugestünden.[263] Es sei aber nicht überzeugend, das nationale Gesellschafts- und Kapitalmarktrecht insgesamt unter einen Rechtfertigungsvorbehalt zu stellen und somit seine inhaltliche Kohärenz zu gefährden.[264]

Demgegenüber wird eingewandt, die Frage, ob allgemeines Gesellschaftsrecht angewandt werde oder eine Abweichung von demselben vorliege, sei keine tragende Erwägung der EuGH-Rechtsprechung zu staatlichen Entsendungsrechten gewesen.[265] Es verbiete sich, daraus Rückschlüsse auf die Zulässigkeit privater Entsendungsrechte zu ziehen.[266] Entsendungsrechte zugunsten der öffentlichen Hand und zugunsten Privater könnten aus Investorenperspektive exakt die gleiche Behinderungswirkung entfalten.[267]

b. Allgemeines Gesellschaftsrecht als Rahmenmodalität i.S.d. Keck-Rechtsprechung

Im Hinblick auf die EuGH-Entscheidung *Keck*[268] stelle § 101 Abs. 2 AktG jedenfalls eine unproblematische Rahmenregelung dar.[269] Die Grundsätze der Keck-Diffe-

259 *Neumann/Ogorek*, NZG 2008, 892, 894; *Ogorek*, EWiR 2008, 449; *ders./von der Linden*, BB 2008, 1139, 1140; vgl. auch *Hüffer*, AktG, § 101 Rn 9.
260 *Ogorek*, EWiR 2008, 449.
261 *Neumann/Ogorek*, NZG 2008, 892, 894.
262 *Ogorek/von der Linden*, BB 2008, 1139, 1140.
263 *Ogorek/von der Linden*, BB 2008, 1139, 1140.
264 *Ogorek/von der Linden*, BB 2008, 1139, 1140.
265 *Verse*, ZIP 2008, 1754, 1759.
266 *Verse*, ZIP 2008, 1754, 1759.
267 *Möslein*, AG 2007, 770, 775; *ders*, ZIP 2007, 208, 213; *ders*, Der Aufsichtsrat 2008, 72.
268 EuGH, Urt. v. 24.11.1993, C-267/91 und C-268/91 (*Keck*), Slg. 1993, I-6097.

renzierung seien auf die Kapitalverkehrsfreiheit übertragbar. Demnach fielen Rahmenregelungen für Kapitalverkehrsgeschäfte von vornherein nicht unter das Beschränkungsverbot. § 101 Abs. 2 AktG sei eine derartige Rahmenvorschrift, da sie nicht spezifisch den grenzüberschreitenden Kapitalverkehr regele, sondern Teil der im Aktiengesetz für alle Aktiengesellschaften verbindlich ausgestalteten Gesellschaftsverfassung sei. Sie könne als den Kapitalfluss nur mittelbar steuernde Investitionsmodalität keine Beschränkung darstellen, weil sie den eigentlichen Zugang zum Kapitalmarkt für ausländisches Kapitel nicht erschwere, für alle betroffenen Wirtschaftsteilnehmer unterschiedslos gelte und die Kapitalbewegungen in- und ausländischen Kapitals auch tatsächlich in gleicher Weise betreffe.

Demgegenüber wird eingewandt, § 101 Abs. 2 AktG könne nicht als bloße Investitionsmodalität von der Überprüfung ausgenommen werden.[270] Keck gelte nur für Regeln des Bestimmungslandes, während Gesellschaftsorganisationsregeln vom Herkunftsland des Emittenten erlassen würden. Außerdem differenziere Keck nach dem Produktbezug von Regelungen. Gesellschaftsorganisationsregeln wie § 101 Abs. 2 AktG prägten aber das Produkt „Aktie“. Keck nehme deshalb allenfalls Vertriebs- oder Handelsregeln für Wertpapiere von der Überprüfung aus.

c. Disproportionalität, Mediatisierungseffekt und unternehmerische Mitbestimmung

Zu Bedenken sei auch, dass Entsendungsrechte eine Signalwirkung auf die Kapitalmarktteilnehmer hätten, indem sie potenziellen Anteilserwerbern die Aussicht auf den Erwerb proportionaler Einflussmacht nähmen.[271] Die Situation des Erwerbers einer Beteiligung als solche sei umso eher berührt, je wichtiger die betroffenen Entscheidungsgegenstände seien und je stärker die Einflussmacht verschoben werde.[272] Entsendungsrechte beträfen die Aufsichtsratsbesetzung, die ihrerseits direkt und indirekt die strategische Grundausrichtung der Aktiengesellschaft bestimme.[273] Referenzmodell für die Einflussmachtverschiebung sei die idealtypische Verteilung von Einflussmacht streng proportional zur Kapitalbeteiligung.[274] Modifikationen beschränkten die Möglichkeit von Direktinvestoren,

---

269 So und zum Folgenden *Neumann/Ogorek*, NZG 2008, 892, 894.

270 So und zum Folgenden *Möslein*, ZIP 2007, 208, 213.

271 *Möslein*, AG 2007, 770, 772; vgl. auch *Gündel*, Interessenwahrung bei der Besetzung des Aufsichtsrates, 176; *Sonder*, Übernahmehindernisse im europäischen Binnenmarkt, 247 f.

272 *Möslein*, AG 2007, 770, 773; *ders*, ZIP 2007, 208, 210.

273 *Möslein*, AG 2007, 770, 773 f.

274 *Möslein*, AG 2007, 770, 774.

sich an der Verwaltung der betreffenden Gesellschaft zu beteiligen, und träfen mittelbar auch Anlegeraktionäre, die nicht auf eine Übernahmeprämie hoffen könnten.[275] Andererseits schrecke die Gefahr, dass aufgrund einer Disproportionalität von Risiko und Kontrolle Entscheidungen getroffen werden könnten, die dem Gesellschaftsinteresse widersprächen, primär Portfolioinvestoren ab, da diese besonders stark auf interessengerechte Entscheidungen vertrauen müssten, weil ihnen selbst jede unternehmerische Einflussmöglichkeit fehle.[276] Allenfalls geringfügige Disproportionalitäten seien ohne besondere Rechtfertigung zulässig.[277]

Selbst bei proportionalen Entsendungsrechten werde aber die Unmittelbarkeit des Einflusses des Entsendungsberechtigten auf die Organbesetzung vergrößert.[278] Die Einflussmacht werde individualisiert und mehrheitsfest.[279] Egal wie viele Anteile ein Interessent an der Börse erwerbe, ein Teil der Organmitglieder dürfe weiterhin vom Sonderechtsinhaber ernannt werden.[280] Die Mediatisierung von Einflussmöglichkeiten auf gesellschaftsinterne Entscheidungen mache den Anteilserwerb weniger attraktiv und sei als Ausübungsbeschränkung anzusehen.[281]

In Kombination mit Mitbestimmungsregeln könne ein Entsendungsrecht außerdem zur Folge haben, dass selbst ein Mehrheitserwerber nur eine Minderheit der Aufsichtsratsmitglieder bestimmen und damit nicht einmal mittelbar auf die Vorstandsbesetzung Einfluss nehmen könne.[282] In paritätisch mitbestimmten Gesellschaften genüge ein Entsendungsrecht in Bezug auf einen einzigen Anteilseignervertreter, um Mehrheitserwerbern jede Möglichkeit zu nehmen, sich die Mehrheit im Aufsichtsrat zu sichern.[283] Wegen § 35 BGB verbürge nicht einmal der Erwerb einer satzungsändernden Mehrheit eine gesicherte Kontrollposition.[284] Selbst proportionale Entsendungsrechte machten Gesellschaften im Zusammenspiel mit dem Mitbestimmungsregime übernahmefest.[285] Entsendungsrechte könnten daher als wirkmächtiges Mittel der Übernahmeabwehr eingesetzt wer-

275 *Möslein*, ZIP 2007, 208, 211.
276 *Möslein*, ZIP 2007, 208, 211.
277 *Möslein*, ZIP 2007, 208, 210 f.
278 *Möslein*, AG 2007, 770, 772.
279 *Möslein*, AG 2007, 770, 772, 774.
280 *Möslein*, AG 2007, 770, 772.
281 *Möslein*, AG 2007, 770, 773.
282 *Möslein*, AG 2007, 770, 772.
283 *Möslein*, Der Aufsichtsrat 2008, 72, 73.
284 *Möslein*, AG 2007, 770, 772.
285 *Möslein*, AG 2007, 770, 772 f.

den.[286] Unternehmensverfassungen, die den Aufsichtsrat und damit auch den Vorstand und strategische Entscheidungen zu sehr vom Einfluss der Aktionäre abkoppelten, hätten vor dem EuGH auf Dauer keinen Bestand.[287]

d. Mitgliedstaatlicher Beurteilungsspielraum

Im Übrigen wird im Hinblick auf § 101 Abs. 2 AktG betont, dass den Mitgliedstaaten ein weiter Beurteilungsspielraum zustehe.[288] Der freie Kapitalmarkt werde bereits dadurch hinreichend geschützt, dass § 101 Abs. 2 AktG als Voraussetzung für die Einräumung eines Entsendungsrechts einen Hauptversammlungsbeschluss mit qualifizierter Mehrheit verlange, die Aktionärseigenschaft des Begünstigten voraussetze und eine zahlenmäßige Obergrenze festlege.[289] Die Einräumung von Entsendungsrechten erfolge zunächst lediglich auf Grundlage einer Rahmenvorschrift, welche nicht spezifisch den grenzüberschreitenden Kapitalverkehr regele.[290] Durch die abstrakte Möglichkeit von Entsendungsrechten würden inländische und ausländische Investoren gleichermaßen berührt, was eine Beeinträchtigung eher fernliegend erscheinen lasse.[291] Zwar könnten auf den Kontrollerwerb abzielende Investitionen nicht unerheblich erschwert werden, aber eben auch nicht schlechterdings unmöglich gemacht.[292] Eine tatsächliche Beschränkung könne aber erst durch eine bestimmte, konkrete und fast untypische privatautonome Satzungsgestaltung eintreten, so dass es bei gewöhnlicher Nutzung grundsätzlich zu keiner spezifischen Marktzugangssperre oder spürbaren Beeinträchtigung der Interessen ausländischer Erwerber komme. Die Einräumung von Entsendungsrechten sei also möglich, auch wenn im Einzelfall eine europarechtskonforme Auslegung geboten sein möge.[293]

---

286 *Möslein*, AG 2007, 770, 772.
287 *Möslein*, Der Aufsichtsrat 2008, 72, 73.
288 *Seeling/Zwickel*, BB 2008, 622, 623.
289 *Neumann/Ogorek*, NZG 2008, 892, 897.
290 *Sonder*, Übernahmehindernisse im europäischen Binnenmarkt, 146.
291 *Sonder*, Übernahmehindernisse im europäischen Binnenmarkt, 146; vgl. auch *Verse*, ZIP 2008, 1754, 1760.
292 So und zum Folgenden *Sonder*, Übernahmehindernisse im europäischen Binnenmarkt, 146.
293 *Seeling/Zwickel*, BB 2008, 622, 623.

2. Rechtfertigung von markzugangsbehindernden Entsendungsrechten

Unter Rechtfertigungsgesichtspunkten wird darauf verwiesen, dass es im Rechtsverhältnis zwischen Gesellschaft, Entsendungsberechtigten und Aktionären um die Ausübung von Verbands- und daher Privatautonomie gehe.[294] Die Mitgliedstaaten, einschließlich ihrer Gerichte, stünden vor der Aufgabe, den Schutz der Grundfreiheiten und denjenigen der Gemeinschaftsgrundrechte miteinander abzuwägen.[295] Für die Abwägung werden verschiedene Maßstäbe vorgeschlagen.

a. Strenge Erforderlichkeitsprüfung

Nach einer Ansicht seien Entsendungsrechte gerechtfertigt, wenn ihnen Zwecke zugrunde lägen, die der EuGH als Rechtfertigungsgründe anerkannt habe.[296] Die Interessen konkret eingegrenzter Personengruppen, insbesondere von Gesellschaftern, Gläubigern und Arbeitnehmern, habe der EuGH bereits explizit als zwingende Gründe des Allgemeininteresses anerkannt.[297] Legitime Zwecke seien etwas der Ausgleich von überobligatorischen Leistungen oder von besonderem Engagement sowie die Absicherung gewährter Darlehen.[298] Abwehrwirkung und Zwecksetzung seien dann aber ins Verhältnis zu setzen und gegenseitig abzuwägen.[299] Dabei sei zu prüfen, ob die Wahrung dieser spezifischen Interessen tatsächlich ein Entsendungsrecht erfordere, weil die Behinderung ansonsten unverhältnismäßig sei.[300]

---

294 Spindler/Stilz/*Spindler*, § 101 Rn 53.

295 *Habersack/Verse*, Europäisches Gesellschaftsrecht, § 3 Rn 10, 36; *Verse*, ZIP 2008, 1754, 1760; *Müller-Graff*, EWS 2009. 489, 495; zum Verhältnis von Grundfreiheiten und Grundrechten allgemein, vgl. *Kahl/Schwind*, EuR 2014, 170, 172 ff., 179 ff.; *Mager-Nestler/Noack*, JuS 2013, 503, 505 ff.; *Müller-Graff*, EuR 2014, 3, 25 ff.; *Schepel*, ERPL 21(2013), 1211; *Wollenschläger*, EuZW 2014, 577, 579 f.; zu Dichotomie, common ground und Konvergenz beider Regime, vgl. *de Cecco*, GLJ 15 (2014), 383, 384 ff., 392 ff., 395 ff.

296 *Möslein*, AG 2007, 770, 775.

297 *Möslein*, AG 2007, 770, 777.

298 *Möslein*, AG 2007, 770, 776 f.

299 *Möslein*, AG 2007, 770, 776.

300 *Möslein*, AG 2007, 770, 777.

b. Praktische Konkordanz

Nach anderer Auffassung seien die beiderseitigen Interessen gegeneinander abzuwägen und mit dem Ziel praktischer Konkordanz aufeinander abzustimmen.[301] Werde die Kapitalverkehrsfreiheit überbetont, so habe dies zur Folge, dass die Anteilseigner einer Aktiengesellschaft ihre Satzungsgewalt, als Ausprägung der als Gemeinschaftsgrundrecht anzuerkennenden Privatautonomie, in einem zentralen Punkt nicht mehr ausüben könnten.[302] Eine Einschränkung, die es ihnen verwehrte, einem Aktionär durch Satzungsänderung ein Entsendungsrecht zuzubilligen, würde sich kaum rechtfertigen lassen. Die Grundfreiheit sei selbst eine bereichsspezifische Ausprägung der Privatautonomie und verbürge deren Erstreckung über die innergemeinschaftlichen Grenzen.[303] Stünde sie einer Begründung statutarischer Entsendungsrechte entgegen, hätte sie genau das Gegenteil zur Folge, nämlich eine Einschränkung der Privatautonomie. Bei der Abwägung verfügten die Mitgliedstaaten über einen weiten Ermessensspielraum.[304] Im Sinne eines Untermaßverbots müssten sie nur einen Mindestschutz vor besonders gravierenden Beeinträchtigungen der Grundfreiheiten durch Private gewährleisten.[305] Daraus lasse sich nicht die Verpflichtung ableiten, das Privatrecht so auszugestalten, dass die effektive Verwirklichung der Grundfreiheiten ausnahmslos und in jeder Hinsicht gewährleistet werde.[306] Besonders gravierende Beeinträchtigungen sollen vornehmlich bei Gestaltungen in Betracht kommen, die Ausländer im Vergleich zu Inländern diskriminierten.[307] Auch der Gemeinschaftsgesetzgeber gehe davon aus, dass Übernahmehindernisse wie Entsendungsrechte jedenfalls im Regelfall nicht zu beanstanden seien, da er in der Übernahmerichtlinie die Wirksamkeit solcher und anderer Übernahmehindernisse vorausgesetzt und lediglich eine optionale Durchbrechungsregel vorgesehen habe.[308]

Die Abwägung von Grundfreiheit und Gemeinschaftsgrundrecht sei auch im Fall ThyssenKrupp zutreffend vorgenommen worden.[309] Denn einerseits treffe das Entsendungsrecht in- und ausländische Investoren gleichermaßen und mache auf den Kontrollerwerb zielende Investitionen nicht schlechterdings unmöglich, so

---

301 *Habersack/Verse*, Europäisches Gesellschaftsrecht, § 3 Rn 10, 36.
302 So und zum Folgenden *Neumann/Ogorek*, NZG 2008, 892, 896 f.
303 So und zum Folgenden *Neumann/Ogorek*, NZG 2008, 892, 897.
304 *Habersack/Verse*, Europäisches Gesellschaftsrecht, § 3 Rn 10, 36; *Verse*, ZIP 2008, 1754, 1760.
305 *Verse*, ZIP 2008, 1754, 1760; vgl. auch *Neumann/Ogorek*, NZG 2008, 892, 897.
306 *Neumann/Ogorek*, NZG 2008, 892, 897.
307 *Verse*, ZIP 2008, 1754, 1760.
308 *Habersack/Verse*, Europäisches Gesellschaftsrecht, § 3 Rn 10, 36; *Verse*, ZIP 2008, 1754, 1761.
309 *Neumann/Ogorek*, NZG 2008, 892, 896; *Verse*, ZIP 2008, 1754, 1760.

dass die Beschränkung nicht so schwer wiege, wie in den Fällen, in denen der EuGH bisher das Bedürfnis für eine Drittwirkung bejaht habe.[310] Die Zahl der zu entsendenden Aufsichtsratsmitglieder sei außerdem abhängig vom Umfang der Kapitalbeteiligung der Stiftung, so dass der durch das Entsendungsrecht vermittelte Einfluss der Stiftung durch ihre Kapitalbeteiligung legitimiert sei.[311] Auch hätten andererseits die Gesellschafter von ihrer Gestaltungsfreiheit in einer Weise Gebrauch gemacht, die einem legitimen Ziel diene, nämlich der aus ihrer Sicht bestmöglichen Entwicklung des Unternehmens.[312] Die Stiftung solle nämlich in die Lage versetzt werden, die Einheit des Unternehmens zu wahren und seine Entwicklung zu fördern, was eine legitime Zwecksetzung darstelle, deren Verwirklichung europäisches Recht nicht entgegenstehe.[313]

c. Privatautonomie als inhärente Grenze

Nach einer dritten Auffassung könnte der EuGH in der Privatautonomie der Gesellschafter eine inhärente Grenze seines eigenen Prüfungsmaßstabs sehen.[314]

3. Stellungnahme

Die Diskussion um Entsendungsrechte dreht sich um das Konzept des Marktzugangs, den Begriff des Zugangshindernisses und den Abwägungsmaßstab der Rechfertigungsprüfung. Das Beschränkungsverbot der Kapitalverkehrsfreiheit wird dahingehend verstanden, dass es ungerechtfertigte Marktzugangshindernisse verbiete.

Aus dieser Perspektive erscheint das Zusammenspiel von Entsendungsrechten, Hauptversammlung und unternehmerischer Mitbestimmung problematisch, ebenso wie der Sonderrechtscharakter von Entsendungsrechten. Entsendungsrechte auf schuldrechtlicher Basis sind unter dem Gesichtspunkt der Diskontinuität weniger problematisch, da sie im Hinblick auf die Organisation nur dann Bedeutung haben, wenn der Vertragspartner auch als Aktionär ein entsprechendes Gewicht in der Hauptversammlung hat und ihm also die versprochene Leistungserbringung möglich ist. Bei einem Wechsel der Mehrheitsverhältnisse ver-

---

310 *Verse*, ZIP 2008, 1754, 1760 f.

311 *Neumann/Ogorek*, NZG 2008, 892, 897.

312 *Verse*, ZIP 2008, 1754, 1761.

313 *Neumann/Ogorek*, NZG 2008, 892, 897.

314 *Grundmann*, Europäisches Gesellschaftsrecht, Rn 653; *Kemmerer*, Kapitalverkehrsfreiheit und Drittstaaten, 203 f.

lieren bestehende schuldrechtliche Entsendungsrechte regelmäßig an Bedeutung. Statutarische Entsendungsrechte hingegen gewährleisten eine ganz andere Kontinuität, so dass hier die Interessen der bestehenden und zukünftigen Aktionäre in besonderer Weise konfligieren.

Innerhalb der Diskussion wird von vornherein davon ausgegangen, dass das Beschränkungsverbot der Kapitalverkehrsfreiheit ein Behinderungsverbot in Bezug auf den Marktzugang darstellt. Damit wird aber der Streit über die grundsätzliche Frage, ob es sich beim Beschränkungsverbot strukturell um ein freiheitsrechtliches *Behinderungsverbot* oder ein gleichheitsrechtliches *Benachteiligungsverbot* handelt,[315] ausgeblendet. Dadurch besteht die Gefahr, aus dem Blick zu verlieren, welche weitreichenden Konsequenzen die unterschiedlichen Konzeptionen mit sich bringen. Im Folgenden wird die Auseinandersetzung um Entsendungsrechte deshalb im Licht der Diskussion über die dogmatische Grundstruktur des Beschränkungsverbots der Kapitalverkehrsfreiheit im Hinblick auf aktienrechtliche Regelungen betrachtet.

II. Literaturauffassungen zur Grundstruktur des Beschränkungsverbots der Kapitalverkehrsfreiheit

1. Benachteiligungsverbot als Grundstruktur

Ein Teil der Literatur geht davon aus, dass es sich beim Beschränkungsverbot im Kern um ein Benachteiligungsverbot handelt, mithin nach *Ungleichbehandlungen* zu fragen sei.[316] Die Kapitalverkehrsfreiheit sei dogmatisch in einem Gleichheitssatz abzubilden und es sei danach zu fragen, ob eine Maßnahme spezifisch oder nur auch einen grenzüberschreitenden Kapitalverkehrsvorgang behindere.[317] Anhand eines wirkungsbasierten Maßstabs, bei dem das quantitative Kriterium der statistisch besonders starken Betroffenheit von Ausländern und Grenzgängern kaum mehr als ein Indiz sein dürfe, solle qualitativ danach gefragt werden, ob eine Regelung Anforderungen enthalte, die typischerweise nur oder zumindest leichter von Inländern als von Ausländern erfüllt werden könnten und damit eine spezi-

315 Vgl. *Snell*, Free Movement of Capital, in: Craig/de Búrca, The Evolution of EU Law, 554 („most important and the most contested issue“).

316 Calliess/Ruffert/*Kingreen*, EUV/AEUV, Art. 34–36 AEUV Rn 69; *Davies*, GLJ 11 (2010), 671, 674; *ders.*, Nationality Discrimination, 200; *Gerner-Beuerle*, CMLR 49 (2012), 97, 128 f., 143; vgl. aber auch Calliess/Ruffert/*Bröhmer*, EUV/AEUV, Art. 63 AEUV Rn 63; Dauses/*Follak*, F II. Rn 10; Schwarze/Becker/Hatje/Schoo/*Glaesner*, EU-Kommentar, § 63 AEUV Rn 16.

317 Vgl. Calliess/Ruffert/*Kingreen*, EUV/AEUV, Art. 34–36 AEUV Rn 69.

fische Benachteiligung grenzüberschreitender gegenüber inländischen Sachverhalten vorliege.[318]

Innerhalb des Ansatzes wird betont, dass auch die Ratio der Golden-Shares-Entscheidungen in der Fokussierung auf Ungleichbehandlungen liege.[319] Eine Beschränkung liege demnach vor, wenn ausländische Anteilseigner gegenüber inländischen Anteilseignern benachteiligt würden oder private Anteilseigner gegenüber staatlichen Anteilseignern.[320] Andere ergänzen, dass wenn der Staat als Anteilseigner die Kontrolle über wesentliche Entscheidungen im Unternehmen habe, man eine Benachteiligung auch darin sehen könne, dass nationale Kontrolle verfestigt und ausländische Kontrolle verhindert werde.[321] In Bezug auf Rechtsvorschriften, welche allgemein die Einführung von bestimmten besonderen Rechten in Aktiengesellschaften ermöglichen, wird angeführt, dass diese die Position bestimmter Unternehmer, die eine herausragende Stellung auf einem Markt erworben hätten, schützten und derartige Unternehmer wahrscheinlich inländische Aktionäre seien, so dass derartige Rechtsvorschriften den Zugang zum inländischen Markt für in anderen Mitgliedstaaten niedergelassene Anleger behindern könnten.[322]

2. Behinderungsverbot als Grundstruktur

Nach herrschender Auffassung ist das Beschränkungsverbot der Kapitalverkehrsfreiheit als allgemeines Behinderungsverbot zu verstehen.[323] Demnach soll auch für die Kapitalverkehrsfreiheit die Dassonville-Formel[324] entsprechende

318 Vgl. Calliess/Ruffert/*Kingreen*, EUV/AEUV, Art. 34–36 AEUV Rn 73.
319 *Gerner-Beuerle*, CMLR 49 (2012), 97, 128.
320 *Gerner-Beuerle*, CMLR 49 (2012), 97, 128 f., 138, 143.
321 *Snell*, Free Movement of Capital, in: Craig/de Búrca, The Evolution of EU Law, 556.
322 Schlussanträge GA *Maduro* v. 06.06.2006, C-282/04 und C-283/04 (*Kommission/Niederlande – Golden Shares VIII)*, Slg. 2006, I-9141, Rn 24.
323 *Benyon*, Direct Investments, 21; Calliess/Ruffert/*Bröhmer*, EUV/AEUV, Art. 63 AEUV Rn 61; *Chalmers/Davies/Monti*, European Union Law, 710; Dauses/*Follak*, F II. Rn 2, 9; *Grundmann*, Europäisches Gesellschaftsrecht, Rn 652; *ders./Möslein*, BKR 2002, 758, 763; *Lutter/Bayer/Schmidt*, Europäisches Unternehmens- und Kapitalmarktrecht, § 15 Rn 9; *Neumann/Ogorek*, NZG 2008, 892, 893; *Papadopoulos*, CMLR 49 (2012), 401, 409, 416; *Remien*, GS Wolf 2011, 715, 719; *Ringe*, CLJ 69 (2010), 378, 406.; *Schweitzer/Hummer/Obwexer*, Europarecht, Rn 1564; *Sonder*, Übernahmehindernisse im europäischen Binnenmarkt, 98; *Steiner/Woods*, EU Law, 422 f.
324 EuGH, Urt. v. 11.07.1974, 8/74 (*Dassonville*), Slg. 1974, 837.

Anwendung finden.[325] Das Beschränkungsverbot erfasse demzufolge unmittelbare und mittelbare, aktuelle und potenzielle *Behinderungen* für den Zu-, Ab- und Durchfluss von Kapital.[326] Benachteiligende Effekte seien grundsätzlich nicht erforderlich.[327] Die Golden-Shares-Rechtsprechung zeige, dass eine Benachteiligung von ausländischen Investoren nicht notwendig sei.[328] Die Golden-Shares-Entscheidungen seien Paradefälle für die Geltung eines umfassenden Behinderungsverbots.[329] Es sei auf Abschreckungseffekte gegenüber Investoren zu fokussieren.[330]

Demgegenüber wird eingewandt, dass dieses Kriterium zu diffus sei.[331] Da Investoren keine homogene Gruppe darstellten, könnte jede gesellschaftsrechtliche Regel so interpretiert werden, dass sie abschreckende Effekte auf wenigstens eine Gruppe von Investoren habe.[332] Letztlich induziere dieser Ansatz, dass alle Maßnahmen, die den Börsenkurs von Aktien reduzieren könnten, als Beschränkungen zu qualifizieren seien.[333]

Angesichts dieser potenziell erheblichen Reichweite des Behinderungsansatzes werden verschiedene einschränkende Kriterien vorgeschlagen. Im Wesentlichen haben sich drei Ansätze herausgebildet.

a. Einschränkung durch Spürbarkeitserfordernis

Der erste Ansatz stellt darauf ab, ob die Behinderungswirkung eine gewisse qualitative und quantitative Intensität aufweist.[334] Relevant seien nur solche

---

325 Calliess/Ruffert/*Bröhmer*, EUV/AEUV, Art. 63 AEUV Rn 61; Geiger/Kahn/Kotzur/*Kotzur*, European Unions Treaties, Art. 63 Rn 7; *dies*, EUV/AEUV, Art. 63 Rn 7; *Neumann/Ogorek*, NZG 2008, 892, 893; *Möslein*, Grenzen unternehmerischer Leitungsmacht, 241.

326 Dauses/*Follak*, F II. Rn 9; Grabitz/Hilf/Nettesheim/*Ress/Ukrow*, EUV/AEUV, Art. 63 AEUV Rn 158; *Neumann/Ogorek*, NZG 2008, 892, 893; *Tröger*, in: Basedow/Hopt/Zimmermann, Handwörterbuch des Europäischen Privatrechts, 924, 926.

327 *Snell*, in: Craig/de Búrca, The Evolution of EU Law, 557.

328 *Grundmann*, Europäisches Gesellschaftsrecht, Rn 652; vgl. auch *Gerner-Beuerle*, CMLR 49 (2012), 97, 114.

329 *Grundmann/Möslein*, BKR 2002, 758, 761.

330 *Ringe*, CLJ 69 (2010), 378, 406 („effects-based test"); *ders.*, FS Hop 2008, 217, 234 f.; vgl. auch *Lenaerts/Van Nuffel*, Constitutional Law of the European Union, 5–134, wonach die Verhältnismäßigkeitsprüfung auf Rechtfertigungsebene die Frage der nach Existenz einer Diskriminierung ersetzen soll.

331 *Gerner-Beuerle*, CMLR 49 (2012), 97, 127.

332 *Gerner-Beuerle*, CMLR 49 (2012), 97, 127 f.

333 *Gerner-Beuerle*, CMLR 49 (2012), 97, 138 f.; *Snell*, CMLR 47 (2010), 437, 463.

334 Zu verschiedenen Definitionen von de minimis, vgl. *Jansson/Kalimo*, CMLR 51 (2014), 523, 529 ff. („magnitude"), 541 ff. („causality"), 544 ff. („probability").

Behinderungswirkungen, die nicht zu ungewiss und zu indirekt seien.[335] Jedenfalls sei durch eine flexible Mindestschwelle bei der Behinderungswirkung den unterschiedlichen Schutzgehalten der Grundfreiheiten Rechnung zu tragen.[336] Manche sehen dabei den Effekt für den Binnenmarkt als den entscheidenden Bezugspunkt an und nicht etwa das individuelle Recht eines anderen.[337]

Überwiegend wird eine solche Einschränkung aber abgelehnt. Eine de-minimis-Regel existiere nicht.[338] Verboten sei jede Behinderung unabhängig von Art, Form, Menge oder Wert des zu bewegenden Kapitals sowie der Dauer der Behinderung.[339]

b. Einschränkung durch Ausnahmen für Rahmenmodalitäten

Ein zweiter Ansatz versucht die Keck-Differenzierung fruchtbar zu machen. Dabei sollen die Keck'schen Verkaufsmodalitäten bei der Kapitalverkehrsfreiheit ihre Entsprechung in Rahmen- bzw. Handelsmodalitäten finden.[340] Rahmenmodalitäten seien etwa Grundbuchvorschriften, Notarpflichten im Immobilienrecht, der rechtliche Rahmen für den Schutz von Investoren und auch die grundsätzliche Ausgestaltung des Steuersystems.[341] Der freie Zu-, Ab- und Durchfluss von Kapital setze notwendig das Bestehen von Unterschieden in den Rahmenbedingungen voraus, die Kapitalbewegungen verursachten.[342] Bei genauer Betrachtung lasse sich bei Beschränkungen in der Regel ein verstecktes oder mittelbar wirkendes Diskriminierungselement nachweisen.[343] Außerdem sei die inhaltliche Kohärenz

335 *Lübke*, EWS 2010, 407, 409; *Schweitzer/Hummer/Obwexer*, Europarecht, 1565.

336 *Krenn*, CMLR 49 (2012), 177, 209 ff., 215 („flexible de minimis threshold").

337 *Krenn*, CMLR 49 (2012), 177, 211, 215.

338 *Gener-Beuerle*, CMLR 49 (2012), 97, 128; Grabitz/Hilf/Nettesheim/*Ress/Ukrow*, EUV/AEUV, Art. 63 AEUV Rn 171; *Steiner/Woods*, EU Law, 423; zu den verschiedenen de-minimis-Ansätzen, vgl. *Jansson/Kalimo*, CMLR 51 (2014), 523, 529 ff. („magnitude"), 541 ff. („causality"), 544 ff. („probability").

339 Grabitz/Hilf/Nettesheim/*Ress/Ukrow*, EUV/AEUV, Art. 63 AEUV Rn 171.

340 *Arndt/Fischer/Fetzer*, Europarecht, Rn 582; Calliess/Ruffert/*Bröhmer*, EUV/AEUV, Art. 63 AEUV Rn 62; Grabitz/Hilf/Nettesheim/*Ress/Ukrow*, EUV/AEUV, Art. 63 AEUV Rn 162 („mutatis mutandis"); *Neumann/Ogorek*, NZG 2008, 892, 894; *Haberer*, Zwingendes Kapitalgesellschaftsrecht, 310; *Remien*, GS Wolf 2011, 715, 719; *Tröger*, in: Basedow/Hopt/Zimmermann, Handwörterbuch des Europäischen Privatrechts, 924, 926; vgl. auch Dauses/*Follak*, F II. Rn 10; für das Gesellschaftsrecht, vgl. *Behme*, AG 2014, 841, 847, aber auch 848 (Rückausnahme für diskriminierende oder protektionistische Maßnahmen).

341 Calliess/Ruffert/*Bröhmer*, EUV/AEUV, Art. 63 AEUV Rn 62; Grabitz/Hilf/Nettesheim/*Ress/Ukrow*, EUV/AEUV, Art. 63 AEUV Rn 162.

342 Calliess/Ruffert/*Bröhmer*, EUV/AEUV, Art. 63 AEUV Rn 62.

343 Calliess/Ruffert/*Bröhmer*, EUV/AEUV, Art. 63 AEUV Rn 63.

des Gesellschaftsrechts insgesamt gefährdet, wenn an einzelnen Stellen Schneisen geschlagen würden, die die Zusammenhänge außer Acht ließen.[344]

Demgegenüber wird eingewandt, dass wenn gesellschaftsrechtliche Regelungen als bloße Handelsmodalitäten angesehen würden, kaum eine Regelung übrig bliebe, die überhaupt als Produktcharakteristik in Frage komme.[345] Unter Keck-Gesichtspunkten seien Regelungen, die sich auf aktienvermittelte Vermögens- oder Verwaltungsrechte bezögen, nicht als Verkaufsmodalitäten zu qualifizieren, sondern als Produktregeln.[346] Das Produkt Aktie erhalte erst durch aktienrechtliche Regeln Gestalt.[347] Da die Aktie keine physischen Carakteristika habe, sei sie zweifellos ein Rechtsprodukt.[348] Für gesellschaftsrechtliche Regelungen ermögliche eine Keck-Differenzierung daher keine Einschränkung des Anwendungsbereichs.[349] Im Ergebnis nehme Keck allenfalls Vertriebs- oder Handelsregeln für Wertpapiere von der Überprüfung aus,[350] beispielsweise Öffnungszeiten der Börsen.[351] Im Übrigen würden gesellschaftsrechtliche Regelungen vom Herkunftsland des Emittenten erlassen und seien daher Herkunftslandregeln.[352] Keck gelte aber nur für die Regeln des Bestimmungslandes und nur diesbezüglich sei eine Unterscheidung von produktbezogenen Regeln und Vertriebsmodalitäten von Bedeutung.[353]

c. Einschränkung durch Marktzugangskriterium

Ein dritter Ansatz fokussiert auf die Effekte in Bezug auf den Marktzugang.[354] Demnach dürften unterschiedslos anwendbare Regelungen nicht die Situation des Erwerbers einer Beteiligung als solche berühren, was sie täten, wenn sie geeignet

---

344 *Ringe*, FS Hopt 2008, 217, 233; *Ogorek/von der Linden*, BB 2008, 1139, 1140.

345 *Haberer*, Zwingendes Kapitalgesellschaftsrecht, 311.

346 *Gerner-Beuerle*, CMLR 49 (2012), 97, 119.

347 *Möslein*, Dispositives Recht, 406; *ders.*, Grenzen unternehmerischer Leitungsmacht, 246; vgl. ebenso allerdings enger bezogen auf zwingendes Aktienrecht *Haberer*, Zwingendes Kapitalgesellschaftsrecht, 310.

348 *Haberer*, Zwingendes Kapitalgesellschaftsrecht, 312.

349 *Gerner-Beuerle*, CMLR 49 (2012), 97, 119.

350 *Möslein*, ZIP 2007, 208, 213.

351 *Haberer*, Zwingendes Kapitalgesellschaftsrecht, 310.

352 *Möslein*, Grenzen unternehmerischer Leitungsmacht, 248; *ders.*, ZIP 2007, 208, 213.

353 *Möslein*, Grenzen unternehmerischer Leitungsmacht, 248.

354 *Kainer*, Übernahmehindernisse, ZHR 168 (2004), 542, 556; *Lübke*, EWS 2010, 407, 409; *Reich*, in: Micklitz/de Witte, The European Court of Justice and the Autonomy of the Member States, 83, 85; *Steiner/Woods*, EU Law, 423; vgl. auch *Haar*, GPR 2012, 137, 142; ausführlich: *Dietz/Streinz*, EuR 2015, 50, 58 ff, 72 (nicht jegliche Marktzugangsbehinderung, sondeRn nur die Marktzugangs*verhinderung* ist rechtfertigungsbedürftig).

seien, Anleger aus anderen Mitgliedstaaten von Investitionen abzuhalten und damit den Marktzugang zu beeinflussen.[355] Zwingendes Aktienrecht soll aber keine klassische Marktzugangssperre darstellen.[356] Teilweise wird eingewandt, dass der EuGH in den Golden Shares-Fällen gerade nicht unterschieden habe zwischen zugangsversperrenden Regeln und solchen, die die Anlage nur faktisch weniger attraktiv machten.[357] Eine rechtliche Zugangsbeschränkung sei nicht erforderlich.[358] Im Hinblick auf die Frage der Beeinflussung des Marktzugangs sei es aber erwägenswert, als Maßstab auf institutionelle Investoren abzustellen und darauf, welche Beschränkungen diese als potenziell schädlich erachteten.[359] Dass Privatanleger sensibler reagierten, sei wenig plausibel.[360]

Innerhalb des Ansatzes wird teilweise angeführt, dass eine Beschränkung umso eher anzunehmen sei, je wichtiger der Entscheidungsgegenstand sei und je größer die Abweichung vom Prinzip der Proportionalität von Einfluss und Haftung (Proportionalitätsprinzip).[361] Demnach gehörten Abweichungen vom Grundsatz *one share one vote* nicht in börsennotierte Aktiengesellschaften.[362] Personalistische Elemente und Börsennotierung würden nicht zusammen passen.[363] Betroffen sei deshalb potenziell das gesamte Aktienrecht, jedenfalls alle Regeln, die Verwaltungs- und sonstige Einflussrechte sowie Vermögensrechte beträfen,[364] insbesondere erhöhte Stimmkraftregeln und absolute Veto- und Alleinentschei-

---

355 Grabitz/Hilf/Nettesheim/*Ress*/*Ukrow*, EUV/AEUV, Art. 63 AEUV Rn 167.

356 Vgl. *Fleischer*, ZHR 168 (2004), 673, 690; andere sehen gerade zwingendes Aktienrecht skeptisch *Grundmann/Möslein*, ZGR 2003, 317, 361 ff.; besonders diskutiert wird dies zum Grundsatz der Satzungsstrenge, vgl. exemplarisch jüngst *Demirakou*, Europäische Kapitalverkehrsfreiheit und deutsches Aktienrecht, 297 ff., wonach § 23 Abs. 5 AktG einzelfallbezogen teleologisch zu reduzieren sein soll.

357 *Grundmann/Möslein*, BKR 2002, 758, 761.

358 *Grundmann/Möslein*, BKR 2002, 758, 762.

359 *Grundmann*, Europäisches Gesellschaftsrecht, Rn 652; *ders./Möslein*, Europäisierung, in: Bayer/Habersack (Hrsg.), Aktienrecht im Wandel Band 2, Rn 20; *dies*, BKR 2002, 758, 762; vgl. etwa den ISS QuickScore, abrufbar unter http://www.issgovernance.com/quickscore (Stand: 31.03. 2015).

360 *Grundmann*, Europäisches Gesellschaftsrecht, Rn 652; *ders./Möslein*, Europäisierung, in: Bayer/Habersack (Hrsg.), Aktienrecht im Wandel Band 2, Rn 20; *dies.*, BKR 2002, 758, 762.

361 Vgl. *Möslein*, AG 2007, 770, 774; *ders*, ZIP 2007, 208, 210; vgl. auch *Artés*, EBLR 20 (2009), 457, 474.

362 *Andenas/Gütt/Pannier*, EBLR 16 (2005), 757, 786 („a deviation from the principle of equality (one share – one vote) [...] does not fit to a publicly owned company“).

363 *Fainer*, ZHR 168 (2004), 542, 572, allerdings in Bezug auf Stimmrechtsbeschränkungen; vgl. in Bezug auf sektorspezifische Ausnahmen vom Trennungsprinzip *Schmidt*, EWiR 2010, 693, 694.

364 *Grundmann/Möslein*, ZGR 2003, 317, 350; vgl. auch. *Möslein*, Grenzen unternehmerischer Leitungsmacht, 261.

dungsrechte in der Hauptversammlung.[365] Demgegenüber wird eingewandt, dass eine Forderung *one share one vote* dem AEUV nicht zu entnehmen sei.[366] Jede Art von einflussverstärkenden Mechanismen müsste sonst als potenzielle Beschränkung qualifiziert werden.[367] Dabei könne umgekehrt gerade ein Verbot von einflussverstärkenden Mechanismen beschränkend wirken.[368] Der Proportionalitätstest sei obskur und beruhe auf einer idealisierten Betrachtung.[369] Es gebe keine für alle Gesellschaften optimale Kapital- und Stimmrechtsstruktur.[370] Das Ziel könne nicht sein, private Vorteile vollständig zu verbieten.[371] Es sei weder die Aufgabe des EuGH, Gesellschaftsrecht zu schaffen, noch den mitgliedstaatlichen Gesellschaften eine idealisierte Version vorzuschreiben.[372] Die Bewertung privater Satzungsgestaltung müsse angesichts der Vielfalt von einflussverstärkenden Mechanismen den einzelnen Marktakteuren überlassen bleiben.[373]

Gegen das Marktzugangskriterium wird eingewandt, es sei *zu unbestimmt*.[374] Marktzugangskonzepte aus anderen Rechtsbereichen ließen sich nicht übertragen, da das grundfreiheitliche Marktzugangskriterium das besondere Ziel der Schaffung eines Binnenmarktes verfolge.[375] Das Marktzugangskriterium biete keine Maßstäbe für eine Unterscheidung zwischen der Behinderung grenzüberschreitender Freizügigkeit und der Behinderung von ökonomischen Aktivitäten.[376] Auf eine Unterscheidung zwischen Zugang (access) und Ausübung (exercise) könne es nicht ankommen, weil jede Einschränkung von wirtschaftlicher Freiheit unter Rentabilitätsgesichtspunkten abschreckende Effekte haben könne und zwar unabhängig davon, ob sie bereits im Marktzugangsstadium oder erst später relevant würden.[377] Auch der EuGH habe bereits festgestellt, dass eine Ausübungsregelung einen Effekt auf den Zugang haben könne.[378] Das Marktzu-

---

365 Vgl. *Grundmann/Möslein*, ZVglRwiss 102 (2003), 289, 301 ff.
366 *Vossestein*, ECFR 5 (2008), 115, 130.
367 *Gerner-Beuerle*, CMLR 49 (2012), 97, 133.
368 *Gerner-Beuerle*, CMLR 49 (2012), 97, 134.
369 *Rickford*, FS Wymeersch 2009, 61, 74.
370 *Ruffner*, Ökonomischen Grundlagen eines Rechts der Publikumsgesellschaft, 566.
371 *Ruffner*, Ökonomischen Grundlagen eines Rechts der Publikumsgesellschaft, 567.
372 *Rickford*, FS Wymeersch 2009, 61, 88.
373 *Gerner-Beuerle*, CMLR 49 (2012), 97, 135.
374 *Caro de Sousa*, ELR 37 (2012), 79, 84, auch mit Verweis auf zwei unterschiedliche ökonomische Sichtweisen zum Marktzugang (Harvard School vs. Chicago School).
375 *Caro de Sousa*, ELR 37 (2012), 79, 85.
376 *Caro de Sousa*, ELR 37 (2012), 79, 85.
377 *Snell*, CMLR 47 (2010), 437, 445.
378 *Snell*, CMLR 47 (2010), 437, 446, u. a. mit Verweis auf eine Entscheidung zur Arbeitnehmerfreizügigkeit, vgl. EuGH, Urt. v. 15.09.2005, C-464/02 (*Kommission/Dänemark*), Slg. 2005, I-7929,

gangskriterium sei wenig erhellend und die Grundsatzfrage, ob auf Benachteiligungen oder doch allgemein Behinderungen abzustellen sei, bleibe unbeantwortet.[379] Dass diese Frage nicht beantwortet werden müsse, sei gerade das Versprechen des Marktzugangskriteriums, wobei auch nach über fünfzehn Jahren Nach-Keck-Rechtsprechung nicht zu erkennen sei, wo genau dieser Mittelweg verlaufen solle.[380] Letztlich entscheide der Gerichtshof unter dem Deckmantel des Begriffs nach eigenem Gutdünken.[381] Davon seien auch nationale Gesetze betroffen, die von Parlamenten verabschiedet worden seien, was die verfassungsrechtliche Dimension der Thematik verdeutliche.[382]

III. Stellungnahme

1. Behinderungsverbot und Konvergenz-Bias

Die Literatur geht überwiegend davon aus, dass das Beschränkungsverbot der Kapitalverkehrsfreiheit ein Behinderungsverbot darstellt. Im Hinblick auf die Keck-Differenzierung und das Marktzugangskriterium besteht eine funktionale Erwartungshaltung. Sie sollen es ermöglichen, solche Regelungen von der Prüfung auszunehmen, die nach verbreiteter Auffassung keiner Grundfreiheitenkontrolle unterliegen sollen. Das Marktzugangskriterium entfaltet aber keine hinreichende Differenzierungskraft. Keck betrifft nur die Vorschriften des Bestimmungslandes. Aktienrecht ist aber Herkunftslandrecht.

Dass die überwiegende Literatur auch bei der Kapitalverkehrsfreiheit ein Behinderungsverbot anwendet, beruht im Wesentlichen auf der Annahme einer *Konvergenz der Grundfreiheiten*. Nach dieser Konvergenzthese liegen den ver-

---

Rn 37 („Die Modalitäten der Ausübung einer Tätigkeit sind aber geeignet, auch den Zugang zu der betreffenden Tätigkeit zu beeinflussen.").

379 *Snell*, CMLR 47 (2010), 437, 470.

380 *Snell*, CMLR 47 (2010), 437, 470 f.

381 *Snell*, CMLR 47 (2010), 437, 469 („Market access may simply provide a sophisticated-sounding garb that conceals decisions based on intuition"); noch drastischer *Davies*, Nationality Discrimination in the European Internal Market, 104 („part of the attraction of a market access test is that a naive approach to interpreting restrictions gives a feeling of control to the judge, and a feeling of participation to the writers, who can argue about what a restriction is"), 200 („Discussions in court of which national measures restrict market access and to what extent do not reach an acceptable level of quality or realism, and will not").

382 *Snell*, CMLR 47 (2010), 437, 469.

schiedenen Grundfreiheiten die gleichen allgemeinen Strukturen zugrunde.[383] Daraus resultiert eine starke Tendenz zur Vereinheitlichung der Grundfreiheitendogmatik (Konvergenz-Bias). Allerdings verwischt die damit einhergehende Vereinfachung die Besonderheiten der einzelnen Grundfreiheiten und marginalisiert zudem, dass auch die EuGH-Rechtsprechung zur horizontalen Direktwirkung zwischen den verschiedenen Grundfreiheiten differenziert. Letztlich würden die unterschiedlichen grundfreiheitlichen Phänomene durch die Anwendung eines einheitlichen Beschränkungsmaßstabs in ein *dogmatisches Prokrustesbett* gezwungen. Ein Behinderungsverbot als Maßstab ist schon allgemein problematisch und für die Kapitalverkehrsfreiheit im Besonderen ungeeignet.

2. Rechtsproduktbezogenheit der Kapitalverkehrsfreiheit

Bei der Kapitalverkehrsfreiheit ist gegenüber den übrigen Grundfreiheiten einer zweifachen Besonderheit Rechnung zu tragen.

Zum einen ist die Kapitalverkehrsfreiheit *produktbezogen* und insoweit der Warenverkehrsfreiheit ähnlicher als den personenbezogenen Grundfreiheiten. Zwischen den personen- und produktbezogenen Grundfreiheiten besteht eine Abstufung hinsichtlich der individualrechtlichen Schutzgehalte.[384] Darüber hinaus erfahren die personenbezogenen Grundfreiheiten eine zusätzliche Aufwertung durch das Konzept der Unionsbürgerschaft (Art. 20 AEUV).[385] Dazu passt strukturell, dass der EuGH bei den personenbezogenen Grundfreiheiten eine horizontale Direktwirkung in gewissem Umfang bejaht, bei der produktbezogenen Warenverkehrsfreiheit hingegen verneint.

Zum anderen bezieht sich die Kapitalverkehrsfreiheit auf *Rechtsprodukte* und unterscheidet sich insoweit von der Warenverkehrsfreiheit.[386] Die Kapitalverkehrsfreiheit setzt notwendig die Existenz von Rechtsregeln voraus.[387] Während sich alle übrigen Grundfreiheiten auf Sachen oder Personen beziehen, die un-

---

383 Vgl. Calliess/Ruffert/*Kingreen*, EUV/AEUV, Art. 34–36 AEUV Rn 1; *Demirakou*, Kapitalverkehrsfreiheit und Aktienrecht, 130; *Kemmerer*, Kapitalverkehrsfreiheit und Drittstaaten, 209.

384 *Lengauer*, Drittwirkung von Grundfreiheiten, 391f., 394; vgl. auch *Andenas/Gütt/Pannier*, EBLR 16 (2005), 757, 775; *Krenn*, CMLR 49 (2012), 177, 186ff.; tendenziell auch *Snell*, CMLR 47 (2010), 437, 471f.

385 So auch *Krenn*, CMLR 49 (2012), 177, 184f., 189–191.

386 Vgl. *Windbichler*, in: Münkler/Bohlender/Meurer, Handeln unter Risiko, 199, 201 („all' das, was an Finanzmärkten gehandelt wird, ist auf die eine oder andere Weise ein Rechtsprodukt").

387 Vgl. *Gerner-Beuerle*, CMLR 49 (2012), 97, 136f. („movement of capital generally presupposes the existence of a regulatory framework [...] [and] concerns activities that have a necessary legal dimension").

abhängig von ihrer rechtlichen Qualifikation existieren (mit Ausnahme der Niederlassungsfreiheit in Bezug auf Gesellschaften sowie der Dienstleistungsfreiheit in Bezug auf Finanzdienstleistungen), betreffen Kapitalbewegungen Aktivitäten, die notwendig eine rechtliche Dimension haben.[388] Zwar bestehen auch in Bezug auf Sachen und Personen Rechtsregeln, etwa durch Kauf- oder Arbeitsrecht.[389] Rechtsregeln sind in diesen Fällen aber keine notwendige Voraussetzung für die Freizügigkeit, die bei Personen und Sachen im Kern eine nicht-rechtliche Aktivität darstellt. Aktien hingegen existieren als rechtliche Konstruktionen nicht ohne Rechtsordnung.[390] Aktienrecht hat insoweit eine Infrastrukturfunktion.[391] Bei privater Satzungsgestaltung in der AG geht es um private Normsetzung und die Festlegung rechtlicher Befugnisse bezogen auf die Organisationsverfassung.[392] Diese statutarische Normsetzung bedarf zur verbindlichen Geltung der staatlichen Anerkennung durch eine Rechtsordnung.[393] Es geht um die durch Gesetz und Satzung geprägte rechtliche Struktur der AG und ihrer Aktien.[394] So notwendig mitgliedsstaatliche Vorgaben für Inhalte, Begründung und Übertragung von Rechten sind, so unvermeidlich wirken sie in gewisser Hinsicht auch beschränkend auf wirtschaftliche Freiheit.[395] Das Marktzugangskriterium erweist sich hier als ungeeignet. Jede Regelung wirkt graduell als Marktzugangsregelung. Vorgelagert wäre aber die Frage zu beantworten, ob eine Regel nicht vielmehr dazu beiträgt, dass überhaupt ein Markt entsteht.[396]

---

388 Vgl. *Gerner-Beuerle*, CMLR 49 (2012), 97, 136 f.

389 Vgl. hierzu und auch zum Folgenden, *Gerner-Beuerle*, CMLR 49 (2012), 97, 137, Fn 174.

390 Vgl. *Gener-Beuerle*, CMLR 49 (2012), 97, 109, Fn 56; *Windbichler*, in: Münkler/Bohlender/Meurer, Handeln unter Risiko, 199, 201 („Aktien [...] wachsen nicht auf Bäumen").

391 Vgl. *Fleischer*, in: Engel/Schön, Das Proprium der Rechtswissenschaft, 50, 63 f.; *Windbichler*, in: Gentz/Kirchner, Der Preis der Freiheit, 83, 84; *dies.*, in: Münkler/Bohlender/Meurer, Handeln unter Risiko, 199, 203; *Bachmann*, AcP 210 (2010), 424, 455 f.

392 Zu den legitimatorischen GrundmusteRn privater Regelsetzung vgl. *Bachmann*, Private Ordnung, 225 f., 411.

393 Vgl. *Windbichler*, in: Münkler/Bohlender/Meurer, Handeln unter Risiko, 199, 202 („Die Aktiengesellschaft ist [...] ein Konstrukt, das ohne die Anerkennung durch eine Rechtsordnung nicht existieren kann").

394 Vgl. zur gesellschaftsrechtlichen Regelsetzung zwischen Gesetz und Vertrag *Fleischer*, ZHR 168 (2004), 673; *Kraakman/Armour/Davies/et. al.*, The Anatomy of Corporate Law, 19 f.

395 *Gener-Beuerle*, CMLR 49 (2012), 97, 109, Fn 56.

396 Vgl. *Gerner-Beuerle*, CMLR 49 (2012), 97, 138 („difficult task of identifying those rules that do not merely establish the market, but restrict market movements").

3. Spezielles Benachteiligungsverbot als Maßstab

Es kann bei der Kapitalverkehrsfreiheit nicht darum gehen, einen Behinderungsmaßstab auf nationales Aktienrecht als Herkunftslandrecht anzuwenden. Bei der unter Produktaspekten strukturverwandten Warenverkehrsfreiheit käme man nicht auf die Idee, einen Behinderungsmaßstab auf das Herkunftslandrecht anzuwenden. Es stellt keine Beschränkung der Warenverkehrsfreiheit dar, wenn ein Mitgliedstaat die Herstellung von Produkten zulässt, die in anderen europäischen Mitgliedstaaten nur wenige Abnehmer finden. Deshalb verwehrt es auch die Kapitalverkehrsfreiheit den Mitgliedstaaten nicht, durch ihr nationales Aktienrecht auch solchen statutarischen Gestaltungen Geltung zu verschaffen, die möglicherweise bei einigen Investoren aus anderen Mitgliedstaaten weniger beliebt sind.

Vor dem Hintergrund der Rechtsproduktbezogenheit der Kapitalverkehrsfreiheit und dem Herkunftslandaspekt von nationalem Aktienrecht spricht im Ergebnis vieles für ein Benachteiligungsverbot als Maßstab des Beschränkungsverbots der Kapitalverkehrsfreiheit. Unter Einbeziehung der Ratio der EuGH-Rechtsprechung zu Golden Shares ist ein solches Benachteiligungsverbot im Hinblick auf Aktienbeteiligungen als *spezielles Benachteiligungsverbot* zu konzipieren. Demnach ist einerseits auf mögliche Benachteiligungen von *ausländischen gegenüber inländischen Anteilseignern* zu fokussieren und andererseits auf mögliche Benachteiligungen von *privaten gegenüber öffentlichen Anteilseignern.*[397]

Ein solcher Ansatz entspricht der EuGH-Rechtsprechung. Klassisch stellt der EuGH auf die Unterscheidung inländisch-ausländisch ab, in der Golden-Shares-Rechtsprechung dann gewissermaßen erweiternd auch auf die Unterscheidung privat-öffentlich. Die herrschende Literatur sieht darin eine Bestätigung für die dogmatische Abkehr vom Benachteiligungsverbot hin zu einem Behinderungsverbot. Die im Vordringen befindliche Mindermeinung und auch die vorliegende Arbeit hingegen sehen in der EuGH-Rechtsprechung zu Golden Shares eine Bestätigung dafür, dass es sich beim Beschränkungsverbot der Kapitalverkehrsfreiheit der Grundstruktur nach um ein Benachteiligungsverbot handelt.[398] So hat der EuGH in

---

397 So auch *Gerner-Beuerle*, CMLR 49 (2012), 97, 128 f., 138, 143; zur Schwierigkeit der Feststellung von mittelbaren Ungleichbehandlungen (am Beispiel des Geschlechts), vgl. *Hoffmann*, AcP 214 (2014), 822 ff.

398 Es spricht vielleicht einiges dafür, die Grundfreiheiten bei Rechtsprodukten generell auf Benachteiligungsverbote zu reduzieren, z. B. bei Versicherungsverträgen. Allerdings beruhen die Eigenschaften des Rechtsprodukts Aktie strukturell auf einem gesellschaftsrechtlichen Organisationsvertrag, der eine andere Qualität hat als ein rein schuldrechtlicher Versicherungsvertrag.

Bezug auf Entsendungsrechte ausgeführt: „Zwar kann diese Befugnis durch Gesetz als qualifiziertes Minderheitsrecht gewährt werden, sie muss in diesem Fall jedoch allen Aktionären zugänglich sein und darf nicht ausschließlich dem Staat vorbehalten werden".[399] Auch im Verhältnis von Kapitalverkehrsfreiheit und *Steuerrecht* gilt lediglich ein Benachteiligungsverbot.[400] Aufgrund der unterschiedlichen Steuerrechte der Mitgliedstaaten sind die jeweiligen Vor- oder Nachteile hinzunehmen, ohne dass daraus eine Beschränkung resultiert,[401] es sei denn, es kommt zu Ungleichbehandlungen.[402] In der Entscheidung *Idryma Typou*[403] hat der EuGH eine Beschränkungswirkung nicht allein mit einer Haftung von Anteilseignern für Fehlverhalten der Gesellschaft trotz fehlender praktischer Einflussmöglichkeit begründet, sondern damit, dass die Maßnahme für Investoren aus anderen Mitgliedgliedstaaten größere abschreckende Wirkung entfalte als gegenüber inländischen Investoren.[404]

Auch die partielle Überlappung von Kapitalverkehrsfreiheit und Niederlassungsfreiheit in Bezug auf Aktienbeteiligungen steht dem vorgeschlagenen Ansatz nicht entgegen. Soweit man bei bestimmten Aktienbeteiligungen die *Niederlassungsfreiheit des Gesellschafters* für betroffen hält,[405] besteht eine solche Beteiligung unabhängig von einer dauerhaften physischen Präsenz des Aktionärs, so dass auch hier grundsätzlich keine Freizügigkeit von natürlichen Personen betroffen ist. Die Niederlassungsfreiheit mag einschlägig sein, in erster Linie aber hinsichtlich rechtsproduktbezogener Aspekte. In Bezug auf Aktienbeteiligungen teilen die beiden Grundfreiheiten die dargestellten Besonderheiten. Schließlich geht es auch bei der *Niederlassungsfreiheit von Gesellschaften* um etwaige Un-

Mithin könnten bei strukturell unterschiedlichen Rechtsprodukten verschiedene Maßstäbe angezeigt sein.

399 EuGH, Urt. v. 10.11.2011, C-212/09 (*Kommission/Portugal – Golden Shares XVI)*, Slg. 2011, I-10889, Rn 59; Urt. v. 11.11.2010, C-543/08 (*Kommission/Portugal – Golden Shares XV)*, Slg. 2010, I-11241, Rn 62.

400 Vgl. *Snell*, in: Craig/de Búrca, The Evolution of EU Law, 563 und 573; *Kokott/Ost*, EuZW 2011, 496, 498, 503.

401 Vgl. EuGH, Urt. v. 12.02.2009, C-67/08 (*Block*), Slg. 2009, I-883, Rn 35; Urt. v. 29.11.2011, C-371/10 (*National Grid*), Slg. 2011, I-12273, Rn 62; Urt. v. 15.9.2011, C-240/10 (*Schulz*), Slg. 2011, I-8531, Rn 42; Urt. v. 15.07.2004, C-365/02 (*Lindfors*), Slg. 2004, I- Rn 34.

402 Vgl. EuGH, Urt. v. 11.04.2004, C-9/02 (*Hughes de Lasteyrie du Saillant*), Slg. 2004, I-02409, Rn 46.

403 EuGH, Urt. v. 21.10.2010, C-81/09 (*Idryma Typou*), Slg. 2010, I-10161.

404 EuGH, Urt. v. 21.10.2010, C-81/09 (*Idryma Typou*), Slg. 2010, I-10161, Rn 58 f.

405 Vgl. *Grundmann*, Europäisches Gesellschaftsrecht, Rn 654; *Habersack/Verse*, Europäisches Gesellschaftsrecht, § 3 Rn 3; EuGH, Urt. v. 10.11.2011, C-212/09 (*Kommission/Portugal – Golden Shares XVI*), Slg. 2011, I-10889, Rn 42 m.w.N.

gleichbehandlungen.[406] Der EuGH hat funktional betrachtet eine Verpflichtung der Mitgliedstaaten zur gegenseitigen Anerkennung von nationalen Gesellschaftsformen statuiert[407] und in diesem Zusammenhang die Bedeutung des Rechtsproduktgedankens und des Herkunftslandaspekts verdeutlicht.[408]

Angesichts eines speziellen Benachteiligungsverbots als Maßstab werden Entsendungsrechte als solche in den hier infrage stehenden Konstellationen in aller Regel unbedenklich sein. Benachteiligende Effekte gegenüber ausländischen Anteilseignern sind nicht ersichtlich. Benachteiligende Detailausgestaltungen wären zwar theoretisch denkbar, etwa bei der Festlegung persönlicher Voraussetzungen für den Entsendungsberechtigten, und dann unter Rechtfertigungsgesichtspunkten zu betrachten. Insbesondere kann privatautonom vermittelte Entscheidungsmacht zur Rechtfertigung benachteiligender Wirkungen Grundrechtspositionen ins Feld führen, was hier mangels praktischer Relevanz aber dahinstehen soll.

406 Vgl. EuGH, Urt. v. 12.07.2012, C-378/10 (*Vale*), Slg. 2012, I-0000, Rn 36, 46, 54 (Äquivalenzgrundsatz); Urt. v. 13.12.2005, C-411/05 (*Sevic*), Slg. 2005, I-10805, Rn 22f.

407 Vgl. EuGH, Urt. v. 05.11.2002, C-208/00 (*Überseering*), Slg. 2002, I-9919, Rn 59; Urt. v. 09.03.1999, C-217/97 (*Centros*), Slg. 1999, I-1459, Rn 21.

408 Vgl. EuGH, Urt. v. 16.12.2008, C-210/06 (*Cartesio*), Slg. 2008, I-9641, Rn 104; bereits EuGH, Urt. v. 27.09.1988, C-81/87 (*Daily Mail*), Slg. 1988 I-5483, Rn 19; vgl. *Gener-Beuerle*, CMLR 49 (2012), 97, 137, Fn 174; ähnlich auch *Behme*, AG 2014, 841, 847 („gesellschaftsrechtliche Anknüpfungsautonomie des Herkunftsstaates“).

5. Kapitel: **Zusammenfassung und Schlussfolgerungen**

§ 11 Zusammenfassung der wesentlichen Ergebnisse

Die Betrachtung von Entsendungsrechten in den Aufsichtsrat hat gezeigt, wie schwer die Abstimmung zwischen Aktien- und Kapitalmarktrecht bei einzelnen Fragen sein kann. Eine aus aktienrechtlicher Sicht zulässige Satzungsgestaltung kann aus kapitalmarktrechtlicher Sicht problematisch sein. Entsendungsrechte waren insoweit mit der übernahmerechtlichen Durchbrechungsregel und der Kapitalverkehrsfreiheit abzustimmen.

Für Entsendungsrechte in den Aufsichtsrat nach § 101 Abs. 2 AktG bestehen bestimmte aktienrechtliche Vorgaben, aber auch erhebliche statutarische Gestaltungsmöglichkeiten. Der Blick auf die drei weiteren ausgewählten europäischen Rechtsordnungen von Österreich, dem Vereinigten Königreich und Frankreich hat gezeigt, dass Entsendungsrechte kein gemeineuropäischer nationaler Bestand sind. In Aktienrechtsordnungen, in denen Entsendungsrechte vorgesehen werden können, soll die Hauptversammlung jedenfalls in börsennotierten Aktiengesellschaften potenziell einen wesentlichen Einfluss auf die Verwaltung behalten, mithin die Bedeutung der Hauptversammlung nicht durch Entsendungsrechte marginalisiert werden.

Entsendungsrechte können auch in einer Societas Europaea vorgesehen werden (Art. 47 Abs. 4 SE-VO), jedenfalls bis zur Drittelhöchstgrenze. Die europäische Durchbrechungsregel der Übernahmerichtlinie sieht vor, dass Entsendungsrechte in der ersten Hauptversammlung der Aktionäre nach Angebotsschluss nicht gelten. Voraussetzung ist, dass der Bieter nach einem Angebot über 75 Prozent oder mehr des stimmberechtigten Kapitals verfügt und die Hauptversammlung vom Bieter einberufen wird, um die Satzung zu ändern oder Mitglieder des Leitungs- bzw. Verwaltungsorgans zu ernennen oder abzuberufen (Art. 11 Abs. 4 Satz 1 ÜRL). Die Durchbrechungsregel ist nicht zwingend. Aktiengesellschaften entscheiden individuell darüber, ob sie die Durchbrechungsregel anwenden. In Deutschland und Österreich bedarf die Entscheidung für die Anwendbarkeit der Durchbrechungsregel der Zustimmung des Entsendungsberechtigten.

Im Hinblick auf die Kapitalverkehrsfreiheit hat sich der EuGH zur Frage der Drittwirkung noch nicht geäußert. Die EuGH-Rechtsprechung zur Drittwirkung der übrigen Grundfreiheiten folgt keiner einheitlichen Linie. Aus der deutschen Rechtsprechung ergibt sich keine eindeutige Aussage dazu, ob private Satzungsgestaltung per se an der Kapitalverkehrsfreiheit zu messen ist oder nicht. In der Literatur ist die Frage umstritten. Dabei werden die Frage der Drittwirkung, also die nach den Adressaten des Beschränkungsverbots, und die Frage der Beschränkungswirkung, also die nach den Maßstäben des Beschränkungsverbots, häufig miteinander vermischt. Im Ansatz ist davon auszugehen, dass in Bezug auf die Kapitalverkehrsfreiheit jedenfalls *mitgliedstaatliche Handlungs- und Schutzpflichten* bestehen, die im Rahmen der Möglichkeit der Anfechtungsklage wegen Verletzung des Gesetzes (§§ 241 Nr. 5, 243 Abs. 1, 246 AktG) zur Geltung zu bringen sind. Dabei stellt sich die Frage nach den Maßstäben des Beschränkungsverbots. Die deutsche Rechtsprechung ist hier nicht eindeutig, scheint aber danach zu fragen, ob Entsendungsrechte diskriminierend ausgestaltet sind oder außer Verhältnis zum Beteiligungsumfang stehen. Die Literatur geht davon aus, dass Entsendungsrechte als Beschränkungen anzusehen sind, wenn sie den Marktzugang behindern. Umstritten ist, ob und ggf. unter welchen Umständen Entsendungsrechte dies tun. Der Streit über die grundsätzliche Frage, ob es sich beim Beschränkungsverbot strukturell um ein Behinderungsverbot oder ein Benachteiligungsverbot handelt, wird ausgeblendet. Im Ergebnis lässt sich aus der Rechtsproduktbezogenheit der Kapitalverkehrsfreiheit und dem Herkunftslandcharakter des Aktienrechts ein *spezielles Benachteiligungsverbot* als Maßstab des Beschränkungsverbots der Kapitalverkehrsfreiheit herleiten. Demnach ist einerseits auf mögliche Benachteiligungen von ausländischen gegenüber inländischen Anteilseignern zu fokussieren und andererseits auf mögliche Benachteiligungen von privaten gegenüber öffentlichen Anteilseignern. Dieser Maßstab trägt den Besonderheiten der Kapitalverkehrsfreiheit Rechnung, steht im Einklang mit der Golden-Shares-Rechtsprechung und bietet zudem mehr Rechtssicherheit für die Rechtsanwendung. Daran gemessen werden Entsendungsrechte in aller Regel unbedenklich sein.

§ 12 Schlussfolgerungen für das Verhältnis von Aktienrecht und Kapitalverkehrsfreiheit

I. Bedeutung für die Corporate Governance der Aktiengesellschaft

Das Verhältnis von Aktienrecht und Kapitalverkehrsfreiheit betrifft letztlich die Corporate Governance der Aktiengesellschaft. Manche bezeichnen das Verhältnis von Kapitalverkehrsfreiheit und Corporate Governance als *The New Frontier*.[1] Für die einen ist die Kapitalverkehrsfreiheit in dieser Hinsicht potenziell eine *Pandora's Box*,[2] für andere nicht weniger als eine *Magna Charta*.[3]

Die entscheidende Frage dabei ist die nach den Maßstäben des Beschränkungsverbots der Kapitalverkehrsfreiheit. Bei breitflächiger Anwendung eines Behinderungsverbots droht die Gefahr, das Phänomen von *emergenten Eigenschaften* in Bezug auf die Leistung einer Organisationsverfassung zu vernachlässigen. Aufgrund komplexer Wechselwirkungen ist die Organisationsverfassung als Ganzes mehr als die Summe der Einzelregelungen. Die Corporate Governance, verstanden als das Gesamtsystem der Einfluss-, Entscheidungs- und Kontrollstrukturen eines Unternehmens, ist gerade auch in einer börsennotierten Aktiengesellschaft das Ergebnis eines dynamischen Zusammenspiels einer Vielzahl überwiegend sehr komplexer rechtlicher und außerrechtlicher Regeln und sich ständig verändernden tatsächlichen Umständen. Nationale Divergenzen sind oftmals das Resultat pfadabhängiger Entwicklungen und selbst bei einem Konsens über erstrebenswerte Regelungen verursachen Veränderungen Kosten und harmonieren nicht auf Anhieb mit vorhandenen anderen Regeln.[4] Die jeweilige nationale pfadabhängige Entwicklung hat ihre eigene Optimierung erfahren.[5] Die Bedeutung einzelner Regeln für das Gesamtsystem der Corporate Governance ist oft schwierig einzuschätzen, ebenso die Auswirkungen von Regeländerungen. Schon deshalb ist fraglich, ob Investoren hinsichtlich verschiedener Einzelaspekte tatsächlich ganz bestimmte Regeln bevorzugen. Das gilt wohl selbst für vermeintliche Grundelemente der Corporate Governance (Magna Charta-Gedanke).

---

1 *Schepel*, ELJ 18 (2012), 177, 192.

2 *Armour/Ringe*, CMLR 48 (2011), 125, 148.

3 *Grundmann/Möslein*, in: Bayer/Habersack, Aktienrecht im Wandel, 45; *Möslein*, Aufsichtsrat 2008, 72; vgl. auch *Andenas/Wooldridge*, European Comparative Company Law, 20 („new impetus to the harmonisation effort in EU legislation").

4 Vgl. *Krolop*, in: Riesenhuber (Hrsg.), Europäische Methodenlehre, § 19 Rn 22.

5 Ebenda.

Selbst wenn man beispielsweise das Prinzip der Haftungsbeschränkung als ein solches Grundelement ansähe,[6] besteht doch die eigentliche Schwierigkeit darin, angemessene Konkretisierungen festzulegen, etwa hinsichtlich der Voraussetzungen (Stichwort Mindestkapital) und der Grenzen (Stichwort Durchgriffshaftung).

Es ist sehr zweifelhaft, ob es überhaupt *hinreichend konkrete Maßstäbe* dafür gibt, welche Corporate Governance von Investoren bevorzugt wird, ob sie als solche identifiziert werden können und ob sie über längere Zeit einigermaßen konstant sind. Denn Investoren sind nicht gleich Investoren. Das Feld ist bunt.[7] Die Regelungspräferenzen eines Investors können den Regelungspräferenzen eines anderen Investors diametral gegenüberstehen. Das heißt nicht, zu bestreiten, dass es auch Gemeinsamkeiten gibt. Aber Aussagen darüber, wo die Grenzen verlaufen, sind allgemein und bezogen auf konkrete Einzelaspekte alles andere als trivial. Die Kapitalverkehrsfreiheit bezieht sich indes nicht nur auf den Kapitalverkehr zwischen den Mitgliedstaaten, sondern auch auf den zwischen den Mitgliedstaaten und dritten Ländern. Dieser Drittstaatenaspekt verbreitert die Basis für die Auswahl der Investorenbezugsgruppe zusätzlich. US-amerikanische, brasilianische, russische, chinesische, indische und japanische Investoren dürften sehr unterschiedliche Vorstellungen davon haben, wie die optimalen einzelnen Binnenstrukturaspekte von Aktiengesellschaften auszusehen haben. Aber selbst die Annahme, dass wenigstens innerhalb Europas einigermaßen ähnliche Vorstellungen herrschen, steht auf wackeligen Füßen, etwa mit Blick auf französische Investoren einerseits und britische Investoren andererseits. Darüber hinaus dürften Regelungspräferenzen in einer sich verändernden Welt kaum über ausreichend lange Zeiträume konstant bleiben. Auch das erschwert eine Heranziehung als Prüfungsmaßstab. Weil Investoren keine homogene Gruppe sind, wird jede aktienrechtliche Regelung Abschreckungswirkungen für wenigstens eine Gruppe von Investoren mit sich bringen.[8]

Ein Behinderungsverbot anzuwenden, hieße auch, das Recht der börsennotierten Aktiengesellschaften *einseitig* an den Vorstellungen von bestimmten Investorengruppen und damit einzelnen Marktkräften auszurichten. Im Hinblick auf die Verhaltenssteuerung verbandsrechtlicher Bezugsgruppen[9] droht eine Dominanz der Interessen einzelner Investorengruppen. Außerdem wäre potenzi-

---

6 *Möslein*, NZG 2011, 174, 175.

7 Vgl. z. B. MünchKomm-AktG/*Spindler*, Vorbem. zu §§ 76 ff. Rn 3 („Es gibt [...] kein homogenes Aktionärsinteresse").

8 So auch *Gerner-Beuerle*, CMLR 49 (2012), 97, 127 f.

9 Vgl. *Fleischer*, ZHR 168 (2004), 673, 707 („Doppelgesichtigkeit des Gesellschaftsrechts").

ellen Gefahren opportunistischen Verhaltens gegenüber Dritten, insbesondere Gläubiger, regelungstechnisch nur schwer zu begegnen.

II. Bedeutung für den horizontalen Regulierungswettbewerb im Aktienrecht

Schließlich wäre der *horizontale Regulierungswettbewerb*[10] im Binnenmarkt bei Anwendung eines Behinderungsverbots erheblich eingeschränkt. Infolge der EuGH-Rechtsprechung zur Niederlassungsfreiheit von Gesellschaften besteht für Gesellschaftsgründungen eine weitgehende Rechtswahlfreiheit in Bezug auf nationale Gesellschaftsformen. Damit korrespondiert auf Seiten der Mitgliedstaaten die Freiheit, die eigenen Gesellschaftsformen so auszugestalten, wie die Mitgliedstaaten es für sinnvoll erachten. Ein Behinderungsverbot würde die Mitgliedstaaten unklaren und jedenfalls einseitigen Vorgaben unterwerfen. Man darf bezweifeln, dass dies dem Wettbewerb als Entdeckungsverfahren im Hayek'schen Sinne unter den Bedingungen unterschiedlicher kultureller Einbettungen sowie fragmentierten und nichtzentralisierbaren Wissens förderlich wäre. Angesichts des gegenwärtigen Stands der Harmonisierung in Bezug auf die Binnenstruktur der Aktiengesellschaft kann jeder Mitgliedstaat grundsätzlich selbst entscheiden, für wie attraktiv er die eigenen Regelungen hält, wie er die Regelungen der anderen beurteilt und ob er eine Änderung der eigenen Regelungen für geboten hält. Die Einschätzungen von Vor- und Nachteilen verschiedener Regelungen dürften je nach mitgliedstaatlicher Perspektive höchst unterschiedlich ausfallen. Es gilt, die durch die Niederlassungsfreiheit gewährleistete Offenheit der mitgliedstaatlichen Rechtsordnungen gegenüber den Gesellschaftsformen anderer Mitgliedstaaten zu ergänzen um ein durch die Kapitalverkehrsfreiheit vermitteltes spezielles Benachteiligungsverbot bei Aktienbeteiligungen.

III. Bedeutung für das unionsverfassungsrechtliche Gefüge

Indem ein spezielles Benachteiligungsverbot die aktienrechtliche Zuständigkeit bei den Mitgliedstaaten belässt, trägt es schließlich dem *Prinzip der Subsidiarität* (vgl. Art. 5 Abs. 3 EUV) Rechnung. Anderenfalls bestünde die Gefahr einer kalten

---

10 Vgl. aus jüngerer Zeit *Bachmann*, FS Hommelhoff 2012, 21 24 ff.; *Braun/Eidenmüller/Engert/Hornuf*, ZHR 177 (2013), 131, 136 ff.; *Leible*, RabelsZ 79 (2012), 374, 377 ff.; *Merkt*, FS Blaurock 2013, 311, 333 f; vgl. auch die deutschen gesetzgeberischen Entwicklungen bezüglich der UG (haftungsbeschränkt) und der PartGmbH.

Harmonisierung, bei der einzelne aktienrechtliche Regelungen zur Binnenstruktur der Aktiengesellschaft durch den EuGH auf Grundlage der Kapitalverkehrsfreiheit für unzulässig erklärt werden könnten.

Die mitgliedstaatliche Vielfalt der Binnenorganisation von Aktiengesellschaften auf dem Umweg über die Kapitalverkehrsfreiheit weiter einzuebnen, dürfte im Hinblick auf den Regulierungswettbewerb ökonomisch zweifelhaft sein und mit Blick auf Subsidiaritätsüberlegungen unionsverfassungsrechtlich bedenklich. Der Wahlspruch der Europäischen Union lautet *in varietate concordia.* Sie sollte nicht ohne Notwendigkeit preisgegeben werden: Die aktienrechtskulturelle Vielfalt Europas.

Literaturverzeichnis

Andenas, Mads/Wooldridge, Frank; European Comparative Company Law, Cambridge 2009
Andenas, Mads/Gütt, Tillmann/Pannier, Matthias; Free Movement of Capital and National Company Law, EBLR 16 (2005), 757
Armour, John/Ringe, Wolf-Georg; European Company Law 1999–2010, Renaissance and Crisis, CMLR 48 (2011), 125
Arndt, Hans-Wolfgang/Fischer, Kristian/Fetzer, Thomas; Europarecht, 11. Aufl., Mannheim 2015
Artés, Alberto; Advancing Harmonization: Should the ECJ Apply Golden Shares' Standards to National Company Law?, EBLR (20) 2009, 457
Assmann, Heinz-Dieter/Pötzsch, Thorsten/Schneider, Uwe H. (Hrsg.); Wertpapier-erwerbs- und Übernahmegesetz, 2. Aufl., Köln 2013
Bachmann, Gregor; Private Ordnung – Grundlagen ziviler Regelsetzung, Tübingen 2006
— Nationales Privatrecht im Spannungsfeld der Grundfreiheiten, AcP 210 (2010), 424
— Vertikaler Regulierungswettbewerb im Europäischen Gesellschaftsrecht, Festschrift Hommelhoff 2012, 21
Bamberger, Heinz/Roth, Herbert (Hrsg.); Kommentar zum Bürgerlichen Gesetzbuch, Band 1, 3. Aufl., München 2012
Basedow, Jürgen/Hopt, Klaus J./Zimmermann, Reinhard; Handwörterbuch des Europäischen Privatrechts Band 1, Tübingen 2009
Baumbach, Adolf/Hueck, Alfred; Aktiengesetz, 13. Aufl., München 1968
Bayer, Walter (Hrsg.), Aktienrecht in Zahlen, AG Sonderheft 2010
Bayer, Walter/Hoffmann, Thomas; Entsendungsrechte in den Aufsichtsrat einer AG, in: Bayer, Walter (Hrsg.), Aktienrecht in Zahlen, AG Sonderheft 2010, 61
Bayer, Walter/Habersack, Mathias (Hrsg.); Aktienrecht im Wandel Band 1 – Entwicklung des Aktienrechts, Tübingen 2007
Bayer, Walter/Schmidt, Jessica; BB-Gesetzgebungs- und Rechtsprechungsreport Europäisches Unternehmensrecht 2013/14, BB 2014, 1219
van Bekkum, Jaron/Kloosterman, Joost/Winter, Jaap; Golden Shares and European Company Law: the Implications of Volkswagen, ECL 5 (2008), 6
Behme, Caspar; Reichweite und Grenzen der Überprüfbarkeit von nationalem Gesellschaftsrecht am Maßstab der Grundfreiheiten – Zugleich ein Beitrag zur Vereinbarkeit des Volkswagen-Gesetzes mit dem Unionsrecht, AG 2014, 841
Benyon, Frank S.; Direct Investment, National Champions and EU Treaty Freedoms, Oxford 2010
Beuthien, Volker; Müsen Sonderrechte unentziehbar sein?, ZGR 2014, 24
Beuthien, Volker/Gätsch, Andreas; Vereinsautonomie und Satzungsrechte Dritter, ZHR 156 (1992), 459
Birds, John/Boyle A. J./Clark, Bryan/MacNeil, Iain/McCormack, Gerard/Twigg-Flesner, Christian/Villiers, Charlotte; Boyle & Birds' Company Law, 8. Aufl., Bristol 2010
Birkemeyer, Claas; Die unmittelbare Drittwirkung von Grundfreiheiten, EuR 2010, 662
Braun, Reiner/Eidenmüller, Horst/Engert, Andreas/Hornuf, Lars; Unternehmensgründungen unter dem Einfluss des Wettbewerbs der Gesellschaftsrechte, ZHR 177 (2013), 131
Calliess, Christian/Ruffert, Matthias (Hrsg.); EUV/AEUV – Das Verfassungsrecht der Europäischen Union mit Europäischer Grundrechtecharta – Kommentar, 4. Aufl., München 2011

Caro de Sousa, Pedro; Through Contact Lenses, Darkly: Is Identifiying Restricitons to Free movement Harder than meets the Eye? Comment on Ker-Optika, ELR 37 (2012), 79
Chalmers, Damian/Davies, Gareth/Monti, Giorigo; European Union Law, 3. Auflage, New York 2014
Clostermeyer, Maximilian; Staatliche Übernahmeabwehr und die Kapitalverkehrsfreiheit zu Drittstaaten, Baden-Baden 2011
Craig, Paul/de Búrca, Gráinne (Hrsg.); The Evolution of EU Law, 2. Auflage, New York 2011
Czigler, Bianca Maria; Die Rechtsprechung zu Golden Shares – Das VW-Gesetz und der EuGH, Hamburg 2009
Dauses, Manfred A. (Hrsg.); Handbuch des EU-Wirtschaftsrechts, München (Loseblatt), Stand: 10/2014 (36. Ergänzungslieferung)
Davies, Gareth; Nationality Discrimination in the European Internal Market, Den Haag 2003
— Understanding Market Access: Exploring the Economic Rationality of Different Conceptions of Free Movement Law, GLJ 11 (2010), 671
— Freedom of Movement, Horizontal Effect, and Freedom of Contract, ERPL 20 (2012), 805
Davies, Paul; Introduction to Company Law, 2. Aufl., New York 2010
De Cecco, Francesco; Fundamental Freedoms, Fundamental Rights, and the Scope of Free Movement Law, GLJ 15 (2014), 383
Demirakou, Maria; Europäische Kapitalverkehrsfreiheit und deutsches Aktienrecht, Frankfurt am Main u. a. 2011
Dietz, Sara/Streinz, Thomas; Das Marktzugangskriterium in der Dogmatik der Grundfreiheiten, EuR 2015, 50
Dignam, Alan/Lowry, John; Company Law, 6. Aufl., New York 2010
Doralt, Peter/Nowotny, Christian/Kalss, Susanne (Hrsg.); Kommentar zum Aktien-gesetz, Band 1 – §§ 1–136, 2. Aufl., Wien 2012
Dreier, Horst (Hrsg.); Grundgesetz-Kommentar Band I, 3. Aufl., Tübingen 2013
Drinhausen, Florian/Nohlen, Nicolas; The Limited Freedom of Establishment of an SE, ECL 6 (2009), 14
Engel, Christoph/Schön, Wolfgang (Hrsg.); Das Proprium der Rechtswissenschaft, Tübingen 2007
Erle, Bernd/Goette, Wulf/Kleindiek, Detlef/Krieger, Gerd/Priester, Hans-Joachim/Schubel, Christian/Schwach, Martin/Teichmann, Christoph/Witt, Carl-Heinz; Festschrift für Peter Hommelhoff zum 70. Geburtstag, Köln 2012
Faber, Tobias; Gesellschaftsrechtliche Bindungen für Aufsichtsratsmitglieder von kommunalen Eigengesellschaften im Spannungsfeld zum hessischen Kommunalverfassungsrecht, Frankfurt a.M. 2010
Fleischer, Holger; Gesetz und Vertrag als alternative Problemlösungsmodelle im Gesellschaftsrecht – Prolegomena zu einer Theorie gesellschaftsrechtlicher Regel-setzung, ZHR 168 (2004), 673
— Das Aktiengesetz von 1965 und das neue Kapitalmarktrecht, ZIP 2006, 451
— Gesellschafts- und Kapitalmarktrecht als wissenschaftliche Disziplin, in: Engel/Schön (Hrsg.), Das Proprium der Rechtswissenschaft, 50
— Gesellschaftsrecht, in: Willoweit (Hrsg.), Rechtswissenschaft und Rechtsliteratur im 20. Jahrhundert, 485
— Zur Zukunft der gesellschafts- und kapitalmarktrechtlichen Forschung, ZGR 2007, 500
— Juristische Entdeckungen im Gesellschaftsrecht, FS K. Schmidt 2009, 375

— Corporate Governance in Europa als Mehrebenensystem – Vielfalt und Verflechtung der Gesetzgeber, Standardsetzer und Verhaltenskodizes, ZGR 2012, 160
Förster, Philipp; Die unmittelbare Drittwirkung der Grundfreiheiten – Zur Dogmatik des Adressatenkreises von Pflichten aus EG-Grundfreiheiten, Frankfurt 2007
Ganten, Ted Oliver; Die Drittwirkung der Grundfreiheiten, Berlin 2000
Geens, Koen/Clottens, Carl; One Share – One Vote: Fairness, Efficiency and (the Case for) EU Harmonisation Revisited, in: Hopt/Geens, The European Company Law Action Plan Revisited, 145
Geiger, Rudolf/Khan, Daniel-Erasmus/Kotzur, Markus; European Union Treaties, München 2015
— EUV/AEUV – Vertrag über die Europäische Union und zum Vertrag über die Arbeitsweise der Europäischen Union – Kommentar, 5. Aufl., München 2010
Gerner-Beuerle, Carsten; Shareholders between the Market and the State – The VW Law and other Interventions in the Market Economy, CMLR 49 (2012), 97
Geßler, Ernst/Hefermehl, Wolfgang/Eckardt, Ulrich/Kropff, Bruno (Hrsg.); Kommentar zum Aktiengesetz Band 2 §§ 76 – 147, München 1974
Gentz, Manfred/Kirchner, Christian (Hrsg.); Der Preis der Freiheit – Wiedergewinnung von Vertrauen in eine freiheitliche Wirtschafts- und Gesellschaftsordnung, Berlin 2010
Goette, Wulf/Habersack, Mathias (Hrsg.); Münchener Kommentar zum Aktiengesetz Band 7 SE-VO – SEBG, 3. Aufl., München 2012
— Münchener Kommentar zum Aktiengesetz Band 2 §§ 76 – 117, MitbestG, DrittelbG, 4. Aufl., München 2014
— Münchener Kommentar zum Aktiengesetz Band 1 §§ 1 – 75, 3. Aufl., München 2008
Grabitz, Eberhard/Hilf, Meinhard/Nettesheim, Martin (Hrsg.); Das Recht der Europäischen Union – Kommentar Band I EUV/AEUV, München (Loseblatt) Stand: 09/2014 (54. Ergänzungslieferung)
Grigoleit, Hans Christoph; Aktiengesetz Kommentar, München 2013
Grundmann, Stefan; European Company Law, 2. Aufl., Cambridge 2012
— Europäisches Gesellschaftsrecht, 2. Aufl., Heidelberg 2011
Grundmann, Stefan/Möslein, Florian.; Die Golden Shares Grundsatzentscheidungen des Europäischen Gerichtshofs, BKR 2002, 758
— Die Goldene Aktie – Staatskontrollrechte in Europarecht und wirtschaftspolitischer Bewertung, ZGR 2003, 317
— Die Goldene Aktie und der Markt für Unternehmenskontrolle im Rechtsvergleich – insbesondere Staatskontrollrechte, Höchst- und Mehrfachstimmrechte sowie Übernahmeabwehrmaßnahmen, ZVglRWiss 102 (2003), 289
— Europäisierung, in: Bayer/Habersack (Hrsg.), Aktienrecht im Wandel Band 2, 31
Grundmann, Stefan/Riesenhuber, Karl (Hrsg.); Deutschsprachige Zivilrechtslehrer des 20. Jahrhunderts in Berichten ihrer Schüler, Berlin 2010
Gündel, Matthias; Interessenwahrung bei der Besetzung des Aufsichtsrates, Frankfurt a.M. 2003
Gurlit, Elke; Grundrechtsbindung von Unternehmen, NZG 2012, 249
Haar, Brigitte; Binnenmarkt und europäisches Gesellschaftsrecht in der aktuellen Rechtsprechung des EuGH, GPR 2012, 137
Haarmann, Wilhelm/Schüppen, Matthias (Hrsg.); Frankfurter Kommentar zum Wertpapiererwerbs- und Übernahmegesetz – WpÜG, 3. Aufl., Frankfurt a.M. 2008
Haberer, Thomas; Zwingendes Kapitalgesellschaftsrecht – Rechtfertigung und Grenzen, Wien 2009

Habersack, Mathias/Drinhausen, Florian; SE-Recht mit grenzüberschreitender Verschmelzung, München 2013
Habersack, Mathias/Verse, Dirk; Europäisches Gesellschaftsrecht, 4. Aufl., München 2011
Happ, Wilhelm (Hrsg.); Aktienrecht: Handbuch – Mustertexte – Kommentar, 4. Aufl., Köln 2015
Hartkamp, Arthur; The Effect of the EC Treaty in Private Law: On Direct and Indirect Horizontal Effects of Primary Community Law, ERPL 18 (2010), 527
Heidinger, Markus/Schneider, Alexander; Aktiengesetz, Wien 2007
Henssler, Martin; Unternehmerische Mitbestimmung in der Societas Europaea, FS Ulmer 2003, 193
Henssler, Martin/Strohn, Lutz (Hrsg.); Gesellschaftsrecht Kommentar, 2. Aufl., München 2014
Hirte, Heribert/Bülow, Christoph von (Hrsg.); Kölner Kommentar zum Wertpapiererwerbs- und Übernahmegesetz – WpÜG, 2. Aufl., Köln 2010
Hoffmann, Jochen; Die Feststellung mittelbarer Diskriminierungen, AcP 214 (2014), 822
Hoffmann, Werner H./Kalss, Susanne/Klampfl, Christoph/Maidorfer, Thomas; Stand der Unternehmensaufsicht in Österreich, Aufsichtsrat aktuell 2/2011, 5
Hoffmann-Becking, Michael; (Hrsg.); Münchener Handbuch des Gesellschaftsrechts – Band 4 Aktiengesellschaft, 3. Aufl., München 2007
Hofmann, Christian; Der Minderheitsschutz im Gesellschaftsrecht – Eine Untersuchung zum deutschen Recht unter Heranziehung der Rechtslage in den USA, Berlin 2011
Holle, Philipp Maximilian; Der „Fall VW" – ein gemeinschaftsrechtlicher Dauerbrenner, AG 2010, 14
Hopt, Klaus J.; Europäisches Übernahmerecht oder nur mehr Aktionärsschutz? Ein Plädoyer für mehr Mut bei der externen Corporate Governance, EuZW 2014, 401
— Europäisches Gesellschaftsrecht: Quo vadis?, EuZW 2012, 481
Hopt, Klaus J./Geens, Koen (Hrsg.); The European Company Law Action Plan Revisited, Reassessment of the 2003 pirorities of the European Comission, Leuven 2010
Hopt, Klaus J./Tzouganatos, Dimitris; Europäisierung des Handels- und Wirtschaftsrechts, Tübingen 2006
Hopt, Klaus J./Wiedemann, Herbert (Hrsg.); Großkommentar zum Aktiengesetz Band 4 §§ 95–117, 4. Aufl., Berlin 2006
— Großkommentar zum Aktiengesetz Band 1 §§ 1–53, 4. Aufl., Berlin 2004
Horn, Laura; Corporate Governance in Crisis? The Politics of EU Corporate Governance Regulation, ELJ 18 (2012), 83
Hüffer, Uwe; Aktiengesetz, 11. Aufl., München 2014
Jabornegg, Peter/Strasser, Rudolf (Hrsg.); Kommentar zum Aktiengesetz, Band 1, §§ 1–69 AktG, 5. Aufl., Wien 2011
— Kommentar zum Aktiengesetz, Band 2, §§ 70–273, 5. Aufl., Wien 2010
Jaensch, Michael; Die unmittelbare Drittwirkung der Grundfreiheiten, Baden-Baden 1997
Jansson, Max S./Kalimo, Harri; De Minimis meets „Market Access": Transformation in the substance – and the syntax – of EU free movement law?, CMLR 51 (2014), 423
Jung, Peter/Lamprecht, Philipp/Blasek, Katrin/Schmidt-Kessel, Martin; Einheit und Vielfalt im Unternehmensrecht, Festschrift für Uwe Blaurock zum 70. Geburtstag, Tübingen 2013
Kahl, Wolfgang/Schwind, Manuel; Europäische Grundrechte und Grundfreiheiten – Grundbausteine einer Interaktionslehre, EuR 2014, 170
Kainer, Friedemann; Binnenmarktrechtliche Grenzen des Übernahmerechts – Zum Einfluß der Grundfreiheiten auf das Kapitalmarkt- und Gesellschaftsrecht, ZHR 168 (2004), 542

Kalss, Susanne; Die 13. Richtlinie, die Rechtsprechung des EuGH zu den Goldenen Aktien und das nationale Recht, in: Hopt/Tzouganatos (Hrsg.), Europäisierung des Handels- und Wirtschaftsrechts, 75

Kalss, Susanne/Hügel, Hanns (Hrsg); Europäische Aktiengesellschaft SE-Kommentar, Wien 2004

Kalss, Susanne/Nowotny, Christian/Schauer, Martin; Österreichisches Gesellschaftsrecht, Wien 2008

Kemmerer, Martin; Kapitalverkehrsfreiheit und Drittstaaten, Baden-Baden 2010

Kemperink, Guus/Stuyck, Jules; The Thirteenth Company Law Directive and Competing Bids, CMLR 45 (2008), 93

Kleinschmit, Florian; Deutsches Volkswagengesetz und europäische Kapitalverkehrsfreiheit: Zur Auslegung einer Grundfreiheit unter besonderer Beachtung der „Goldenen Aktien"-Judikatur des EuGH, Göttingen 2004

Kokott, Juliane/Ost, Hartmut; Europäische Grundfreiheiten und nationales Steuerrecht, EuZW 2011, 496

Krenn, Christoph; A Missing Piece in the Horizontal Effect „Jigsaw": Horizontal Direct Effect and the Free Movement of Goods, CMLR 49 (2012), 177

Kraakman, Reinier/Armour, John/Davies, Paul./Enriques, Luca/Hansmann, Henry/Hertig, Gérard/Hopt, Klaus J./Kanda, Hideki/Rock, Edward; The Anatomy of Corporate Law – A Comparative and Functional Approach, 2. Aufl., Oxford 2009

Krolop, Kaspar; Europäisches Gesellschaftsrecht, in: Riesenhuber (Hrsg.), Europäische Methodenlehre, § 19

Kropff, Bruno; Aktiengesetz 1965 Textausgabe, Düsseldorf 1965

Kübler, Friedrich/Assmann, Heinz-Dieter; Gesellschaftsrecht, 6. Aufl., Heidelberg 2006

Leible, Stefan; Kollisionsrecht und vertikaler Regulierungswettbewerb, RabelsZ 76 (2012), 374

Lenaerts, Koen/van Nuffel, Piet; Constitutional Law of the European Union, 2. Aufl., London 2005

Lengauer, Alina-Maria; Drittwirkung von Grundfreiheiten – Ein Beitrag zu dem Konzept der Normadressaten im Gemeinschaftsrecht, Wien 2010

Lieder, Jan; Staatliche Sonderrechte in Aktiengesellschaften, ZHR 172 (2008) 306

Löwisch, Stephan; Die horizontale Direktwirkung der Europäischen Grundfreiheiten, Baden-Baden 2009

Lübke, Julia; Kapitalverkehrsfreiheit in der Finanzkrise – Zur Renaissance staatlicher Sonderrechte an Unternehmen, EWS 2010, 407

Lutter, Marcus/Bayer, Walter/Schmidt, Jessica; Europäisches Unternehmens- und Kapitalmarktrecht, 5. Aufl., Berlin 2012

Lutter, Marcus/Hommelhoff, Peter (Hrsg.); SE-Kommentar, Köln 2008

Mahlert, Arno; Die Personalverantwortung der Hauptversammlung, Aufsichtsrat 2011, 65

Manger-Nestler, Cornelia/Noack, Gregor; Europäische Grundfreiheiten und Grundrechte, JuS 2013, 503

Manz, Gerhard/Mayer, Barbara/Schröder, Albert (Hrsg.); Europäische Aktiengesellschaft SE, 2. Aufl., Baden-Baden 2010

Mayson, Stephan/French, Derek/Ryan, Christopher; Company Law, 31. Aufl., New York 2014

Merkt, Hanno; Einheit und Vielfalt im Europäischen Unternehmensrecht: Die Perspektive des Gesellschaftsrechts, FS Blaurock 2013, 311

Micklitz, Hans-W./de Witte, Bruno (Hrsg.); The European Court of Justice and the Autonomy of the Member States, Cambridge 2012

Mockenhaupt, Sascha; VW-Gesetz und Goldene Aktien, Hamburg 2012
Möslein, Florian; Grenzen unternehmerischer Leitungsmacht im marktoffenen Verband, Berlin 2007
— Inhaltskontrolle aktienrechtlicher Entsenderechte – Europäische Anforderungen und Ausgestaltung im deutschen Aktienrecht, AG 2007, 770
— Kapitalverkehrsfreiheit und Gesellschaftsrecht, ZIP 2007, 208
— Aufsichtsratsverfassung und Kapitalverkehrsfreiheit, Aufsichtsrat 2008, 72
— Europäisierung der Haftungsbeschränkung, NZG 2011, 174
— Dispositives Recht. Zwecke, Strukturen und Methoden, Tübingen 2011
Müller, Johannes C.W.; Kapitalverkehrsfreiheit in der Europäischen Union – Bedeutung, Inhalt und Umfang, Weiterentwicklung, Auswirkung auf Völkerrecht und nationales Recht, Berlin 2000
Müller-Graff, Peter-Christian; Die horizontale Direktwirkung der Grundfreiheiten, EuR 2014, 3
— Europäische Gesellschaftsrechtspolitik auf hoher See des Wettbewerbs – Der neue Aktionsplan der Europäischen Kommission, ZHR 177 (2013), 563
— Gesellschaftsrecht im Kontext es Europäischen Wirtschaftsordnungsrechts, EWS 2009, 489
Münkler, Herfried/Bohlender, Matthias/Meurer, Sabine (Hrsg.); Handeln unter Risiko – Gestaltungsansätze zwischen Wagnis und Vorsorge, Bielefeld 2010
Mutter, Stefan; Entsendungsrechte in den Aufsichtsrat, Aufsichtsrat 2012, 58
Nikoleyczik, Tobias; Kurzkommentar zu BGH Beschl. v. 8.6.2009 – II ZR 111/08, EWiR 2010, 103
Neumann, Kay-Uwe/Ogorek, Markus; Das aktienrechtliche Entsenderecht auf dem Prüfstand der Kapitalverkehrsfreiheit – Überlegungen anlässlich der Entscheidung des OLG Hamm v. 31.3.2008, NZG 2008, 892
Ogorek, Markus; Kurzkommentar zu OLG Hamm, Urt.v. 31.3.2008 – 8 U 222/07, EWiR 2008, 44
Ogorek, Markus/von der Linden, Klaus; Zur Frage der Europarechtswidrigkeit von Entsenderechten zugunsten privater Aktionäre, BB 2008, 1139
Oprişiu, Raluca-Isabela; Golden Aktien: zum Problem der staatlichen Sonderrechte – zwischen Grundfreiheiten und Wirtschaftspatriotismus unter besonderer Berücksichtigung von Rumänien als EU-Kandidatenland, Dresden 2007
Palandt, Otto (Begr.); Bürgerliches Gesetzbuch, 74. Aufl., München 2015
Papadopoulos, Thomas; Case C-81/09, Idrima Tipou AE v. Ipourgos Tipou kai Meson Mazikis Enimerosis, CMLR 49 (2012), 401
— Infringements of Fundamental Freedoms with the EU Market for Corporate Control, ECFR 9 (2012), 221
Perner, Stefan; Grundfreiheiten, Grundrechte-Charta und Privatrecht, Tübingen 2013
Petit, Bruno; Droit des sociétés, 4. Aufl., Paris 2008
Pießkalla, Michael; Goldene Aktien aus EG-rechtlicher Sicht. Eine Untersuchung staatlicher und privater Sonderrechte in Wirtschaftsgesellschaften unter besonderer Berücksichtigung der Kapitalverkehrsfreiheit, Hamburg 2006
Pläster, Sebastian; Nach VW und Golden Shares VII – Eine Krake namens Kapitalverkehrsfreiheit?, EWS 2008, 173
Preedy, Kara; Die Bindung Privater an die europäischen Grundfreiheiten, Berlin 2005
Puhle, Kristian; Finanzprodukte als Eingriff in die Kapitalverkehrsfreiheit, Baden-Baden 2012
Raiser, Thomas/Veil, Rüdiger; Recht der Kapitalgesellschaften, 5. Aufl., München 2010

Reich, Norbert; How Proportionate is the Proportionality Principle? Some critial remarks on the use and methodology of the proportionality principle in the internal market case law of the ECJ, in: Micklitz/de Witte, The European Court of Justice and the Autonomy of the Member States, 83

Reichert, Jochem; Golden Shares und andere Schutzmechanismen – Ergänzungen oder Alternativen zu staatlichen Eingriffsrechten?, FS K. Schmidt 2009, 1341

Remien, Oliver; Kapitalverkehrsfreiheit und Privatrecht in der Rechtsprechung des Europäischen Gerichtshofs, GS Wolf 2011, 717

Rickford, Jonathan; Free movement of capital and protectionism after Volkswagen and Viking Line, FS Wymeersch 2009, 61

Riesenhuber, Karl (Hrsg.); Europäische Methodenlehre, 3. Aufl., Berlin 2015

Ringe, Wolf-Georg; Nichts ist vor ihm sicher? Allgemeines Gesellschaftsrecht im Visier des EuGH – Untersuchungen zum Anwendungsbereich der Kapitalverkehrsfreiheit, FS Hopt 2008, 217

— Company Law and the Free Movement of Capital, CLJ 69 (2010), 378

Roth, Günther H./Wörle, Ulrike; Die Unabhängigkeit des Aufsichtsrats – Recht und Wirklichkeit, ZGR 2004, 565

Roth, Wulf-Henning; Privatautonomie und die Grundfreiheiten des EG-Vertrags, FS Medicus 2009, 393

Ruffner, Markus; Die ökonomischen Grundlagen eines Rechts der Publikumsgesellschaft, Zürich 2000

Säcker, Franz Jürgen/Rixecker, Roland (Hrsg.); Münchener Kommentar zum Bürgerlichen Gesetzbuch, Band 1 – Allgemeiner Teil §§ 1–240, 6. Aufl., München 2012

Schepel, Harm; Constitutionalising the Market, Marketising the Constitution, and to Tell the Difference: On the Horizontal Application of the Free Movement Provisions in EU Law, ELJ 18 (2012), 177

— Freedom of Contract in Free Movement Law: Balancing Rights and Principles in European Public and Private Law, ERPL 21 (2013), 1211

Schmahl, Stefanie/Jung, Florian; Horizontale Drittwirkung der Warenverkehrsfreiheit, NVwZ 2013, 607

Schmidt, Jessica; Kurzkommentar zu EuGH, Urt. v. 21.10.2010 – Rs C-81/09, EWiR 2010, 693

Schmidt, Karsten; Gesellschaftsrecht, 4. Aufl., Köln 2002

Schmidt, Karsten/Lutter, Marcus (Hrsg.); Aktiengesetz Band 1 §§ 1–149, 2. Aufl., Köln 2010

Schoppen, Willi; Der Aufsichtsrat zwischen Beratung und Kontrolle, Aufsichtsrat 2011, 38

Schubert, Werner/Hommelhoff, Peter (Hrsg.); Die Aktienrechtsreform am Ende der Weimarer Republik, Berlin 1987

Schwarze, Jürgen/Becker, Ulrich/Hatje, Armin/Schoo, Johann (Hrsg.); EU-Kommentar, 3. Aufl., Baden-Baden 2012

Schweitzer, Heike; Standardisierung als Mittel zur Förderung und Beschränkung des Handels und des Wettbewerbs, EuZW 2012, 765

Schweitzer, Michael/Hummer, Waldemar/Obwexer, Walter; Europarecht, Wien 2007

Sealy, Len/Worthington, Sarah; Sealy's Cases and Materials in Company Law, 10. Aufl., New York 2013

Seeling, Rolf Otto/Zwickel, Martin; Das Entsenderecht in den Aufsichtsrat einer Aktiengesellschaft als Ewigkeitsrecht, BB 2008, 622

Seibt, Chritoph H./Heise, Analyse des Übernahmerichtlinie-Umsetzungsgesetzes (Regierungsentwurf), AG 2006, 301

Snell, Jukka; The Notion of Market Access: A Concept or a Slogan?, CMLR 47 (2010), 437
— Free Movement of Capital: Evolution as a Non-Linear Process, in: Craig/de Búrca, The Evolution of EU Law, 547
Soergel, Hans Theodor (Begr.); Bürgerliches Gesetzbuch Band 1, 13. Aufl., Stuttgart 2000
Sonder, Nicolas; Übernahmehindernisse im europäischen Binnenmarkt, Hamburg 2010
Sonnenberger, Hans-Jürgen/Dammann, Reinhard; Französisches Handels- und Wirtschaftsrecht, 3. Aufl., Frankfurt a.M. 2008
Spindler, Gerald/Stilz, Eberhard (Hrsg.); Kommentar zum Aktiengesetz Band 1, §§ 1–149, 2. Aufl., München 2010
— Kommentar zum Aktiengesetz Band 2, §§ 150–410 SpruchG SEVO, 2. Aufl., München 2010
Steiner, Josephine/Woods, Lorna; EU Law, 11. Aufl., Oxford 2012
Steinmeyer, Roland (Hrsg.); Kommentar zum Wertpapiererwerbs- und Übernahmegesetz – WpÜG, 3. Aufl., Berlin 2013
Sotiropoulos, Georgios D.; Die 13. Richtlinie, die Rechtsprechung des EuGH zu den Goldenen Aktien und das nationale Recht, in: Hopt/Tzouganatos (Hrsg.), Europäisierung des Handels- und Wirtschaftsrechts, 109
Streinz, Rudolf (Hrsg.); Kommentar zum Vertrag über die Europäische Union und über die Arbeitsweise der Europäischen Union – EUV/EGV, 2. Aufl., München 2012
Teichmann, Christoph; Überprüfung von Sekundärrecht am Maßstab der Grund-freiheiten, FS Scheuing 2011, 73
Teichmann, Christoph/Rüb, Carolin; Der Regierungsentwurf zur Geschlechterquote in Aufsichtsrat und Vorstand, BB 2015, 259
Tröger, Tobias; Kapital- und Zahlungsverkehrsfreiheit, in: Basedow/Hopt/Zimmermann, Handwörterbuch des Europäischen Privatrechts Band 1, 924
Verbuggen, Paul; The Impact of Primary EU Law on Private Law Relationships: Horizontal Direct Effect under the Free Movement of Goods and Services, ERPL 22 (2014), 201
Verse, Drik A.; Aktienrechtliche Entsendungsrechte am Maßstab des Gleichbehandlungsgrundsatzes und der Kapitalverkehrsfreiheit, ZIP 2008, 1754
Vieweg, Klaus/Röthel, Anne; Verbandsautonomie und Grundfreiheiten, ZHR 166 (2002), 6
Vossestein, Gert-Jan; Volkswagen: the State of Affairs of Golden Shares, General Company Law and European Free Movement of Capital, ECFR 5 (2008), 115
Wasmann, Dirk/Rothenburg, Vera; Praktische Tipps zum Umgang mit der Frauenquote, Der Betrieb 2015, 291
Watzka, Klaus; Groupthink in Aufsichtsräten, AG 2009, 106
Weiss, Michael; Goldene Aktien im Lichte der Rechtsprechung des EuGH unter besonderer Berücksichtigung des harmonisierten Übernahmerechts, Baden-Baden 2008
Wiedemann, Herbert.; Gesellschaftsrecht Band 1 – Grundlagen, München 1980
Wilhelm, Jan; Kapitalgesellschaftsrecht, 3. Aufl., Berlin 2009
Willoweit, Dietmar (Hrsg.); Rechtswissenschaft und Rechtsliteratur im 20. Jahrhundert, München 2007
Windbichler, Christine; Gesellschaftsrecht, 23. Aufl., München 2013
— Zukunft des Gesellschaftsrechts: Orientierungen für die kapitalmarktorientierte Aktiengesellschaft, FS Humboldt-Universität zu Berlin 2010, 1079
— Bemerkungen zu einem vielschichtigen Unterfangen, in: Grundmann/Riesenhuber (Hrsg.), Deutschsprachige Zivilrechtslehrer des 20. Jahrhunderts in Berichten ihrer Schüler, 433

— Kapitalmärkte als Vorsorgeinstrument: „Risikobegrenzung" durch Rechtsnormen?, in: Münkler/Bohlender/Meurer (Hrsg.), Handeln unter Risiko – Gestaltungsansätze zwischen Wagnis und Vorsorge, 199

— Corporate Governance und Corporate Social Reponsibility als Elemente der freiheitlichen Wirtschafts- und Gesellschaftsordnung, in: Gentz/Kirchner (Hrsg.), Der Preis der Freiheit, 83

Wollenschläger, Ferdinand; Anwendbarkeit der EU-Grundrechte im Rahmen einer Beschränkung von Grundfreiheiten, EuZW 2014, 577

Wolff, Johanna; Ausländische Staatsfonds und staatliche Sonderrechte, Berlin 2009

Zöllner, Wolfang/Noack, Ulrich (Hrsg.); Kölner Kommentar zum Aktiengesetz Band 2/2 §§ 95–117, 3. Aufl., Köln 2012

— Kölner Kommentar zum Aktiengesetz Band 1 §§ 1–75, 3. Aufl., Köln 2012

— Kölner Kommentar zum Aktiengesetz Band 8/2 Art. 43–70 SE-VO, 3. Aufl., Köln 2010

Sachregister

Bei Fragen zur Produktsicherheit wenden Sie sich bitte an:
If you have any questions regarding product safety,
please contact:

Walter de Gruyter GmbH
Genthiner Straße 13
10785 Berlin
productsafety@degruyterbrill.com